조선통신사 이야기

한일 문화교류의 역사

朝　　　鮮　　　通　　　信　　　使

나카오 히로시(仲尾 宏) 지음 ┃ 유종현(柳鍾玄) 옮김

※ 2004년 11월 28일, 대마도에서 재현된 통신사 행렬에서 정사(正使)로 분장, 가마에 탄 서현섭 부경대 초빙 교수(전 외교부 대사), 옮긴이 촬영.

NHK 〈人間講座〉9部作

朝鮮通信使

江戸 日本への善隣使節

講師 仲尾 宏

CHOSEN TSUSHINSHI

by

Hiroshi Nakao

Copyright © 2001 by Hiroshi Nakao
Original Japanese edition published by NHK Publishing
(Japan Broadcast Publishing Co., Ltd.)

Korean translation rights arranged with NHK Publishing
(Japan Broadcast Publishing Co., Ltd.)
through Shin Won Agency Co., Seoul.

Korean translation rights © 2005, 2017 HanulMPlus Inc.

한국어판 출간에 즈음하여

이 책은 2001년 4월부터 5월에 일본의 NHK 교육 프로그램으로 9회에 걸쳐 방영된 〈조선통신사〉를 텍스트로 집필한 내용이다. 이 프로그램의 방송은 일본에서 처음으로 조선통신사에 관한 참다운 전모를 다룬 것이었다. 현재까지는 통신사에 관해 개최된 행사와 관련된 단편적인 TV 프로그램이 방송된 적은 있었지만, 종합적인 관점에서 또한 학술적인 뒷받침이 된 소개는 거의 없었다고 해도 좋을 것이다. 때문에 이 프로그램이 심야에 방송되었음에도 불구하고 상당히 많은 사람들이 주목했다.

또 조선통신사에 관한 출판물은 학술적 저서나 부분적인 것, 혹은 어떤 측면만을 취급한 저서는 간행되었으나, 일반인들이 통신사의 전체 모습을 알기 쉽게 이해할 수 있는 저서는 없었다. 이런 시점에서 비록 텍스트 형식이라 할지라도 이 책이 처음으로 일반인들이 보기 쉬운 저서로서 세상에 나오게 된 것은 다행한 일이다. 제2차 세계대전 이전 일본에서는 조선왕조 시대의 한일 관계를 연구하는 연구자가 불과 두세 명이었다. 마침내 제2차 세계대전 이후에서야 군국주의의 제약에서 벗어난 일본 역사학회였지만, 그 시대의 한일 관계를 연구하고자 하는 학자들은 그다지 많지 않았다. 대외관계를 연구하려는 소수의 학자들도 그 대상은 유럽과 미국이 중심이었고 중국에 대한 관심이 약간이나마 있을 정도였다. 이러한 상황에서 재일 한국인 역사학자가 조선통신사의 실상을 밝혀 일반에게 알리려고 했다. 여기에는 뚜렷한 이유가 하나 있었다. 대전 이후에도 여러 가지 사정으로 일본에 잔류하게 된 재일 한국인들이 새로운 시대를 맞이했음에도 계속 심한 차별과 편견의 눈총을 받으며 살아야 했다. 한국인들이 여기에서 자라는 2세들에게 한국 민족으로서의 긍지를 갖게 하고, 또 일찍이 일본과 한국 간에는 오랫동안 우호관계가 존재했다는 사실과, 당시의 일본인이 전부가 아니라 하더라도 조선통신사 일행이나 조선 왕조의 문화와 문물에 존경의 눈길을 보냈다는 사실을 알리고 싶었다는 것이었다.

저자 자신도 이와 같은 우수한 지성을 가진 재일 한국 인사들과의 교류를 통해 점차 조선통신사에 깊은 관심을 갖게 되었다. 그리하여 알면 알수록 통신사가 수행했던 역사적 역할에 크게 감동하게 되었다.

그 당시 결코 잊어서는 안 될 것은, 에도 시대에 한정한다면 도요토미 히데요시(豊臣秀吉)가 도발한 명분 없는 침략전쟁—임진왜란이라는 대참사와 또한 한국으로서는 1875년 강화도사건 이후 일본이 침략을 재개하여 식민지화 정책을 전개했다는 사실이라 하겠다. 또한 지금도 근절되었다고 할 수 없는 재일 한국인에 대한 제도적 차별과 편견이 존재한다는 것이다. 이에 대해 역사의 빛과 그림자를 과부족 없이 인식하는 것이 곧 이웃에 있는 한일 두 민족이 역사인식을 공유하는 실마리가 될 것이다. 그렇지만 긴 역사적 공간과 시간을 공유해 온 이 두 민족에게는 각기 나름대로의 입장과 전통이 있다. 동시에 동북아시아 지역에서는 서로의 협동과 협력 없이는 이 지역의 안전도 발전도 미래도 바라볼 수 없다는 것도 명백하다.

다행히 최근 약 10년간 일본에서는 조선통신사의 연구가, 조금은 느리지만 양적·질적으로 진전되어 왔다. 이에 크게 도움이 된 것은 문헌사료뿐만 아니라 여러 가지 유형·무형 문화재의 존재였다. 그것은 연구자가 아니더라도 지역의 역사와 문화재 그 자체로서의 가치를 배우고자 하는 많은 일반인들의 관심을 불러일으킴으로써 대단히 큰 역할을 수행해 왔다고 할 수 있다. 말하자면 통신사에 관심을 보인 사람들의 층이 두터워진 것이다. 해마다 각 지역에서 개최되어 온 '조선통신사연지연락협의회'의 행사는 이와 같이 일본에서 통신사에 대해 관심이 높아진다는 것을 보여준다. 근년에는 한국에서 일본 대학원으로 유학하여 일본측의 분헌이나 사료를 독파하고 한국에 돌아가 다시 연구를 계속하는 사람들이 이 통신사 연구 분야에도 증가하고 있다. 그리고 훌륭한 연구업적을 이미 쌓아올린 분들도 적지 않다.

그러나 내 개인의 견해로서는, 조선통신사 연구는 나 자신을 포함하여 아직 실마리를 찾았을 뿐이다. 아직도 표층적(表層的)인 면에 머물러 있는 부분이 있다. 지금부터는 일본과 한국의 연구자가 현재까지 이상으로 상호간에 학술교류를 깊게 하고 연구를 개진해 나가지 않으면 안 된다. 이런 시기에 나의 졸저 『조선통신사』를 존경하는 유종현(柳鍾玄) 선생이 손수 한국어로 번역하게 된 것을 대단히 기쁘게 생각한다. 유 선생이 번역을 하고 한국에서 출판되도록 갖가지로 노력하지 않았다면 이 책은 일본인만이 읽을 수 있는 저서로 끝났을 것이다.

또한 한국어판 출간에서는 「제10장 문화교류의 유산—다른 문화[異文化]의 이해와 기억」을 첨가했다. 나는 빈번한 한국 방문과 한국의 친구들 그리고 일본에 와 있던 유학생들과의 사귐이 깊어짐에 따라 한국의 사람들이나 자연·문화·풍습·기호가 마음에 들게 되었다. 결국 일본과 일본인에 대해 한국인들이 나에게는 가깝고 친한 존재가 된 셈이다. 그 분들이 나의 이 보잘것없는 저서를 손에 잡고 애독해 준다는 것은 뜻밖의 행운이다.

그리고 이 책을 번역함에서 나를 대신하여 일본어의 역사학적 전문 용어와 인명, 지명 등을 대비해 교정을 보아주신, 대단한 한국어 능력을 가진 재일 한국인 진미자(陳美子) 씨에게 감사의 뜻을 표한다. 끝으로 유감스럽게도 2003년에 급서하신 한국 경상대학교 명예교수 강동호(姜東湖) 선생의 영전에 이 책을 바친다. 선생은 시종 나의 업무를 따뜻하게 보살펴 주셨고, 한국에서 여러 번 나에게 연구 발표의 기회를 주선해 주셨다. 그 밖에도 일일이 거명하진 않겠지만 나의 업무에 협력해 주신 많은 분들에게도 이 기회를 빌려 충심으로 감사를 드리는 바이다.

2005년 7월

나카오 히로시(仲尾 宏)

조선통신사 이해의 길잡이

강남주 | 조선통신사문화사업회 집행위원장(전 부경대 총장)

최근 우리나라에서도 조선통신사에 관한 각종 활동이 활발하다. 그러나 일본에서는 우리보다 거의 20년이나 앞서 조선통신사 행렬이 재현되었다. 그러면서 조선통신사에 대한 실상이 소개되기 시작했다.

학자의 수가 그다지 많지는 않았지만 일본에서는 조선통신사 연구도 진작부터 시작되었다. 재일본 한국인 학자는 물론 일본인 학자들이 어려운 여건 속에서 연구에 팔을 걷고 나섰다. 오랜 기간 그늘에 묻혀 있던 조선통신사의 실상이 이들의 노력에 의해 빛을 보기 시작했다.

무엇보다도 인구 5만도 안 되는 대마도에서는 이미 1980년대 초에 조선통신사 행렬 재현을 시작해서 우리를 놀라게 했다. 그 행사는 지금까지 해마다 계속하고 있으니, 이는 한국인으로서 우리에게는 부끄러운 일이기도 했다.

조선통신사는 과연 우리에게 어떤 의미가 있는가. 일본인에게는 또 어떤 의미가 있는가. 그 의미의 두께와 깊이를 더듬어 보고 싶어 수년

전 부산에서도 '조선통신사문화사업회'가 발족했다. 행렬 재현 사업도 실현했고, 조선통신사와 관련된 일본과의 교류도 활발하게 전개하기 시작했다. 물론 학문적 천착에도 힘을 쏟았다.

그런데도 아쉬운 구석은 여전히 남아 있었다. 최근 한류의 바람이 일자 우리나라의 대표적인 일간신문이 한류의 원류가 조선통신사였다고 보도하기도 했으나, 조선통신사를 쉽게 이해할 수 있는 안내서를 손쉽게 구하기가 힘들었다. 그런 단행본이 없다는 점이 참으로 아쉬웠다.

그러던 참에 이번에 일본의 대표적인 조선통신사 연구자 나카오 히로시(仲尾 宏) 교수의 저서 『조선통신사—에도 일본에의 선린사절』이 우리나라에 번역, 『조선통신사 이야기—한일 문화교류의 역사』라는 책으로 소개되게 되었다. 나카오 히로시 선생은 일본 국내에서 이 분야 연구자로서 일인자임은 다 아는 사실이다. 물론 국내에서도 잘 알려진 학자다.

번역을 맡은 외교관 출신 유종현 교수 역시 장기간 조선통신사를 연구해온 분이다. 뿐만 아니라 외교관으로서 일본에 근무하는 동안에도 조선통신사에 대해 다방면으로 체험을 한 분이다.

이렇게 권위 있는 분의 저서가 비중 있는 분에 의해서 우리나라에 번역, 소개된다. 이 분야의 연구자는 물론 일반 시민들에게도 참으로 귀한 자료를 쉽게 접할 수 있게 되었으니 얼마나 다행스러운 일인가. 조선통신사에 관한 일을 하면서 이런 자료에 목말라하던 차에 거듭 거듭 바른 이해를 위하여 다행스러운 일이라 하지 않을 수 없다.

이 책은 모두 10장으로 구성되어 있다. 어느 장이라고 할 것 없이 주목할 내용들이 많다. 그 가운데서도 조선통신사를 간혹 조선 왕조가 일본에 조공을 바치기 위해 보낸 사절 정도로 잘못 인식하고 있는 부분을 이 책은 말끔히 해소시켜 준다.

왜 500명에 이르는 조선통신사가 에도까지의 그 먼 거리를 갔던가.

2004년 11월 27일 대마도 개최 조선통신사연지연락 협의회 총회에서 강남주 위원장과 마츠바라 가즈유키(松原―征) 회장이 기념품을 교환하고 있다.

10개월여에 걸친 기간 동안 가고 오면서 어떤 일을 했는가. 그 왕래의 배경에는 어떤 일들이 가려져 있었는가.

그런 것들을 조선통신사라는 프리즘을 통해 하나씩 헤쳐나가며 400년 전에서 200년 전까지의 한일관계사를 종관(縱觀)하면 우리는 두 나라의 대 파노라마를 경험하게 된다. 일본은 어째서 조선통신사가 필요했던가. 조선통신사에 대해서 일본 국내에서는 왜 긍정적인 측면과 부정적인 측면이 있었던가. 당시의 대표적인 지성인은 어째서 서로 다른 의견을 가지고 있었던가. 조선통신사를 통해서 전해진 문화의 내용은 어떤 것인가.

우리가 상식으로 생각했던 것보다 훨씬 두꺼운 조선통신사에 관한 볼륨과 의문점을 이 책은 전해주고 풀어준다. 분외의 소득일 수도 있지만, 조선조 문신들의 수준 높은 한시는 그것을 얻는 사람의 가보가 되었다. 말 위에서의 각종 연희는 일본에게 대륙에 대한 새로운 안목을 열어주었다.

조선통신사는 정치적 측면 외에 문화적인 측면과 경제적인 측면에서도 매우 중요한 의미가 있었다. 우리는 이 책을 통해서 그런 것들을 일목요연하게 알 수 있다. 참으로 긍지 넘치는 내용으로 일관하는 이 책은 400년 전에서부터 200년간의 한일 관계를 슬로비디오로 보는 것 같은 새로운 교과서 역할을 할 것이다.

오는 2007년이면 임진왜란 후 조선통신사가 일본으로 건너간 뒤 400주년이 되는 해다. 조선통신사가 일본을 왕래하던 때 한일 양국 관계에는 전쟁이 없었다. 그러나 조선통신사의 발길이 끊긴 뒤 한일 관계는 평화롭지 못했다. 그 여파인지 지금도 한일 관계는 가까워졌다가 멀어졌다가 한다. 국가간의 실상이 비록 그렇다 할지라도 우리가 지향하는 바는 선린과 우호 관계의 유지다.

조선통신사를 통해서 우리는 그런 지혜를 배우지 않으면 안 된다.

그런 지혜가 중요한 때에 이 책이 번역되어 나온다는 것은 과거 사실에 대한 이해 외에 또 하나의 의미를 간직하게 될 것이다. 그 의미를 파악하는 지침서로 부족하지 않은 이 책을 나는 수많은 우리 독자들에게 감히 추천한다.

끝으로 우리 역사 이해에 등불을 켜는 것 같은 이 어려운 일을 해낸 유종현 교수께도 심심한 감사의 인사를 드린다.

차례

| 제1장 |

무로마치室町 시대의 통신사

Ⅰ. 조선 왕조의 건국과 책봉체제

에도(江戸) 시대의 조선통신사를 논하려면 그 이전 시대의 조일(朝日) 관계에 대해 알아둘 필요가 있다. 동시에 14세기 이후 동아시아 국제관계의 구조와 이를 형성하고 있는 정치이념에 대해서도 알아두어야 할 것이다.

고대 이래 동아시아에서는 중화사상(中華思想)이라는 정치이념이 존재했다. 황하와 장강(양자강) 유역에서 일찍이 문명이 개화되어 기원전 17세기경 이미 국가 형태를 갖추고 있었던 중국 대륙에서는 그 국가를 지탱한 정치사상이 고안되기 시작했다. 춘추전국 시대라 불리던 기원전 8세기부터 3세기에 걸쳐 많은 사상가들이 출현하여 국가와 정치권력자의 윤리에 관해 거론했다. 이것은 한마디로 말하면 황제는 하늘의 명을 받아 인민을 통치하는 존재로서 "수신제가 치국평천하(修身齊家 治國平天下)에 힘써야 하며 항상 덕화(德化)로 다스려야 한다"는 것이었다. 이에 따

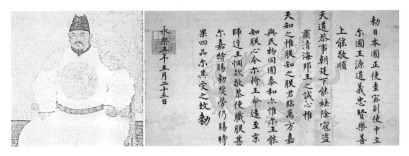

왼쪽: 중국 명(明) 초대 황제 주원장(朱元璋)의 초상.
오른쪽: 명 영락(永樂) 황제의 성조칙서(成祖勅書). 일본 교토 쇼코쿠지(相國寺) 소장.

라 인(仁)·의(義)·예(禮)·지(智)·신(信) 등의 덕목이 제시되고, 황제
는 이러한 윤리로 인민을 교화시켜야 한다는 것이었다.

'중화'란 이와 같은 덕화가 펼쳐지는 지역으로, 변두리의 오랑캐(夷狄)
와는 구별되어 왔다. 그러나 황제는 동시에 주변 이민족인 오랑캐에게
도 예를 가르쳐 덕화의 빛을 넓혀가야 했다. 이것이 곧 고대 이래 '사
대(事大)' 외교관계의 근간을 이룬 사상이다. 중국황제에게 표문(表文)[1]을
올리고 조공을 바치는 주변 이민족의 우두머리에게 고명(誥命)과 인신
(印信)을 수여토록 하여 '국왕'으로 승인하고, 나아가 정삭(력)(正朔)(曆)과
반사물(頒賜物)을 내리는 것이 중국 황제의 역할이었다. 이것을 책봉(冊
封) 체제라 한다.

고대 국가형성 이래, 한반도의 여러 왕조는 물론 일본 열도에서 형성
되었던 1세기 이후의 여러 왕권도 이와 같은 테두리 안에 참여하고 있
었다. 다만 일본의 경우 헤이안(平安: 1159~1160) 시대 중기 견당사제(遣唐
使制)의 폐지에 따라, 중국과는 국가와 국가로서의 외교관계가 당분간
단절된 적이 있었다. 한반도의 여러 왕조도 그러했다.

그런데 14세기 말 동아시아는 커다란 변환기를 맞이했다. 1368년 중
국 대륙에서는 농민 출신의 주원장(朱元璋)이 몽골인 지배왕조였던 원(元)
을 북쪽으로 몰아내고 1세기 만에 한(漢)족 왕조를 건설했다. 명(明)나라

---

1) 신하가 임금에게 올리는 가장 정중한 형식의 글. 제후국이 황제에게 올리는 문서.

가 바로 그것이었다. 주원장은 즉위하여 태조(太祖) 황제가 되었고, 그 바탕에는 '중화 회복'이라는 사고가 강렬하게 작용했다. 때문에 주변의 여러 나라에 대해 상표(上表)하도록 요구해 왔다.

이 시기에 한반도에서는 원의 지배하에서 피폐해진 고려 왕조를 대신하여 이성계(李成桂)가 새 왕조를 세워 그 이름을 고대 왕조의 이름을 따라 조선이라고 했다. 이 왕조 이름은 태조 이성계가 제안한 두 개의 국명 중에서 중국 황제가 선택한 것이었다. 이로부터 조선 왕조는 고려 왕조에 이어 사대체제의 테두리 안에 편입되었다. 그 이후 이 체제는 1894년 청일전쟁 때까지 계속되었다.

일본에서는 1338년(고려 창왕 1, 레키오 1=曆應 1, 엔겐=延元 3), 아시카가 다카우지(足利尊氏)가 세이이타이쇼군(征夷大將軍)[2]으로 임명되어 무가(武家) 정권이 계속되었지만, 남북조 시대라 불리는 것에서 알 수 있듯이 이후 약 60년 동안 아시카가 징권은 기반이 견고한 것은 아니었다.

그동안 명나라로부터 상표입공(上表入貢)을 요구하는 사절이 일본에 파견되고 있었다. 그러나 일본 국내는 남조(南朝) 세력과 유력한 슈고다이묘(守護大名)[3]가 할거하고 있었는데, 1369년(고려 공민왕 18, 오안=應安 2, 쇼헤이=正平 24)에 온 명나라의 사신은 규슈(九州)에 있었던 남조의 세이세이쇼군후(征西將軍府)[4] 가네나가신노(懷良親王)의 정권을 일본의 중앙정권으로 오인했다.

그러나 3대 장군이 된 아시카가 요시미츠(足利義滿)는 규슈탄다이(九州

---

2) 8세기 말 일본 중앙정권에 복종을 거부한 동북지방의 사람들을 정복하기 위해 파견된 장군에게 준 관직명. 가마쿠라(鎌倉) 시대 이후 무사의 총대장으로서 무가(武家)정권의 가장 높은 지위였다.

3) 가마쿠라 시대 이후 무가정권의 최고기관인 막부가 힘 있는 지방 다이묘를 각국의 슈고(守護)로 임명하여 그 지배지역의 영주로서의 권한을 인정했으며, 그 지배하에 가신단(家臣團)을 조직했다. 당시 다이묘라 함은 장군으로부터 1만 석 이상의 영지(領地)를 수여받은 영주를 일컬었다.

4) 남조(南朝)의 가네나가 친왕(懷良親王)이 한때 규슈에서 수립한 지방정권.

일본 중세 아시카가 정권 제3대 장군
아시카가 요시미츠의 초상.

探題)[5]로 독립 왕국적인 권력을 유지하고 있던 이마가와 료준(今川了俊)을 경질하고 다시 추고쿠(中國) 서해의 지배자였던 오우치씨(大內氏)를 멸하여 반 중앙 슈고다이묘를 정복했다. 또한 남조 세력에 대해서는 군사적 침략을 계속함과 동시에 '남북교호황위론(南北交互皇位論)'을 내세워 1392년(조선 태조 1, 메이토쿠=明德 3, 겐추=元中 9)에 사실상 남조 정권을 요시미츠 정권하에 흡수시켰다.

이러한 일련의 사건들은 정치가로서 비범한 역량을 발휘한 위업이었으며, 정치가로서 또한 전제군주로서의 요시미츠의 비범한 능력은 대외 관계에서도 충분히 발휘되었다. 그것이 1403년(태종 4, 오에이=應永 10) 중국 황제에 대한 표문의 봉정(奉呈)이었다. 1401년에 발급된 문서의 차출명의(差出名義)는 '니혼주산고(日本准三后)'였으나, 이때의 문서에는 '니혼코쿠오신미나모토(日本國王臣源)'였다. 즉 명나라 황제의 책봉체제하에 들어갈 것을 표명한 것이다. 이에 대해 그 이듬해 명나라 황제로부터 금인(金印)과 '일본 국왕'으로 승인한다는 요지의 조서(詔書)를 수여하는 사절이 일본에 건너와서 요시미츠에게 주었다.

또한 관영 무역체제를 채택하고 있던 명나라로부터 간고후(勘合符)[6]를 받았으며, 무로마치 막부는 그 후 17차례에 걸쳐 견명선(遣明船)을 파견하여 막부 권력의 경제적 기반을 공고히 하게 되었다.

당시 『젠린코쿠호키(善隣國寶記)』 등에서는 요시미츠의 대 명나라 외교정책을 굴욕적인 것으로 보는 비판이 있었다. 이전의 황국사관(皇國史

---

5) 13세기 전반 가마쿠라의 무가정권이 교토의 천황가를 선두로 하는 구(舊)세력의 감시와 치안 대책을 위해 규슈에 설치한 관청.
6) 간고(勘合): 발송할 공문서의 한 끝을 원부(原簿)에 대고 그 위에 얼러 찍은 도장.

觀)도 이와 같은 논조였다. 그러나 그러한 비판은 고대부터 내려온 전통적인 동아시아 외교질서의 실체에 대해 무지하고 당시 국제정세에 대한 정보가 부족한 때문이었다. 아시카가 요시미츠는 오히려 동아시아의 책봉체제에 적극적으로 참여함으로써 동북아시아의 외교관계를 안정시켜 정권의 내외에 대한 위신을 높이려고 했던 것이다.

II. 아시카가 정권과 조선 왕조

조선 왕조에 앞선 고려 왕조 시대부터 일본과 한반도 간에는 국가간 교섭이 있었다. 그 원인은 '왜구(倭寇)'의 활동이다. 가마쿠라 시대(1192~1337) 후반, 특히 '원구(元寇)'라고 불렸던 '분에이·고안노에키(文永·弘安の役)'[7] 이래, 서일본의 몰락한 중소 영주와 해민(海民: 조선에서는 왜구로 기록)이 한반도 연해에 출몰하여 식량과 재산, 심지어는 사람까지 약탈하는 해적행위를 거듭했다. 이와 같은 해적은 그 후 조선인이나 중국인에게도 확대되어, 동아시아의 해상과 연해는 한때 각 국가의 통제가 미치지 않는 해민들의 자유왕래지역을 형성했다.

고려 왕조는 서일본 지역을 근거지로 삼고 있던 '왜구'의 금지를 요청하기 위해 빈번히 사절을 일본에 파견했다. 1367년(고려 공민왕 16, 조치=貞治 6, 쇼헤이 22) 김일(金逸)을 정사(正使)로 하는 30여 명의 일행이 이즈모(出雲)에서 교토(京都)로 들어왔다. 조정에서는 이들 사절이 가져온 국서(國書=牒狀)를 천황(天皇=公家)[8]에게 보내어 자문을 구할 것인가, 무가(武家)에 맡길 것인가를 협의한 결과 무가의 동량(棟梁)인 장군가(將軍家)에 위임하기로 했다. 옛 '원구' 때 역시 교토의 조정이 먼저 입국한 고려 사절과 서로 부딪치지 않도록 함께 응접하지 않았고, 전쟁이 시작된 후에는

---

7) 가마쿠라 시대 중엽, 1274년과 1281년 2회에 걸쳐 여몽 연합군이 일본을 침략한 전란.
8) 일본 고대 천황제하의 조정에서 귀족으로 처우받으며 정치에 참여한 사람들.

신사와 사원에서 외침에 대한 전쟁의 승리를 기원하는 소위 '이국조복 (異國調伏)의 호마기도(護摩祈禱)'[9]에 전념할 뿐이었다.

천황측은 긴급한 군사적 대응을 강요당하던 '원구' 때뿐만 아니라 평 상시에도 일본에 온 외국 사절과 대응하지 않았다는 사실은 스스로 외 교권을 포기했음을 의미한다. 그 이후 일본의 외교권은 오래도록 천황 측으로부터 멀어지고, 무가 권력(장군측) 휘하에서 전담하게 되었다. 무가 정권으로서는 외교권을 교토 조정으로부터 어떤 제약을 받지 않고 행사 함으로써 봉건군주로서의 권력과 권위가 보다 더 강화, 확립될 수 있었 다. 에도 시대의 조선통신사를 주축으로 한 외교체제 역시 이와 같이 공 가로부터 무가에게 외교권의 이행을 배경으로 성립된 것이다.

그래서 아시카가 2대 장군 요시아키라(義詮)는 이들 사절을 교토 사 가(嵯峨)의 덴류지(天龍寺)에서 맞이하여 환대하는 한편, 답서는 관승(官 僧) 신분이었던 소로쿠호(僧錄號)를 가졌던 슌오쿠 묘하(春屋妙葩)의 이름 으로 발신했다. 다음으로 1375년(고려 우왕 1, 에이와=永和 1, 덴주=天授 1) 에 도 나흥유(羅興儒)를 정사로 한 사절이 교토에 와서 마찬가지로 왜구의 금지를 요구했다.

이윽고 고려 왕조가 멸망하고 조선 왕조가 성립되어 태조 이성계도 1398년(태조 6, 오에이 5) 박돈지(朴敦之)를 회례사(回禮使)로 파견하여 해적 을 막아줄 것을 요구했다. 회례사란 전년에 오우치 요시히로(大內義弘)가 서울에 파견한 사절에 대해 답례한다는 의미에서 붙여졌다.

그동안 아시카가 장군의 사절에 대한 대응을 잘 살펴보면 다음과 같 은 점이 주목된다.

---

9) 여몽 연합군의 일본 침공 때 큰 사원과 신사에서 일제히 승전기도를 올렸다. 때마침 여몽 선단이 태풍을 만나 퇴진하자, 이를 기도의 덕분으로 내려진 가미카제(神風)라 믿었으며, 이로 인해 이후 일본에는 신국사상(神國思想)이 광범하게 유포되었다.

첫째, 장군 명의에 의한 국서(國書)를 보내지 않고 먼저 요시아키라 묘하 때뿐만 아니라 요시미츠 정권이 된 이후까지도 쇼코쿠지(相國寺)의 젯카이 추신(絶海中津) 등의 명의로 답서를 보내고 있었다.

둘째, 젯카이 추신의 답서 중에는 "일본의 장신(將臣)은 예로부터 다른 나라와 통문한 일이 없다. 따라서 바로 내교(來敎)에 답할 수는 없다"고 기록되어 있다(『善隣國寶記』 1392년 12월 27일자). 다시 말하면 세이이타이 쇼군(征夷大將軍)이라는 호칭을 천황이 부여한다는 형식을 취하고 있는 한, 외교권의 독단적 행사는 미움을 받게 된다는 것이다.

이런 모순을 단번에 해결한 것은 요시미츠가 명나라 황제의 책봉을 받았다는 사실이다.

이에 따라 아시카가 요시미츠는 '일본 국왕'이 되었다. 더욱이 이때 요시미츠는 장군의 지위를 후계자(=嗣子)인 요시모치(義持)에게 양위하고 있었다. 그는 잇달아 공가의 최고관직인 다이조다이진(太政大臣)[10]으로 임명되어, 결국에는 이 관직마저 사임하고 주산고(准三后)라는 지위에 머물렀다. 이 칭호는 아시카가 가문이 천황위(天皇位)를 찬탈하기 위한 포석이라고 보는 설이 있다. 그것은 어쨌든 공가와 무가의 최고위 경험자로서 천황의 서임권(敍任權)이 미치지 않는 입장에서 외국으로부터는 '국왕'으로서 일본의 정통적 정권의 정상으로 승인되었던 것이다. 따라서 요시미츠가 외교권을 독단적으로 행사하는 것은 당연한 귀결이라 할 수 있다.

조선으로부터의 사절은 이후 아시카가 장군을 '일본 국왕'으로 간주하고 '조선 국왕 이모(李某), 봉서(奉書) 일본 국왕 전하'라는 국서를 휴대해 오게 된다. 단 아시카가 장군가로부터의 답서에는 '일본국 미나모토보(日本國源某)[11] 봉서(奉書) 조선 국왕 전하'라 했다. 이 칭호는 요시모

---

10) 율령제(律令制)하에서의 최고위 관직. 고케(公家)에서 선임하다가 뒤에는 무가에서 바로 취임했다.

11) 아시카가 장군의 선조는 미나모토씨(源氏)였다.

치 때에 시작된다. 그러나 때에 따라서는 조선측의 문서에 '봉복 일본국 전하(奉復日本國殿下)'라고 쓰는 경우도 있었으며, 서식상의 형식은 당시의 정치정세나 명나라와의 관련으로 다 같거나 일치하지는 않았는데, 대부분의 경우 타칭은 일본 국왕, 자칭은 일본국 '미나모토보'라고 하는 명의가 거의 정착되어 갔다.

그러나 『조선왕조실록』에는 일본으로부터의 사절을 일관하여 '일본국왕사(日本國王使)'라고 칭했다. 이 점은 일본과 조선의 관계에 커다란 정치적 의의를 가진다.

조선 국왕은 중국 황제에게 책봉된 국왕이며 일본의 주권자가 조선국으로부터의 국서에 '일본 국왕'이라 기록되어 있는 것을 원칙적으로 인정했다는 사실은 양국 주권자가 대등한 관계였다는 것을 뜻한다.

왜국의 시대로부터 야마토(大和) 왕권의 확립, 그리고 '일본국'으로 국가가 형성되는 과정에서 일본의 권력자나 상급 관료들은 국가 자립의 의식에서 한반도의 여러 왕권에 대해 여러 가지 형태로 천시하는 역사관을 가졌고 이런 생각들이 유포되어 왔다. 이런 사관은 『니혼쇼키(日本書記)』가 가장 대표적인 것이라 하겠다. 또한 가마쿠라 시대부터 남북조시대에 걸쳐 신국(神國) 의식도 높아졌지만 아시카가 정권하의 조일 관계는 이런 의식과는 무관하게 대등한 나라간의 평등의례 관계에 있었던 것이라 할 수 있다.

III. 다원적 · 중층적인 조선-일본 관계

아시카가 요시미츠(제3대 장군) 치세의 후반기에 일본과 조선은 공식 외교관계를 수립했다. 그럼에도 외교나 교류는 중앙정권인 아시카가씨만이 담당할 수는 없었던 것이 무로마치 시대의 특징이었다. 결론부터 말하자면 서일본의 여러 지방세력, 유력 슈고다이묘나 하카타(博多) 등

서기	조선	일본	장군	임무	밑줄 친 것은 사절의 이름, 기타【】안은 일본 사료, △표는 일본 사료만으로
1367	공민왕 16	죠지(貞治) 6 쇼헤이(正平) 22	요시아키라 (義詮)	왜구금절 (倭寇禁絶)	김일(金逸)·김룡(金龍)·묘하(妙葩) 답서(返書), 덴류지(天龍寺)에서 가무를 즐기다【善】【報】【師】기타
1375	신우 (辛偶) 1	에이와(永和) 1 덴주(天援) 1	요시미츠 (義滿)	〃	나흥유(羅興儒), 슈사(周佐) 답서
1377	신우 3	에이와 3 덴주 3	〃	〃	안길상(安吉祥) ◎ (이마가와 사다요=今川貞世)
1377	신우 3	에이와 3 덴주 3	〃	〃	정몽주(鄭夢周) ◎ (이마가와 사다요=今川貞世)
1378	신우 4	에이와 4 덴주 4	〃	〃	이자용(李子庸) (이마가와 사다요·오우치 요시히로=大內義弘)
1392	태조 1	메이토쿠 (明德) 3 겐주(元中) 9	〃	〃	각추(覺鎚), 나타츠(中津) 답서(返書)【善】
1394	태조 3	오에이(應永) 1	〃		거원, 범명(巨原, 梵明) ◎ (이마카와 사다요=今川貞世)
1394	태조 3	오에이 1	〃	회례사 (回禮使)	최용소(崔龍蘇) ◎ (이마카와 사다요=今川貞世)
1395	태조 4	〃 2	◆요시모치 (義持)	국사(國使)	김적선(金積善). 대장경 호송(大藏經護送) ◎ (이마카와 사다요)
1398	태조 7	〃 5	(〃)	회례사	박돈지(朴敦之), 「대상국(大相國) 기록(記事)」【善】
1403	태종 3	〃 10	(〃)	〃	△불명(不明). 기타야마 데이(北山第) 접견【吉田家日次記】
1405	태종 5	〃 12	(〃)	보빙사 (報聘使)	여의손(呂義孫), 도진(唐人) 예배【東寺王代記】
1406	태종 6	〃 13	(〃)	〃	윤명(尹銘), 파선(破船)되어 수리 후 다시 파견
1410	태종 10	〃 17	(〃)	〃	양유(梁需), 요시미츠(義滿) 기제에 참배
1420	세종 2	〃 27	(〃)	회례사	송희경(宋希璟), 『노송당일본행록(老松堂日本行錄)』)
1423	세종 5	〃 30	요시카즈 (義量)	〃	박희중(朴熙中)·이예(李藝)·오경지(吳敬之), 호토지에서 접견 (於寶嶂寺引見)【看】
1424	세종 6	〃 31	〃	〃	박안신(朴安臣)·이예(李藝)【善】
1428	세종 10	쇼초(正長) 1	요시노리 (義敎)	통신사 (通信使)	박서생(朴瑞生)·이예(李藝)·김극유(金克柔), 요시카즈(義量) 조문과 요시노리(義敎) 승계를 경축【善】
1431	세종 13	에이쿄 (永享) 3	〃	〃	△불명(不明), 소인(小人)과 아안(鵝眼)(중국 돈) 1관 상당의 당나라 보배를 기증【看】
1432	세종 14	〃 4	〃	회례사	이예(李藝)·김구(金久), 말 20여 마리 기증 [騎馬20余]【看】【如是院年代記】,기타
1439	세종 21	〃 11	〃	통신사	고득종(高得宗)·윤인보(尹仁甫)·김예몽(金禮蒙), 고잔(五山) 방문【善】【蔭】【建】
1443	세종 25	가키츠(嘉吉) 3	요시카츠 (義勝)	〃	변효문(卞孝文)·윤인보(尹仁甫)·신숙주(申叔舟), 『해동제국기(海東諸國記)』, 요시노리 조문과 요시카츠 승계 경축, 말 50 마리를 소린지에 기증, 연로 가락[50騎双林寺, 路地作樂].【建】【康】【嘉吉記】기타
1590	선조 23	덴쇼(天正) 18	●히데요시 (秀吉)	통신사	황윤길(黃允吉)·김성일(金誠一)·허성(許筬), 『징비록(懲毖錄)』

사료출처: 『조선왕조실록(朝鮮王朝實錄)』, 『고려사(高麗史)』, 『고려사절요(高麗史節要)』 등

주: 연대는 사절파견 결정 시기에 의함. 사행 도중 조난의 경우는 생략. ◎는 규슈탄다이(探題)가 응접한 경우.

◆는 장군(前將軍) 또는 찬탈자(簒奪者)가 실권을 장악했을 경우. ●는 자칭 관백(關白).

善=善隣國寶記. 蔭=蔭凉幹日錄. 看=看聞日記. 建=建內記. 康=康富記. 滿=滿濟准后日記. 師=師守記. 報=報恩院文書.

세종대왕 동상.

의 상인이 각기 독자의 루트로 조선과 관계를 맺고 있었다는 것이다.

1419년(세종 2, 오에이 26) 대마도를 둘러싸고 일본과 조선 사이에는 중대한 위기가 닥쳐왔다. 일본에서는 '오에이노가이코(應永の外寇)', 조선에서는 기해동정(己亥東征)[12]이라는 군사충돌이 있었다. 지리적으로 근접해 있기 때문에 대마도가 이전부터 왜구의 근거지, 혹은 중계지점이 되어왔던 것은 서로가 공히 알고 있던 사실이었다.

『조선왕조실록』을 보면 1399년(정종 1, 오에이 6)에 대마도주 소 사다시게(宗貞茂)와 그 섬의 호족이 공물(貢物=方物)과 말(馬)을 헌납하는 사절을 서울(=漢城府)에 보냈다. 이에 대해 조선은 호랑이와 표범 가죽, 기타 하사품과 함께 쌀, 콩 각 20석을 하사했다. 또한 이키 도주(壹岐島主) 시사씨(志佐氏)도 1401년(태종 1, 오에이 8)에 사신을 파견하여 조선국왕으로부터 답례사품을 받았다. 그러나 시사씨의 경우 쌀과 콩의 사급은 없었다. 사품만 내리는 경우는 다음에서 보는 다른 슈고다이묘의 경우도 마찬가지였다. 대마도의 경우와 같이 쌀이나 콩과 같은 주식의 사급은 특산품과 달리 일종의 종속관계, 다시 말해 신종(臣從) 관계의 상징으로 볼 수 있다. 즉 대마도와 그 도주는 일본국에 소속되어 있으면서 한편 조선 국왕에 대해서도 신종 관계였다는 이중 구조가 이 시기에 생겨났다. 이 이중 구조는 근대국가 성립시기까지 계속 이어졌다. 조선측으로서는 대마를 특별 취급하여 후대함으로써 국가적 위신을 높일 뿐 아니라 대마도

---

12) 1418년(세종 1년) 이종무가 인솔 조선군이 왜구의 본거지인 대마도를 정벌한 사건을 가리킨다.

주가 해적행위를 단속하는 데 적극적으로 협력하기를 바랐던 것이다. 다시 말하면 일종의 '포섭정책' 또는 '길들이기' 정책이었다.

대마도로서도 이 정책에 따르는 것은 나쁘지 않았다. 평야가 거의 없고 식량이 항상 부족했던 도민들은 남쪽의 규슈, 북의 한반도와의 교역이 생명선이었다. 그래서 쌀, 콩의 사급이나 안정된 무역권의 확보가 절실했다. 그러나 수십 년 동안 계속된 해적 활동은 금방 없어지지 않았다. 여기서 조선조 3대 국왕 태종은 왕위를 세종에게 양위한 후 군세를 대마도에 상륙시켜 아직 어렸던 소씨(宗氏)의 당주(当主) 사다모리(貞盛)와 도내의 호족으로 가끔 왜구에 가담했던

조선 초기의 통신사 충숙공 이예(忠肅公李藝). 세종 14년(1432)의 회례사 포함 40여 차례에 걸쳐 대마도와 류큐에 파견되어 우리 문화를 전수하고, 피로인 660여 명을 구출 송환한 외교관이다. 충숙공선양회 이준락 부회장 제공.

자들을 항복시켰다. 이 사건은 규슈탄다이(九州探題) 시부카와 미츠요리(澁川滿賴)로부터 교토에 과장 보고되어 몽고가 재침한 것이라는 유언비어까지 퍼져 대소동이 일어났다. 막부는 그해 말 무가이 료게(無涯亮兒)를 대장경 등을 청한다는 명목으로 조선에 파견하여 사실의 진상과 조선측의 의도를 확인키로 했다.

태종 사후 왕권을 완전히 장악한 세종은 일행에게 불전 등을 답례사품으로 주어 귀국에 맞추어 송희경(宋希璟)을 회례사로 파견하여 수교관계의 회복에 힘쓰도록 했다. 그 경과는 송희경의 기행시문집 『노송당 일본행록(老松堂日本行錄)』에 상세히 기록되어 있다.

회례사 송희경의 노력이 결실을 보아 그 후 조일 관계는 수복되고, 다시 국교가 개시되었다. 대마도에 관해 말한다면 1443년(세종 25, 가키츠=嘉吉 3)에 양국간에 계해약조(癸亥約條)가 체결되어 그 전후부터 무역과

일본 히로시마 현 구
레시(吳市)의 회례사
송희경 시비(詩碑).

통교의 규칙이 정비되었다. 그 주된 내용을 간추려 보면 다음과 같다.

    ─도주(島主) 소씨의 세견선(歲遺船)은 매년 50선(船)
    ─조선 국왕으로부터의 세사미두(歲賜米豆)는 매년 200석
    ─조선으로의 도항선(渡航船)은 다이묘의 배[大名船]라도 대마도 도
      주가 발행하는 문인(文引=도항허가증)을 필요로 한다.
    ─대마도 내의 호족에게도 도항선을 인정한다.

  이와 같이 조선은 여러 가지 특수권익을 대마도에게 부여하여 대마
도를 조선 대외정책의 협력자로 삼으려고 노력했다. 그리고 이상의 특
권을 부여했을 뿐 아니라 조선 왕조의 관직을 부여했다. 그들을 조선측
에서는 수직인(受職人), 수도서인(受圖書人)이라고 불렀다. 이 수직인, 수
도서인의 특권은 머지않아 대마도뿐 아니라 규슈 북부나 서일본의 여
러 호족에게 급부되었으며, 이들 호족도 또한 조선으로 교역선을 보내
는 것이 인정되었다.
  또한 규슈 단다이나 보초(防長)[13]를 지배했던 오우치씨(大內氏), 사츠마
(薩摩)의 시마즈씨(島津氏), 히젠(肥前)의 시사씨(志佐氏), 분고(豊後)의 오토

모씨(大友氏) 등은 서계(書契)를 지참하면 통교를 인정받았다. 그 밖에 중앙의 유력한 여러 다이묘가 파견하는 배를 조선측에서는 거추사(巨酋使)라 불렀다. 그 중에서도 오우치씨는 적극적으로 통교했는데, 오우치씨의 시조가 백제의 왕족에서 이어졌다는 전승을 꺼내면서까지 조선과의 교역의 이권을 얻으려고 했다.

이와 같이 15세기 후반부터 17세기 전반까지 서일본을 중심으로 중앙정권이었던 막부의 외교 및 무역과는 별도로 대마도와 유력 슈고다이묘, 나아가 하카타 등의 상인들이 독자적으로 조선과의 교역관계를 유지하고 있었다. 참으로 다원적이고 중층적인 관계가 일본과 조선과의 사이에 존재했던 것이다.

IV. 통신사와 일본국왕사

이상에서 본 바와 같이 조선 왕조는 중국 명나라와는 사대관계를 갖고 중화적 외교질서의 한 축이 되었지만, 일본과는 대등한 관계[항례(抗禮) 또는 적례(敵禮)라 함]를 가짐으로써 새로운 교린관계를 구축했다.

이 교린관계를 나타내는 용어가 '통신사'이다. 대일 관계에서 '통신'의 이름을 단 사절은 이미 고려시대에도 한 번 있었다. 조선시대에 접어들어 태종대(代)까지는 일본에서 파견된 사절에 대한 답례사절로서 '회례사(回禮使)' 또는 '보빙사(報聘使)'라는 이름으로 기록되어 있다. 통신사란 명칭이 정착한 것은 세종대에 들어와서부터였다.

앞서 보아온 송희경 회례사가 오에이노가이코(應永の外寇=己亥東征)의 전후 처리가 끝난 뒤 '신의로 통한다'라는 뜻에서 통신사라는 이름의 사절로 일본에 파견되었다. 세종대에는 3회에 걸쳐 통신사가 파견되어 교린의 결실을 보였다.

___
13) 나가토(長門)와 수오(周防) 지방을 가리킨다.

1428년(세종 10, 쇼초=正長 1)의 통신사는 아시카가씨의 4대 장군 요시모치의 사망을 조문하고, 새 장군 요시노리 후계 취임을 축하할 목적으로 파견되었다. 교토에 들어온 박서생(朴瑞生)을 정사로 한 사절 일행을 장군 요시노리는 교토의 토지인(等持院)에서 접견했다. 이와 같이 상대국의 주권자 교대나 경조사와 관련하여 외교사절이 일본에 건너가게 된 것은 이것이 처음이다.

제2회 통신사는 1439년(세종 21, 교에이=享永 11)에 파견되었다. 이때 일행은 장군의 집무관저인 무로마치다이(室町第)[14]에서 접대받고 요시노리 장군과 면담했다. 그리고 교토의 고잔(五山)[15]을 유람하는 데 초대되었다.

제3회 통신사는 1443년(세종 25, 가키츠=嘉吉 3)에 일본에 파견되었다. 같은 해 6월, 변효문(卞孝文) 정사 등은 '가키츠노헨(嘉吉の変)'[16]으로 모살된 요시노리의 죽음을 조문하고, 나이 어린 새 장군 요시카츠(義勝)의 후계 자리 승계를 축하하는 사절이었다.

『야스토미노키(康富記)』에 따르면 일행은 50기 정도의 규모로 '로지가쿠(路次樂)'를 연주하고 혹은 마상에서 악기를 불며, 피리 1명, 북 1명, 비파 1명, 정고(鉦鼓) 1명, 기타 나팔 2명 등으로 기록되어 있어 소규모이면서도 시대의 통신사 행렬의 원형이 이때부터 보여진 것이라 짐작된다.

이때에도 장군과의 면담은 무로마치테이에서 행해졌다. 그 이후 통신사의 파견은 세조대와 성종대에 3회 계획되어 서울을 출발했으나, 불행히도 세 번 모두 해난과 정사(正使)의 사고로 일본에 도착하지 못했다.

시대가 흘러 도요토미 히데요시(豊臣秀吉)의 시기에도 2회에 걸쳐 통신사가 일본을 방문했다.

1590년(선조 23, 덴쇼=天正 18) 히데요시가 대마 도주 소씨(宗氏)를 통해

---

14) 무로마치 막부가 소재하는 저택.

15) 아시카가 정권이 임제종(臨濟宗)을 총괄하기 위하여 교토와 가마쿠라에 각 5개의 큰 사원으로 등급을 매겨 고잔(五山)이라 했다. 교토와 가마쿠라의 양 고잔 최

조선 국왕의 입공(入貢)을 요구한 데에 대해 소 요시토시(宗義智)와 고니시 유키나가(小西行長)는 히데요시의 천하일통(天下一統)을 축하하는 통신사를 파견하도록 요청하여[17] 조선측을 설득함으로써 실현된 것이다.

1596년(선조 29, 게이초=慶長 1)에는 제1회 침략전쟁(: 壬辰倭亂)이 교착상태에 들어가고 명나라와 일본의 화의교섭이 진행되고 있을 무렵, 명나라 사절을 후시미조(伏見城)에서 맞이했을 때, 조선 조정은 황신(黃愼)을 정사로 309명의 사절단을 명나라 사절(일명 책봉사)의 뒤를 좇아 파견했다. 그러나 히데요시는 조선 사절과의 면회를 거부하여 일행은 사카이(堺)에서 체류한 뒤 귀국했다. 이와 같이 조선 왕조에서는 일본에 대한 교린관계의 상징으로 '통신사'라는 카드를 일관하여 사용했던 것이다.

이에 대해 일본이 파견한 사절은 그 명칭이 정해져 있지 않았다. 그러나 조선측에서는 아시카가 장군으로부터 파견된 사절에 대하여는 일본이 중국 황제에게 '일본 국왕'으로 승인받은 직후부터 '일본국왕사(日本國王使)'로 기록되었고 사신은 그와 같이 대우를 받았다. 1443년(세종 25, 가키츠=嘉吉 3) 일본에 파견된 통신사의 서장관(書狀官)이었다가 이후에 영의정에 오른 신숙주(申叔舟)의 『해동제국기(海東諸國記)』에서는 '국왕사(國王使)'와는 달리 하토야마(畠山), 호소카와(細川), 시바(斯波), 오우치(大內), 교고쿠(京極), 야마나(山名), 오토모(大友), 쇼니씨(少貳氏) 등은 '거추사(巨酋使)'로 구별하여 접대사례를 정했다.

보통 국왕사의 정사와 부사로 선정되는 사람은 교토 고잔 등의 승려

고위에는 난젠지(南禪寺)를 두고, 그 밑에 각 5개 사원을 두었다. 교토 고잔은 덴류지(天龍寺), 쇼코쿠지(相國寺), 겐닌지(建仁寺), 도후쿠지(東福寺), 만주지(萬壽寺=이 절은 현재 철폐됨)이다.

16) 1441년 4월 아시카가 요시노리 장군이 교토에서 아카마츠 미츠스케(赤松滿祐)에 의해 살해되고, 그해 9월 막부 토벌군이 아카마츠 일가를 토벌하여 멸망시킨 사건을 말한다.

17) '입공'을 '천하일통 축하'로 속였다.

들이었다. 한자와 한시문(漢詩文)의 소양을 충분히 갖추고 박식했던 승려들이야말로 국왕사의 역할을 다할 수 있었던 것이다. 국왕사 파견에 필요한 비용은 종종 고잔 등에서 출자했다. 이것은 국왕사 파견의 중요한 목적 중 하나가 고려 대장경 등의 불전과 불구(佛具)를 요청한 것이었기 때문이다. 또한 덴류지(天龍寺), 겐닌지(建仁寺), 고야산 사이코지(高野山西光寺), 야마토 엔조지(大和円城寺), 치쿠젠 묘라쿠지(筑前妙樂寺), 에치고 안코쿠지(越後安國寺) 등의 사원건물 개축 재원(=改築募緣)을 명목으로 무역의 이득을 얻고자 한 것에도 기인했다. 또 한 가지는 아직 해적행위가 끊이지 않은 해역을 안전하게 항해하기 위해 항로와 해적의 정황에 통달한 하카타 상인의 협력을 얻는 것도 빼놓을 수 없었다.

제8대 장군 아시카가 요시마사(足利義政)는 국왕사를 17회나 파견했다. 모두 합하면 15세기 초부터 히데요시 정권하에서 소 요시토시가 획책한 일본국왕사까지의 사이에 무려 60회의 일본국왕사가 『조선왕조실록』에 기록되어 있다.

말하자면 '일본국왕사'의 명의는 아시카가 장군이 내리고, 사절과 비용 부담은 교토 고산 등의 대사찰이 부담하며, 목적은 불전, 불구의 요청과 무역의 이익을 노리는 것이 주목적이었다. 그러나 이러한 교류를 통해 무로마치 시대의 일본과 조선의 다채롭고 다양한 교류가 진행되고 있었던 것은 틀림없는 사실이었다.

<표 2> 14~16세기 일본국왕사(日本國王使) 기록

서기	조선	일본	장군	서울(漢城)도착	인적사항, 기타기록 (【 】안은 일본 사료 기록, 밑줄 친 부분은 이름임)
1377	신우 (辛偶) 3	에이와(永和) 3 덴주(天援) 3	요시미츠 (義滿)	8월	◎ 승려 노부히로, 도적(왜구) 금절, 무역 재개, 정몽주 사신 파견. [僧信弘, 禁賊未息, 鄭夢周遣使】【①家譜】【③南】
1388	신우 14	가케이(嘉慶) 2 겐주(元中) 5	요시미츠 (義滿)	7월	◎ 일본 국사 묘하, 미나모토 료슌의 사신으로 파견, 물품을 바치고 불경을 청구. [日本國師妙葩 · 源了俊遣使, 方物獻求藏經]
1397	태조 6	오에이(應永) 4	◆요시모치 (義持)	12월	◎ 대상국 도적(왜구) 금절, 교린은 미덕이다. [大相國禁賊交隣美義也]
1399	정종 1	오에이 6	◆요시모치 (義持)	5월	◎ 일본국 대장군 파견사신이 와서 물품을 바치고 조선 피로인 100여 명을 송환함. [日本國大將軍(遣), 來獻方物發還被虜百余人]【④善】
1402	태종 2	오에이 9	◆요시모치 (義持)	6월	◎ 일본 승려, 대상국 토산물 하사받는 곳에 사람을 보내도록 하다. [日本僧賜大相國土物授所遣人以送之]
1404	태종 4	오에이 11	◆요시모치 (義持)	7월	일본 사신 파견, 조정을 방문, 예물을 바치니 이는 일본 국왕 미나모토 도기임. [日本遣使來聘獻土物日本國王源道義也] 슈도(周棠)
1405	태종 5	오에이 12	◆요시모치 (義持)	6월	일본 국왕 미나모토 도기 사신을 파견, 도적(왜구) 소탕을 보고하고 예물을 바침. [日本國王源道義遣使來報擒賊, 獻礼物]
〃	태종 5	오에이 12	◆요시모치 (義持)	12월	일본국왕사 승려 슈도를 서열 5품 반열에서 접견하다. [日本國王使僧周棠, 引見序于五品班行]
1406	태종 6	오에이 13	◆요시모치 (義持)	2월	일본 국왕 미나모토 도기 사신 파견, 조정을 방문, 대장경 청구. [日本國王使源道義遣使來]
〃	〃	〃	◆요시모치 (義持)	6월	일본 국왕 사신 파견, 조정을 방문, 대장경 청구. [日本國王遣使來聘請大藏經]
1407	태종 7	오에이 14	◆요시모치 (義持)	2월	일본 국왕 사신 파견, 왜구의 금절을 보고하다. [日本國王遣使來報禁絕姦寇]
1408	태종 8	오에이 15	◆요시모치 (義持)	10월	일본 국왕 미나모토 도기의 사신이 와서 연뿌리 금제를 보고하다. [日本國王源道義人來報禁制草藕]
1409	태종 9	오에이 16	요시모치 (義持)	12월	일본국왕사 사신 파견, 조정 방문, 부왕의 별세를 알리다. [日本國王遣使來聘間父王逝]【④善】 시바씨다이쇼(斯波氏代書)
1411	태종 11	오에이 18	요시모치 (義持)	2월	일본 국왕 미나모토 요시모치 사신 파견, 코끼리를 바치다. [日本國王 源義持遣使獻象] 조선에서는 코끼리를 아직 본 적이 없었음. [象我國未嘗有也]
〃	〃	〃	요시모치 (義持)	10월	일본 국왕 사신 파견, 예물 바치고 대장경 청구. [日本國王使來獻土物, 請大藏經]
1414	태종 14	오에이 21	요시모치 (義持)	6월	일본국왕사 게이주 등, 예물 바치고 대장경 청구. [日本國王使圭壽等獻上物, 請大藏經]
1419	세종 1	오에이 26	요시모치 (義持)	12월	◎ 일본국 미나모토 요시모치 사신 료게이. [日本國源義持使臣亮倪 闕(王)字가 없음. [王字無]
1422	세종 4	오에이 29	요시모치 (義持)	11월	일본 국왕과 그의 모후, 승 게이주 등 파견, 서계전달, 예물헌상, 대장경 청구. [日本國王及其母后遣僧圭壽等致書獻方物請大藏經]

서기	조선	일본	장군	서울(漢城)도착	인적사항, 기타기록 (【 】안은 일본 사료 기록, 밑줄 친 부분은 이름임)
1423	세종 4	오에이(應永) 30	◆요시카즈 (義量)	12월	일본 국왕 사신 게이주 · 본레이 등 135명, 대장경판을 청구. [日本國王使臣圭壽 · 梵齡等135人請大藏經版【④善】【①家譜】
1425	세종 7	오에이 32	◆요시카즈 (義量)	4월	일본 국왕 사신 고겐 · 본레이. 대장경판을 다시 청구. [日本國王使臣虎巖 · 梵齡再求大藏經版【④善】
1430	세종 12	에이쿄(永享) 2	요시노리 (義教)	2월	◎ 일본 국왕 파견 소킨 · 도쇼 등 24명 [日本國王所遣宗金 · 道性等24人【④善】
1431	세종 13	에이쿄 3	요시노리 (義教)	2월	일본 국왕 사신 17명 파견, 일본 국사와 부사 등에게 삿갓, 신발 등을 하사. [日本國王所使送17人等, 賜日本國使 · 副衣, 笠靴他]
1432	세종 14	에이쿄 4	요시노리 (義教)	5월	일본 국왕 파견 사신 부관인 지라. 정사 본레이 부산에서 객사. [日本國王所使副官人而羅 正使梵齡釜山客死]
1440	세종 22	에이쿄 12	요시노리 (義教)	5월	◎ 오우치모치요 통신사 호송, 요시노리의 답서를 전달. [大內持世通信使護送傳義教復書]【④善】
1443	세종 25	가키츠(嘉吉) 3	요시노리 (義教)	11월	◎ 일본 국사 승 고곤 · 유친 등 29명, 대장경 청구. [日本國使僧光嚴 · 秥椿等29人, 大藏經請求]
1448	세종 30	분안(文安) 5	요시마사 (義政)	6월	◎ 일본 국사 승려 쇼우 · 분케이 등, '난젠지'를 위한 대장경을 청구. [日本國使僧正祐 · 文溪等請大藏經爲南禪寺]
1450	세종 32	호토쿠(寶德) 2	요시마사 (義政)	2월	◎ 일본 국사 승려 게이가쿠, 대장경 청구 [日本國僧敬愕請大藏經]
1452	문종 2	교토쿠(享德) 1	요시마사 (義政)	4월	일본 국왕 사신 데이센, 대장경 청구. [日本國王使臣定泉, 請大藏經]
1456	세조 2	교쇼(康正) 2	요시마사 (義政)	3월	일본국왕사 승려 덴쇼 미노 '조코쿠지'에 소장할 대장경 청구. [日本國王使僧承傳請求大藏經爲美濃承國寺【④善】【①家譜】
1457	세조 3	초로쿠(長祿) 1	요시마사 (義政)	3월	일본국왕사 젠미츠 · 에이코에게 '겐닌지'를 위한 5만민의 물자를 하사. [日本國王使僧全密 · 永高等建仁寺特賜五万緡之資]【②蔭】
1458	세조 4	초로쿠 2	요시마사 (義政)	10월	◎ 일본국 사자 로엔 · 시코, '덴류지' 부흥을 위해 견명선 선도 요청. [日本國使者盧圓 · 紫江求遣明船先導天瀧寺興復]
1459	세조 5	초로쿠 3	요시마사 (義政)	6월	일본국 사자 승려 슈미, 와서 예물 상납하고 불상 3구 요청. [日本國使者僧秀弥, 來獻上物 · 佛像三軀]
1462	세조 8	간쇼(寛正) 3	요시마사 (義政)	10월	일본 국왕 파견 승려 준케이, '야마토 덴다이슈지'의 복구를 위해 대장경 청구. [日本國王遺僧順惠大和天台宗寺復舊大藏經請求]
1463	세조 9	간쇼 4	요시마사 (義政)	7월	◎ 일본국 사신 슌초 · 본코, '덴류지' 부흥을 위해 동전포화를 요청. [日本國使臣俊超 · 梵高天瀧寺興復銅錢布貨請求]
1468	세조 14	오닌(應仁) 2	요시마사 (義政)	3월	◎일본국 사신 유엔 · 소레이 등 야쿠시지 조연을 위해, 사액을 청함. [日本國使臣融圓 · 宗禮等欲助緣藥師寺 · 同寺額【②蔭】
1470	성종 1	분메이(文明) 2	요시마사 (義政)	8월	일본 국왕 사신 신엔 · 주란, 부처의 인연과 서조(瑞兆)를 축원, 금인을 구걸, 이를 하사함. [日本國王使臣心苑 · 壽蘭祝佛緣奇瑞乞再賜金印

서기	조선	일본	장군	서울(漢城)도착	인적사항, 기타기록 ([ ] 안은 일본 사료 기록, 밑줄 친 부분은 이름임)
471	성종 2	분메이 (文明) 3	요시마사 (義政)	10월	일본국왕사 승려 고이, 새로 새긴 인장에 신임을 내림. [日本國王使僧光以, 新刻印信] 【①家譜】【③善】
474	성종 5	분메이 6	요시히사 (義尙)	10월	일본 국왕 파견 승려 쇼큐, '고야산 사이코지'의 조연(助緣)을 요청. [日本國王遣僧正球求高野山西光寺助緣]【③善】【⑤京】
475	성종 6	분메이 7	요시히사 (義尙)	8월	일본 국왕 파견 승려 쇼슌, 새 감합부를 요청, 명나라 왕래 편의 제공. [日本國王遣僧性春, 新勘合符請, 大明國往來便]
482	성종 13	분메이 14	요시히사 (義尙)	4월	일본 국왕 파견 승려 에이코, '야마토 엔조지'의 조연과 대장경 요청. [日本國王遣僧榮弘, 求助緣大和円城寺·大藏經]【③善】
487	성종 18	초쿄(長享) 1	요시히사 (義尙)	4월	일본국 사신 도켄, '에치고 안코쿠지'의 조연과 대장경 요청. [日本國王使臣等堅, 求助緣越後安國寺·大藏經]
489	성종 20	엔토쿠 (延德) 1	요시히사 (義尙)	8월	일본국왕사 파견 승려 게이닌, '조난반센 산마이인'을 위한 대장경과 포화를 요구. [日本國王遣僧惠仁, 求大藏經·布貨城南般船 三昧院]【②蔭】
491	성종 23	엔토쿠 3	요시타네 (義植(材))	8월	일본국왕사 게이호, '치쿠젠 묘라쿠지'를 위해 대장경을 간청. [日本國王使慶須賀爲大藏經筑前妙樂寺]【②蔭】【⑥續】
494	성종 25	메이오 (明應) 3	요시타네 (義植(材))	4월	일본 국왕 파견 승려 젠키코·젠치, '조난 묘쇼지'의 조연을 요청. [日本國王遣僧元菊·禪智, 求助緣城南妙勝寺]
497	연산군 3	메이오 6	요시즈미 (義澄(高))	2월	일본 국왕 파견 사신 도케이, 여러 군데 작은 사찰 승방을 위한 자재를 청구. [日本國王遣使等慶求資材所々小刹佛宇僧房]
501	연산군 7	분키(文龜) 1	요시즈미 (義澄(高))	8월	일본 국왕 사신 호주, 동파시집과 대장경을 청구. [日本國王使臣彌中求東坡詩集·大藏經等]
502	연산군 8	분키 2	요시즈미 (義澄(高))	3월	일본 국사 슈한, 대장경 재차 요구, 호랑이, 표범 가죽 간청. [日本國使周般, 大藏經再求, 虎豹皮請求]
503	연산군 9	분키 3	요시즈미 (義澄(高))	3월	◎일본국 승려 기쿄, 승 다이하쿠를 보내 원숭이와 말을 헌상했으나 조선은 이를 물리침. [日本國僧義興遣僧太白獻猿馬. 固却之]【⑥續】【⑧翰】
511	중종 6	에이쇼 (永正) 8	요시타네 義植(材)	4월	일본국 사신 호주, 삼포왜란 후 서계를 보내 화친을 구함. [日本國使臣彌中, 三浦倭亂後致書契求和]【①家譜】
512	중종 7	에이쇼 9	요시타네 義植(材)	윤5월	일본국 사신 호주, 와서 머리 숙여 화친을 구걸. (日本國使彌中函首來獻乞和親)
514	중종 9	에이쇼 11	요시타네 義植(材)	11월	일본국 사신 난코·게이세츠, 상경을 거부, 이듬해 1월 접견. [日本國使臣南湖·景雪, 上京拒否, 翌年正月引見]
517	중종 12	에이쇼 14	요시타네 義植(材)	5월	일본 국사 승려 다이인, 대장경과 조연을 간청. [日本國使僧大蔭請大藏經·助緣]
521	중종 16	다이에이 (大永) 1	요시타네 義植(材)	4월	일본 국사 에키소 방문, 중국 황제 죽음을 알림. 연회를 베풂. [日本國使易宗來. 中國皇帝崩御, 設宴]
522	중종 17	다이에이 2	요시하루 (義晴)	3월	일본 국사 다이겐·쇼니도노, 도주가 특송, 삼포에 돌아와 거주를 청함. [日本國使大原·小二殿·島主特送. 請三浦還居住]

서기	조선	일본	장군	서울(漢城)도착	인적사항, 기타기록 (【 】 안은 일본 사료 기록, 밑줄 친 부분은 이름임)
1523	중종 18	다이에이 (大永) 3	요시하루 (義晴)	5월	일본 국사 이치가쿠·교호, 와서 '소모리시게'를 특별 허가토록 청함. [日本國使一鶚·堯甫來, 許特宗盛重
1525	중종 20	다이에이 5	요시하루 (義晴)	5월	일본 국사 게이린, 표류민 송환하고 명나라 사람을 전송함, '분고 민주지' 조연을 요청. [日本國使景林漂民送還, 求明人轉送, 豊後万壽寺助緣]
1528	중종 23	교로쿠(享祿) 1	요시하루 (義晴)	10월	일본 국사 이치가쿠, 일본 표류민 '주린'의 송환과 상품무역을 요구 [日本國使一鶚·求漂還倭民中林刷還, 商物貿易]
1537	중종 32	덴몬(天文) 6	요시하루 (義晴)	1월	일본 국사 도요, 통신사와 대장경을 간청. [日本國使東陽請通信使·大藏經]
1542	중종 37	덴몬 11	요시하루 (義晴)	5월	일본국왕사 안신, 은 8만 냥 무역과 '주린' 송환을 요청. [日本國王使安心, 求銀八万兩貿易, 中林刷還] 【⑦異】
1543	중종 38	덴몬 12	요시하루 (義晴)	5월	일본국왕사 승려 주치쿠, 도난 감합을 명나라에 전달. [日本國王使僧受竺 ·轉達明勘合盜難]
1545	인종 1	덴몬 14	요시하루 (義晴)	2월,6월	일본 국왕 내방. 일본국왕사 안신, 후추 무역 요구. 사사로이 김안국 제사에 참배. [日本國王使來, 日本國王使安心, 求胡椒貿易·私祭金安國]
1546	명종 1	덴몬 15	요시하루 (義晴)	10월	일본국왕사 안신·깃신, 중종 알현하고 인종 제사에 참석. [日本國王使僧安心·菊心來中宗·仁宗致祭]
1548	명종 3	덴몬 17	요시테루 (義揮)	10월	일본 국왕 사신에게 향연을 베풂. [宴日本國王使臣]
1552	명종 7	덴몬 21	요시테루 (義揮)	5월	일본국왕사 승려 안신·마마, 은 무역을 요구함. [日本國王使僧安心·天友求銀貿易]
1556	명종 11	고지(弘治) 2	요시테루 (義揮)	10월	일본국왕사 승려 덴푸·게이테츠, 대마 세견선이 다른 무역도 확대키를 요청. [日本國王使僧天富·景轍求對馬歲遣船他貿易擴大]
1563	명종 18	에이로쿠 (永祿) 6	요시테루 (義揮)	4월	◎ 일본국 사신 게이테츠에게 친히 연회를 베풂. [親宴日本國王使臣景轍]
1567	명종 22	에이로쿠 10	요시테루 (義揮)	5월	일본국 교관 등 8명, 무역확대 5개조를 요구. [日本國教實等八人求貿易擴大五ヵ條]
1571	선조 4	겐키(元龜) 2	요시아키 (義昭)	11월	일본 국왕 사신 게이테츠 친히 접견. [親見日本國王使臣景轍]
1580	선조 13	덴쇼 (天正) 8	◆요시아키 (義昭)	12월	일본 국왕 사신 겐소(게이테츠)·다이라(야나가와)가 와서, 우리나라를 통해 명 황조에 조공을 바치기를 원함. [日本國王使臣玄蘇(景轍)平(柳川)來, 欲因我國通貢皇朝]
1587	선조 20	덴쇼 15	●히데요시 (秀吉)	9월	일본국왕사 다치바나 야스히로, 통신사 파견을 요청, 새 국왕이 섰다고 전함. [日本國王使橘康弘求差遣通信使. 傳國王新立]
1589	선조 22	덴쇼 17	● 히데요시 (秀吉)	6월	일본국왕사 승려 게이테츠·소 요시토시, 통신사 파견 요청. [日本國王使僧景轍, 宗義智等求通信使]

◎ 는 국왕사(國王使)라는 명확한 기록이 없는 경우.

◆ 는 장군(前將軍) 또는 찬탈자(篡奪者)가 실권을 장악했을 경우. ● 는 자칭 관백(關白).

※ ① 교토 장군가보(京都將軍家譜) ② 음량간일록(蔭凉幹日錄) ③ 남방기전(南方紀傳) ④ 선린국보기(善隣國寶記)
⑤ 경화집(京華集) ⑥ 속선린국보기(續善隣國寶記) ⑦ 이국출계기(異國出契記) ⑧ 한림호로집(翰林葫蘆集)

사료출처: 『조선왕조실록(朝鮮王朝實錄)』, 『고려사절요(高麗史節要)』 등

제2장

침략의 상흔과 국교 회복

Ⅰ. 침략전쟁이 남긴 것

오늘날에는 도요토미 히데요시가 일으킨 대외전쟁은 침략이라는 말로밖에 표현할 수 없는 무도한 전쟁이었다는 시각이 정착되고 있다. 그러나 다른 일부에서는 이 전쟁 발발 원인의 일단이 조선국에 있었다고 주장하는 견해가 없지 않다. 이러한 시각은 전쟁 발단으로부터 종결에 이르기까지의 사실(史實)을 무시한 것이다.

히데요시가 중국 침략을 기도하기 시작할 때까지 일본과 조선 사이에는 큰 마찰이나 현안 문제가 없었다. 무역 규모가 이전보다 축소되기는 했지만 대마도와 조선국과의 교역은 계속되고 있었으며, 거짓 사절(僞使)이 포함되어 있긴 했지만 '일본국왕사'도 계속 파견되었다. 히데요시의 의도는 당초부터 명나라 정복이었지만 조선국의 존재와 그 관계를 무시하고 중국 대륙으로 침공한다는 것은 현실을 무시한 전략이었다.

보다 현실적으로 말하자면 히데요시는 아시카가 정권하에서 조

도요토미 히데요시의 초상.

일 교린(朝日交隣) 체제가 존재하고 있었다는 사실을 몰랐을 가능성이 크다. 더구나 중국과 조선이 책봉체제로 결속되어 있다는 점과, 그 실효성은 희박하다 하겠지만 일본 역시 중국 책봉하에 있었으며, 17회에 달하는 견명선(遣明船)에 의한 감합무역도 그와 같은 동아시아의 화이질서하에서 행해지고 있다는 사실을 알려고도 하지 않았다.

중국 침략에 대한 히데요시의 구상을 알 수 있는 사료는 적지 않지만, 중국 – 조선 – 일본의 사대교린(事大交隣) 질서에 관해 직접 언급한 자료는 눈에 띄지 않는다. 그런 까닭으로 히데요시는 조선 국왕에게 입공을 요구하도록 대마 소씨에게 명령하는, 전혀 실현 불가능한 요구를 내세웠다. 고니시 유키나가와 소 요시토시가 획책하여 그 요구는 1590년(선조 23, 덴쇼=天正 18) 히데요시의 천하일통을 축하하는 통신사의 도일이라는 사태를 낳은 것이다. 그러나 히데요시는 '통신'이라는 의미를 알고자 하지도 않고 '입공'으로 취급하여 조선 국왕 자신이 건너오지(=渡海) 않았다고 불만을 표했다. 조선측은 이때도, 그 이후의 명나라와 일본 간의 강화 교섭에 수반했던 사절도 '통신사'로서 사절을 파견했고, 대일 자세는 일관되게 평화 – 교린을 지향했다.

이 두 번에 걸친 전쟁은 일본사 연구자들 사이에서는 '분로쿠 · 게이초노에키(文祿 · 慶長の役)'라고 불리고 있다. 한편 한국과 북한에서는 '임진왜란 · 정유재란(壬辰倭亂 · 丁酉倭亂)' 등으로도 불리는데, 일반적으로 전쟁 개시의 간지연호(干支年號)를 따서 '임진왜란' 또는 '임진전쟁'이라 한다. 이 책에서는 임진왜란이라고 하겠다. 왜란이란 단어는 물론 침략을 받은 측의 일본에 대한 증오와 곱지 않은 눈길이 포함되어 있다. 그

왼쪽: 일본 교토에 있는 귀무덤. 임진왜란 중 침략군이 수만 명의 조선인을 학살, 그들의 코와 귀를 전리품으로 가져가 묻어둔 곳.
오른쪽: 오카야마 현 비젠에 있는 코무덤. 임진왜란의 왜장 우키타 히데이에(宇喜多 秀家)의 부하 로쿠스케(六助)가 전리품으로 가져간 조선인 천여 명의 코를 묻은 곳.

러나 이 전쟁의 실상은 그와 같은 단어를 사용해도 자연스러울 만큼 비참하기 짝이 없는 전쟁이었다.

분고우수키(豊後臼杵) 안요지(安養寺)의 종군승(從軍僧)이었던 게이넨(慶念)이 남긴 『조센히닛기(朝鮮日々記)』에는 당시 전쟁의 생생한 모습이 여러 군데 잘 묘사되어 있다.

– 날이 밝아 성 밖을 내다보고 있노라면, 길가에는 시신들로 가득하여 차마 눈을 뜨고 볼 수가 없다.
– 서둘러 배에서 내려 나 자신도 다른 사람들도 모두가 먼저 가려고 무기를 들고 사람을 죽이니, 넘어지는 시신은 정말 정면으로 볼 수가 없었다.
– 죄 없는 사람들의 재산을 약탈하려고 소리치며 쫓아가는 모습.
– 민가를 불태우고 연기가 치솟는 것을 보면 내 몸 위에 불이 난 것 같다는 데 생각이 미쳐 견딜 수 없다(『조센히닛기(朝鮮日々記)를 읽다』, 法藏館, 2000).

전쟁에서 흔한 일이라 쳐도 일반 민중에게도 살육, 방화, 약탈이 자행되고 한반도가 초토화되었던 것이다. 그 중에서도 잔인하기 그지없는 코 베기가 자행되었는데, 전공(戰功)의 증거로서 행해졌다는 사실은 잘 알려져 있다. 교토에 현존하는 '귀무덤[耳塚]'과 오카야마 현(岡山縣) 비젠시(備前市)에 있는 '천인 코무덤[千人鼻塚]'이 그 증거물이다. 또한 남녀노

이순신 장군 동상.

소 할 것 없이 민중에 대한 강제 연행이 전쟁에 참여했던 여러 다이묘들의 군사에 의해 자행된 것이다. 그러나 결과적으로 두 차례에 걸쳐 침략한 전란은 실패로 끝이 났다.

1592년(선조 25년, 분로쿠=文祿 1)의 전란 초기에는 멀리 한반도 북부의 평안도와 함경도까지 진군했으나, 각지에서 봉기한 의병과, 이순신 지휘하의 조선 수군의 활약, 사대체제를 맺고 있던 명나라 군대의 지원 등으로 일본군은 곧 후퇴해야 했으며, 도성 서울(=漢城)을 확보하지 못했을 뿐만 아니라 제해권(制海權)을 빼앗겨 병사와 식량 보급에 중대 차질이 생긴 상

황이 되고 말았다.

1597년(선조 30, 게이초=慶長 2)에 시작된 제2차 침략도 히데요시의 사망 직전에는 겨우 한반도 남해안 일부를 확보하는 것이 전부였다.

2회에 걸친 전란 중 일본군의 소모는 대단히 컸다. 2회에 걸쳐 총 15만의 병사가 바다를 건넜지만, 전투에 의해 죽은 자들뿐 아니라 피로, 식량 부족, 추위로 인한 병사(病死)와 동사(凍死)는 헤아릴 수 없었고, 도망간 탈주병과 조선측에 투항한 자도 적지 않았다.

이 전란에서 잃어버린 막대한 인명과 집과 재산, 황폐해진 산야의 피해는 상상을 초월하는 것이었다. 이것을 통계로 복원할 수는 없지만 남겨진 수많은 사료에서 우리들이 배워야 할 것은 역시 일본측의 가해 책임이 얼마나 무거운 것인가 하는 점이다. 400년 전이라고는 하지만 많

은 역사적 사실이 일본에게 책임의 값
을 묻고 있다.

II. 전란 이후 대마도의 입장

이 전란에서 가장 많이 고민하고 큰
타격을 받은 곳은 대마도였다. 이때의
도주 소 요시토시는 개전에 즈음하여
대마도주 소 요시토시의 초상.

선봉에 나설 것을 명받아 5,000 병졸을 이끌고 바다를 건넜다. 이 5,000
명이라는 숫자는 인구가 적은 대마도로서는 대단한 것이었다. 어떤 사
료에 의하면 16세부터 53세까지의 남자들을 모두 뽑았다고 한다. 당연
히 일손을 모조리 잃은 농촌은 피폐할 수밖에 없었다. 또한 본진인 히젠
나고야(肥前名護屋)와 전진기지인 부산항을 연결하는 중계기지로서 섬의
식량, 선박과 그 밖에 모든 것이 군용물자로 총동원되고, 작은 어항마저
전쟁용으로 사용되었다. 평시라면 교역과 교류의 다리 역할을 맡았던 대
마도가 이때는 최전선에로의 보급과 중계기지 역할을 수행해야만 했다.
　그리하여 이 침략전쟁의 전후 처리에서도 가장 큰 노고를 치른 편이
곧 대마도였다.
　소씨의 보제사(菩提寺=조상의 위패를 안치한 사찰)였던 이즈하라초(嚴原町)
의 반쇼인(万松院)에 있는 한 문서에는 다음과 같은 구절 하나가 기록되
어 있다.

　　조선진(朝鮮陣=임진왜란) 이후 우리 섬의 인구는 줄었다. 이것 때문에 마을
　은 모두 황폐해졌던 것이다.

일손을 잃고 피폐해져 버린 대마도의 산야가 눈에 훤하다.
당연한 결과로서 왜관이라 부르던 부산의 일본인 거주지에서의 교역

반쇼인(萬松院). 대마도주 소가(宗家)의 공관과 역대 도주의 유해를 안장한 보제사가 있는 곳.

은 단절되었다. 15세기 후반부터 16세기 초까지는 부산 이외 두 군데 항구에서도 개항장이 인정되어 많은 대마도 사람이 한반도 남부에 거주하고 있었다. 조선과의 무역이 전성기였을 때 대마번과 대마도 사람이 얻었던 이익의 크기를 생각하면 교역의 단절로 인한 손실은 이루 헤아릴 수 없었다.

또한 조선 국왕으로부터 매년 하사받았던 쌀, 콩도 들어오지 않게 되었다. 이 세사미두(歲賜米豆)는 계해약조(癸亥約條) 때에는 매년 200석이었다. 1510년(중종 4, 에이쇼=永正 7)에 세 곳의 개항장에서 상주하고 있었던 일본인이 폭동을 일으켜 그 뒤 매년 100석으로 반감되었지만, 평지가 극히 적었던 대마도로서는 귀중한 식량이었다.

대마도주 소씨가 일본군의 전면 철수 이후 가장 먼저 조선과의 접촉을 서두른 것은 이러한 배경에서 볼 때 당연한 일이라 할 것이다.

강화를 바라던 대마도의 사신이 부산에 건너온 기록을 보면, 가장 빠르게는 1599년(선조 32, 게이초 4) 6월 대마의 중신이었던 야나가와 도시노부(柳川調信)의 서장(書狀)을 갖고 사신이 파견되었다는 것이다. 이보다 앞서 사신이 부산에 건너온 적이 있다고 하나 확실치는 않다. 그 이듬해 1600년(선조 34, 게이초 5) 2월에는 고니시 유키나가, 가라츠 번주(唐津藩主) 데라자와 시마노카미마사나리(寺澤志摩守正成), 소 요시토시 등이 서장을 가지고 왔으며, 이때 대마도에 잡혀가 있던 조선인 160명을 송환했다.

또다시 4월에는 다치바나 도모마사(橘智正: 일명 이데야로쿠자에몬(井手彌六左衛門))가 남녀 300명의 피로인을 송환했다. 이에 대해 조선에 계속 주둔하고 있었던 명나라 군대는 당초 강경하게 일본과의 강화에 반대하여 일본 사절을 억류했다. 그러나 피로인[1]으로부터 일본의 국내 정세를 들을 수 있었던 조선 조정은 점차 태도를 완화하게 되었다.

특히 같은 해 6월에는 이요오즈(伊子大洲)의 도도 다카토라(藤堂高虎)의 군대에 체포되어 그 후 교토 후시미(伏見)에 끌려가서 연금 상태에 있었던 유학자 강항(姜沆)이 귀국하여 일본 정세에 대한 상세한 보고를 했는데, 일본측이 재침할 여유가 없다고 증언한 것이 하나의 전기가 된 듯하다. 강항은 일본을 떠나기 직전에 후지와라 세이카(藤原惺窩), 의사(醫師) 리안(理安), 가토쿠라 요이치[(角倉与一=소인(素庵)], 안코쿠지 에케이(安國寺惠瓊) 밑에 잡혀 있던 조선인 피로인 등의 증언을 기록하여 조정에 상신했다. 이와 함께 그해 8월에 명나라의 주둔군이 철수하기 시작했다.

조선이 대마도에 처음으로 회답한 것은 1601년(선조 35, 게이초 6) 5월이었다. 대마도에서 파견된 사절과 동행하여 대마도로 갔던 조선 사절은 침략에 대한 규탄과 명군의 주둔을 이유로 신속한 '화해(=許和)'가 어렵다는 뜻을 전했다.

그리고 세키가하라(關ヶ原) 전투 직후 일본 정세가 점차 판명되어 도쿠가와 이에야스가 새로 정권을 장악한 사실과 그동안 소 요시토시가 이에야스의 뜻이라며 강화교섭의 허가를 받았다는 사실도 전해졌다.

또한 조선측으로서는 대일 강화를 급하게 서두를 필요는 없었지만, 수만 명으로 추정되는 피로인의 송환은 급선무였다. 따라서 대마도와의 교섭창구를 닫아둘 수가 없었다.

그러나 문제는 어디까지가 대마도의 권한인지, 소 요시토시 등의 독

---

1) 전란 중 잡혀간 민간인들.

도쿠가와 이에야스의 초상.

단으로 조선에 대한 교섭을 추진하고 있는 것인지, 다시 말하면 이에야스의 의향이 어떤 것인지에 대한 판단이 서지 않았던 것이다. 침략에 관계한 고니시, 데라자와 등 서부지역 다이묘들이 연서서계(連署書契)를 보내오기도 하고, 대마도의 사절은 이에야스의 의향이 강화(講和)라 했지만 그것을 그대로 믿을 수가 없다는 견해가 조선 조정 내에 있었기 때문이다. 특히 세키가하라 전투 이전은 이에야스의 정권 장악 정도가 불확실하다는 것이 전해져 있던 상황이었다. 실제로 1601년(선조 35, 게이초 6)까지 이에야스가 조선 외교에 관련되는 직접적인 발언을 보여주는 사료는 현재까지 발견되지 않고 있다. 그럼에도 대마도는 1600년(선조 34, 게이초 5) 2월 서찰에서 이에야스는 히데요시와 아무런 관계가 없다는 점, 강화의 성립은 이에야스의 뜻이라고 하며, 강화교섭을 위한 사절을 파견해 줄 것을 요구했다.

III. 유정 사명당(송운대사) 파견과 도쿠가와 이에야스

조선 조정에서 전후 본격적인 대일정책을 논의하기 시작한 것은 1601년 7월부터였다. 논의의 중심은 조선 조정이 취해왔던 전통적인 '회유

정책'을 써서 '화해'하고 '무역 재개(=開市)'하는 것도 좋지만, 그것은 필연적으로 일본 중앙정권과의 강화에 이어지고, 반면 강화를 인정하지 않으면 경우에 따라서는 재침략을 초래할 우려가 있기 때문에 방위를 튼튼히 하면서 적의 정세를 다시금 탐색할 필요가 있다는 것이었다.

이러한 논의의 끝에 1602년(선조 36, 게이초 7) 2월 전계신(全繼信), 손문욱(孫文彧)이 정보수집과 강화제의의 여부를 확인하기 위해 대마도로 향했다. 이때의 사절은 대마도에 대하여 장차 개시, 즉 무역 재개의 가능성을 암시했다.

유정(惟政) 사명당 송운대사의 영정(해인사 홍제암).

그해 12월에 대마도로부터 재차 부산에 파견된 다치바나 도모마사(橘智正)는 '통신사'의 파견을 요청하고 대마도의 강화제의는 대마도의 독단이 아니라 일본 중앙정권이 요구하는 것이라 밝혔다. 이에 대해 조선 측은 침략에 대한 사죄와 피로인의 전원 송환이 조건이라고 대응했다.

한편 1603년(선조 37, 게이초 8) 사츠마(薩摩)에 잡혀가 있던 유생(儒生) 김광(金光)이 귀국하여 대마도의 외교승 게이테츠 겐소(景轍玄蘇)와의 글로 주고받은 대화(=筆談) 내용을 보고했다. 이에 따르면 "막부(幕府=公儀)로부터 강화할 것을 명령받았는데 아직 이루어지지 않았다. 일이 지연된다면 요시토시도 그 후를 예상할 수 없다"고 하면서 만일 강화가 지연된다면 일본의 재침도 있을 수 있다고 했다. 또한 이 시기에 가토 기요마사(加藤淸正)가 조선을 배제하고 명나라의 복건 주둔 군사령부(=福建軍

대마도 서산선사(西山禪寺). 역대 대마번의 외교담당부서였던 이테이안의 소재지.

門)에 서한을 보내어 조선이 강화에 응하지 않으면 병선(兵船)을 내겠다고 말했던 것도 조선측에 불신을 불러일으켰다.

이러한 기요마사의 서한이 돌연 등장한 것에 대마도는 놀랐으며, 조선측에 사죄를 표하는 데 진력함과 동시에 대마도가 이에야스의 뜻을 받은 유일한 교섭창구임을 다시금 명확하게 할 필요가 있었다. 이를 위해 대마도는 1603년 6월 대마도주 소 요시토시로부터 조선 예조에 보낸 서계에 도쿠가와 이에야스의 인장인 화압첨인(花押添印)이 있었다고 한다.

아무튼 조선측으로서는 한시라도 빨리 이에야스의 의향을 직접 확인할 필요가 있었고 대마도 또한 강화가 이에야스의 진의임을 조선측에 명시할 필요가 절실하다는 것을 알았다.

이러한 상황에서 조선 조정은 민간인이었던 유정 사명당 송운대사(惟

政四溟堂松雲大師)를, 그 이전에 대마도와 교섭을 맡아왔던 손문욱(孫文彧)과 함께 대마도에 파견하기로 했다.

송운대사는 임진왜란 당시 스승 서산대사 휴정(西山大師, 일명 葆眞大師 休靜)의 명을 받아 의승병(義僧兵)을 이끌고 활동한 걸승(傑僧)이다. 전란 중에는 한때 가토 기요마사와 강화 담판을 한 적도 있었다. 조선측이 조정 관직에 종사하고 있지 않은 인물의 파견을 결정한 이유는 송운대사의 존재가 일본에 잘 알려져 있었던 점과 민간 신분으로 자유롭게 탐색, 교섭이 가능하다는 점, 일본에 약속을 재촉받지 않을 수 있다는 입

대마도 서산선사의 게이테츠 겐소(景轍 玄蘇) 등신불(等身佛). 겐소는 이테이안의 개조(開祖) 외교승이었다.

장이라는 점 등을 고려했을 것이다. 또한 송운대사는 뛰어난 문인이기도 하여 시문 능력에서도 일본의 문인들을 감복시킬 수 있다는 점을 고려하지 않았나 생각된다.

송운대사는 1604년(선조 37, 게이초 9) 7월 하순 대마도에 도착했다. 그는 대마도에 대해 한 통의 '개유서(開諭書)'를 지참했다. 그 내용의 하나는 피로인 송환과 관련 대마도가 더욱 힘써야 한다는 것이다. 또 하나는 명나라가 대마도와 조선의 관계 재구축에 반대하지 않는다는 점, 그리고 대마도의 조선에 대한 성의가 인정되므로 가까운 장래에 교역을 허락할 것이나 결코 국법을 위배하지 말라는 내용이었다. 대마도에서는 송운대사 도착과 동시에 곧 중신 야나가와 시게노부를 이에야스에게 급파했다. 그 결과 명년 봄 교토에서 이에야스가 송운대사를 직접 만나겠다는 약속을 얻었다. 이에 따라 대마도에서 송운대사 일행은 그해 12월

왼쪽: 교토 후시미조(伏見城) 옛 그림. 1605.3.4. 이 성에서 도쿠가와 이에야스와 사명대사 간의 전후 처리 강화 협상이 있었다.
오른쪽: 오늘날 후시미조의 모습. 이 성은 전란, 지진, 화재 등으로 여러 차례 파괴와 개축이 거듭되어 옛 모습을 찾아볼 수 없다.

말 교토로 갔으며, 이에야스의 지시를 받은 교토 쇼시다이(所司代)[2] 이타쿠라 가츠시게(板倉勝重)의 정중한 영접을 받았다.

이에야스가 교토에 온 것은 그 이듬해 1605년(선조 38, 게이초 10) 2월 말로서 그동안 송운대사는 혼포지(本法寺)에 유숙하며 동행한 대마도의 겐소, 쇼코쿠지(相國寺)의 주지이며 외교승이었던 세이쇼 조타이(西笑承兌) 등과 시문의 교류를 하면서 대기하고 있었다. 일찍이 히데요시의 외교 고문이었으며 조선에 관해서는 일방적인 편견을 갖고 있었던 조타이도 대사의 해박한 지식과 수려한 글솜씨, 즉 박람강기(博覽强記)에 크게 감동하여 마음이 움직였다.

송운대사와 이에야스의 회견은 2월 하순 또는 3월 초순에 이루어졌다. 3월 4일에 일본측 당사자인 이에야스 측근의 혼다 마사즈미(本多正

---

2) 에도 막부의 직명으로 교토를 관장하는 책임자이다. 직무는 교토의 호위, 천황과 공가의 감찰, 서부지역 다이묘를 통제하며 교토 주변 8개국의 소송을 처리하는 것이다.

純), 외교승 조타이, 대마도의 야나가와 가게나
오, 게이테츠 겐소가 모두 함께 후시미조(伏見
城)에 들어갔기 때문에 아마도 그 날이었을지
도 모른다. 그리하여 송운대사는 이에야스로
부터 다음과 같은 글로 쓴 말(=文言)을 접한다.

도쿠가와히데타다. 에도 막부의
제2대 장군.

　　나는 임진(壬辰) 때 관동(關東)에 있었다. 병사
(兵事)에 관여한 적도 일찍이 없었다. 조선과 나는 진실로 원한이 없다. 화친
(=通和)을 청한다. 이 뜻을 자세히 요동순무진각위문(遼東巡撫鎭各衛門)[3]에게
보고하시오(『고사찰요(攷事攝要)』 卷上, 萬曆 32年 7月).

　여기서 처음으로 일본 정권 담당자 자신의 입에서 조선과의 통교재
개에 대한 확실한 증언을 얻을 수 있었다. 그 뒤 이에야스의 의향에 따
라 후계자 히데타다(秀忠)가 교토로 입성하는 행렬을 관람하고 송운대사
는 대마도로 돌아왔다. 송운대사의 귀국을 전후하여 1,390명의 피로인
이 대마도로부터 고국에 돌아갔다. 조선의 대사 파견을 접수한 대마도
가 감사의 뜻을 표한 것으로 보인다.

IV. 제1회 회답겸쇄환사의 출발

'탐적사(探賊使)' 송운대사의 귀국 보고를 받은 조선 조정은 서둘러 대일
강화조건을 토의하여 결정했다.
　1606년(선조 39, 게이초 11) 8월 대마도에 전달된 조건은 먼저 이에야스
로부터 사죄의 뜻을 담은 국서(國書)를 보낼 것[이것을 선위국서(先爲國書)
라 한다], 그 서찰에는 이에야스가 일본 국왕이라 자칭할 것, 또 한 가지

―――――――――――
3) 명나라 조선방위사령부(朝鮮防衛司令部).

조건은 전란 중 왕의 능묘(陵墓)를 도굴한 범인을 잡아 보낼 것이었다.

첫 번째 조건은 전쟁 개시의 경과로 보아 당연한 일이었다. 이에야스는 송운대사에게는 자신이 전쟁(=兵事)에 관련한 적이 없었다고 했지만, 도요토미 정권하에서 부총리격이었고 후방으로서 히젠 나고야(肥前 名護屋)에 주둔하여 바다를 건너간 여러 장군들과 서한을 교환하고 있었기 때문에 이에야스에게도 책임이 없다고는 할 수 없다. 그러나 몇 가지의 전승으로 전해오는 바와 같이 이에야스가 개전(開戰)에 소극적이었다는 것은 확실하다. 그렇다고 하여 이에야스가 사죄의 뜻을 담은 국서를 쓰겠는가 하는 것에는 의문이었다.

그해 8월 대마도에 강화를 위한 두 가지 조건의 내용을 절충하려고 왔던 전계신은 '내부서등(內府=家康 書謄)'을 보았다. 그러나 그는 그 내용이 조선에 대해 '불손'하며, 또한 왕릉범(王陵犯) 압송의 말이 빠져 있었기 때문에 고쳐 쓰기를 요구했다. 그 결과 의외로 빨리 11월에 고쳐 쓴 이에야스의 국서가 전달되어 왔다. 더구나 그 내용은 '불손'한 표현이 삭제되었을 뿐만 아니라 '일본 국왕 미나모토 이에야스(日本國王 源家康)'로 되어 있고, 뜻밖에도 명나라 연호가 사용되어 있었다. 그리고 마고사쿠(麻古沙九=孫作), 마타하치(麻多化之=又八)라는 두 명의 청년이 조선으로 압송되어 왔던 것이다. 이와 같은 이에야스의 선위국서를 둘러싸고 전적으로 거짓 국서라 하는 설과 또는 이에야스가 먼저 국서를 만들어 보냈다는 즉 '선위국서'는 존재했다는 설이 있는데, 이것은 제3장에서 검토하기로 하겠다.

일본측(실은 대마도측)이 조선측에서 요구한 두 가지 조건을 충족시켰으므로 국교재개를 저해하는 벽은 사라졌다. 그러나 조선측에서는 너무나도 빨리 이에야스의 '선위국서'가 도착하고 그 내용이 전적으로 조선측 요구에 따른 것이라는 점과 또한 압송한 청년들이 너무 젊다는 점 때문에 이 두 가지가 모두 대마도의 속임수라 간파하고 있었다. 그럼

왼쪽: 도쿠가와 이에야스의 은거처 순푸조(駿府城). 시즈오카 소재, 복원.
오른쪽: 복원된 순푸조 앞의 이에야스 동상. 김양기 교수 제공.

에도 조선측은 '선위국서'가 도착했을 때에는 일본에 신사(信使)를 파견할 것을 이미 결정하고 있었으며 그 이상 강화를 연기하는 것은 적절치 않다고 판단했다.

남은 문제는 사절단의 명칭이다. 앞서 본 바와 같이 15세기 세종대부터 일본에 대한 사절은 '통신사'로 하는 것이 관례였다. 그러나 이번에는 전란 직후이며 무엇보다 급한 것은 피로인 송환이었기 때문에, 이번 회에는 이에야스의 선위국서에 대한 회답국서(回答國書)의 전명(傳命)과 피로인 송환(刷還이라 표기했음)을 사명으로 하고, 내부적으로는 계속하여 적정탐색(賊情探索)을 수행하기로 했다.

이와 같이 하여 1607년(선조 40, 게이초 12) 2월, 에도 시대에 접어들어 제1회 조선사절단이 부산항을 출발하여 대마도로 향했다.

정사는 여우길(呂祐吉), 부사는 경섬(慶暹)이며 총인원은 504명으로 구성되었다.

일행이 오사카에 들어간 것은 4월 8일, 이때 오사카조(大坂城)에는 아직 — 60만 석의 평범한 다이묘로 전락은 했지만—도요토미 히데요리(豊臣秀賴)

와 요도기미(淀君)가 있었다. 사절은 당연히 오사카조에는 가지 않았다. 교토에서는 쇼시다이 이타쿠라 가츠시게(所司代 坂倉勝重)로부터 주안상(=酒肴)을 대접받았으며 도후쿠지(東福寺), 산주산겐도(三十三間堂), 기요미즈데라(淸水寺), 치온인(知恩院) 등을 구경했다.

도카이도(東海道)를 내려와서 하마마츠(浜松=일설에는 京都)에 도착했을 때, 일행은 이에야스 측근으로부터 이에야스가 이미 아들 히데타다(秀忠)에게 장군직을 물려준 상태이기 때문에 조선 국왕의 국서는 에도에서 새 장군에게 전하라는 말을 들었다. 세 사신은 놀라서 이에야스 앞의 국서는 이에야스에게 건네든가 아니면 이에야스와의 회견 이후 히데타다에게 건네주어야 할 것이라고 반론했다. 그러나 이미 에도에서 빙례(聘禮) 절차가 결정이 되었다고 하는 일본측에게 타협의 여지가 없었으므로 결국 그대로 따르지 않을 수 없었다. 에도에서의 국서전명의 빙례는 그런대로 무사히 끝났다. 초창기의 도쿠가와 정권이 외국 사신을 맞이하는 국제의례는 그 시기가 도쿠가와 가문의 세습이 정해진 직후인 만큼 여러 다이묘와 민중에게 장군가의 위상을 새삼 재고하게 했다. 그래서 오사카의 도요토미씨(豊臣氏)의 정권 복귀는 있을 수 없다는 것을 과시하는 것으로 연결되었다. 그러나 받은 국서는 이에야스의 답서가 아니라 히데타다의 국서로서 그 내용도 국왕 칭호가 사용되지 않았고 연호도 용집간지(龍集干支=當年을 표기함)를 표기한 것이었다. 이것을 사절이 그대로 지참하고 돌아갔기 때문에 조선 사절의 세 사신은 한때 나라를 욕되게 했다는 죄명으로 관직을 박탈당했다.

조선 사절은 귀로에 가마쿠라와 스루가 만(駿河灣)의 관광을 거듭하면서 5월 20일 순푸(駿府=지금의 시즈오카시: 靜岡市)에서 이에야스와 회견했다. 순푸조(駿府城)가 건축공사 중이었기 때문에 이에야스와의 회견은 극히 짧았던 것으로 짐작되며, 향연은 혼다 마사즈미(本多正純)의 저택에서 행해졌다. 에도에서 있었던 히데타다와 주고받았던 선물과 같이 이에야스에게도 조선 국왕으로부터의 선물을 전했으며, 세 사신은 이에야스로부터 선물을 받았다. 혼다 마사즈미는 사절과 헤어질 때 "양국이 이미 화친하게 되었다. 장군 히데타다도 또한 기쁨이 극에 달했다. 이것저것 의심할 것 없다"라고 말했다. 조선측의 일본에 대한 강한 경계심이 한편에 있고, 일본 국내에서는 조선 사절이 일본을 방문한 것을 '조선인 입공' 또는 '어례(御禮)'라 보는 견해가 있었음에도 불구하고, 이에야스 부자는 확실하게 국교회복과 신사(信使) 환영을 연출함으로써 교린관계를 지속하겠다는 의지를 밝혔던 것이다.

〈표 3〉 피로인 송환 기록

서기	조선	일본	월일	사항
1596	선조 29	게이초 (慶長) 1	9. 9	통신사선(通信使船), 사카이(境)에서 김영천(金永川)의 처 및 남녀 20여명 송환[男婦20余名刷還].
1599	선조 32	게이초 4	6. 29	정희득(鄭希得)과 남녀 15명, 도쿠시마(德島)로부터 귀환.
1600	선조 33	게이초 5	2. 23	소 요시토시(宗義智), 강화사를 요청, 황해도 연안(延安)의 유생 김유성(金有聲)과 경상도 합천(陜川) 유생 곽진방(郭鎭邦) 등 160명 송환.
			3. 16	남녀 33명 생환, 일본측, 화호(和好)를 급히 서둘기를 원함(23일 송환 160명 중에서).
			3. 18	경상도 우수사(慶尙道右水使), 일본에서 생환된 거제 교생 등 30명 포획.
			4. 24	소 요시토시, 남녀 300 여명을 송환, 화호(和好)를 청함.
			4. 27	오사카(大坂)에서 남녀 21명 도피 생환.
			5. 19	강항(姜沆) 등 33명 도피 생환, 부산에 도착.
1601	선조 34	게이초 6	4. 3	피로인 하동 교생(河東校生) 강사준(姜士俊)·여진덕(余進德) 등, 일본 정세에 관해 상고함.
			6. 28	소 요시토시·야나가와 시게노부·데라자와 마사나리(寺澤正成) 등, 남충원(南忠元) 등 남녀 250명을 다치바나 도모마사(橘智正)에게 인솔, 송환함. 남충원은 왕의 서서(庶婿)임.
1602	선조 35	게이초 7	5. 4	소 요시토시(宗義智)의 사신, 피로인 압송 시 서계 5통을 지참.
			5. 7	피로인을 불러 모은 이일리(李一理)·김걸수(金乞守)에게 복호(復戶=공로)를 참작, 노역면제 특혜 부여.
			8. 3	일본인 14명, 피로인 229명을 인솔해 옴.
1603	선조 36	게이초 8	3. 24	소 요시토시(宗義智) 등 다치바나 도모마사(橘智正)를 파견, 예조(禮曹)에게 서계를 전달하고 피로인 85명을 송환.
			6. 14	통신사 조기 파견을 요청하며 피로인 100여명을 송환.
			8. 14	피로인 오흠일(吳欽日) 등 남녀 14명을 돌려보냄.
			11頃	하동(河東) 출신 어린 유생 김광(幼學金光) 등 사츠마(薩摩)로부터 생환.
1605	선조 38	게이초 10	4	송운대사 유정(松雲大師惟政)·손문욱(孫文彧) 등 일본에서 돌아옴.
			5. 12	소 요시토시·야나가와 시게노부, 송운대사 일본 파견에 감사 표시로 피로인 1,390명 송환.
1606	선조 39	게이초 11	1. 26	같은 뜻으로 소 요시토시 등 피로인 122명·표류인 1명 송환.

제3장

피로인 송환과 초기 3회의 사절

Ⅰ. 피로인의 발생과 연행

  침략전쟁은 조선 사람들에게 헤아릴 수 없을 만큼 많은 전화를
입혔다. 그 중 하나는 군병이 아닌 민중을 포로로 일본에 강제 연
행해 간 것이다. 여기서 항복 또는 귀순한 병사의 포로와 구별할
필요가 있기 때문에 '피로인(被虜人)' 즉 사로잡혀 간 사람들이라는 용
어를 쓴다. 이 피로인의 개략적인 수는 연구자에 따라 수만 명이라
고 하고 있으나 정확한 통계는 없다. 뒤편에서 말하는 바와 같이 전
란 후 고국으로 돌아올 수 있었던 사람으로서 명백히 확인된 사람
수는 5,000~7,000명 정도로서 그 귀환자의 수를 조선 사절은 '구우
일모(九牛一毛)' 즉 극히 적은 일부에 지나지 않는 것이라고 평했다. 사
실 많은 잔류자의 소식은 오늘날까지 일본 각지에서 전해지고 있다.
  피로인은 1592년(선조 25, 분로쿠=文祿 1) 4월, 현해탄을 건너갔던 고
니시 유키나가, 소 요시토시가 이끄는 제1군이 부산에 상륙하여 부
산진성을 함락시키고, 곧 북쪽의 동래부성을 포위 함락시켰을 때부터

이미 발생하고 있었다. 제1군의 종군승으로 참전했던 묘신지(妙心寺)의 승려 덴케이(天荊)의 『세이세이닛키(西征日記)』에 의하면 동래부성의 전과는 "참수한 사람 3,000여 급이며 사로잡은 사람이 500여 명에 달한" 것이었다. 이어 충주(忠州) 북방의 송산(松山)에서는 전과가 "목을 벤 것이 3,000여 급이고 사로잡은 수가 수백 명"이라 기록되어 있다.

한반도에서는 고대로부터 전쟁이 일어났을 때 민중을 높은 곳에 있는 산성으로 피난시키는 전법을 쓰는 경우가 많았기 때문에 임란 때에 사로잡혀 피로인이 된 사람들은 민간인이었을 가능성이 크다.

요컨대 저항하는 자는 병졸이건 민간인이건 용서 없이 죽이고, 저항을 포기한 자는 모두 피로인이 되었던 것이다. 1597년(선조 30, 게이초=慶長 2) 제2차 침략 때도 같은 양상이었다.

군졸들이 산 속에 난입했 다. 남자와 여자, 승려와 속인을 가리지 않고 생포하여 많이 잡아왔다[오코우치 히데모토(大河內秀元):『朝鮮記』].

그래서 생포된 자가 200여, 베인 자가 1,000여 명이었다[와키사카 야스하루(脇坂安治):『脇坂記』].

그리고 조선에서 빼앗은 소와 말은 1,000여 필. 또 생포한 도진(唐人: 조선인)은 모두 300여 명이었다. 이 숫자의 병량(兵糧)과 우마(牛馬)는 백미와 대두로 받고 환급해 주었다[조소카베 모토치카(長曾我部元親):『元親記』下卷].

또한 오타 히다노카미 가즈요시(太田飛驒守一吉)의 종군승이었던 게이넨(慶念)의 『조센히닛키(朝鮮日々記)』에는 부산 상륙 직후 일본에서 온 여러 지방의 상인들이 앞을 다투어 일본 군대의 전장에 뒤따라 다니며 '사람 팔고 사기' 즉 인신매매를 하고 있는 장면을 목격하고 연행하는 현장이 너무나 비참한 광경이라고 기술했다.

- 남녀노소 할 것 없이 붙잡혀, 새끼줄에 목들이 엮어 매인 채 앞으로 내

몰려 종종걸음으로 뒤따랐고, 몽둥이를 뒤흔들며 그들을 때리는 광경이 마치 무식한 죄인을 고문하는 것이 이런 것일까 생각된다.

– 들이나 산이나 성은 말할 것도 없이 모두 사람을 쳐 죽이고 대꼬챙이에 머리를 찌르고 아비는 자식을 한탄하고 자식은 아비를 찾으니 처음 본 광경이었다.

– 조선인 아이들은 인질로 잡혀가 부모와 떨어지니 두 번 다시 볼 수 없었다. 서로 슬퍼하는 것은 마치 감옥 안에 있는 죄인이 고문을 받는 것과 같았다.

이와 같은 지옥과 같은 그림이 일본군이 지나간 여러 곳에서 전개되고 있었다.

유학자이면서 형조좌랑(刑曹佐郎)을 역임했던 강항(姜沆)은 1597년(선조 30, 게이조 2) 5월 전라도 영광군에 군량조달 담당관으로 배속되었다. 그러나 해안 일대는 일본군에게 모조리 점령되어, 부친과 처자들을 데리고 함께 배를 타고 도망갔다가 일본 수군의 습격을 받아 일가족 거의 전원이 바다에 빠져 죽었다. 강항 자신은 물 속에 몸을 던졌으나 일본 배에 의해 붙잡혔다. 그 배 안에는 "우리나라 남녀가 뒤엉켜 쓰러져 있고 배의 양쪽 옆면으로는 시체가 어지럽게 산같이 쌓여 있었다. 통곡소리는 하늘을 찔렀고, 파도도 오열하는 듯했다"(姜沆: 『看羊錄』, 朴鍾鳴 譯註, 平凡社東洋文庫, 1984).

강항을 생포한 것은 앞서 말한 바와 같이 이요오즈(伊子大洲)를 본령으로 하는 도도 다카토라(藤堂高虎)의 군사였다. 바다를 건너 시코쿠(四國)에 도착하고부터도 고난의 행진은 계속되었다. 강항의 형제와 그들 자녀 여섯 명 중 바다에 빠져 죽은 사람은 셋, 일본에서 죽은 사람이 둘, 나머지는 어린 여자아이 하나밖에 없었다. 이때 오즈(大洲)에는 약 1,000명의 피로인이 있었다.

잡혀간 피로인 중에는 여성과 아이들이 많았다. 도요토미 히데요시는 히젠(肥前)의 나베시마 나오시게(鍋島直茂)에게 보낸 편지에서 "잡아둔 조선인 가운데 세공(細工) 및 바느질 하는 사람, 솜씨가 있는 여자는 진상하라"고 명했다. 히데요시는 다이묘가(大名家)에서 이미 피로인을 집안의 고용인으로 부리고 있는 것을 알고 있어서 그녀들을 '진상'하라고 한 것이었다. 아이들은 예컨대 가토 기요마사가 잡아와서 후에 구마모토(熊本) 혼묘지(本妙寺)의 승려가 된 니치요[日遙: 본명은 여대남(余大男)], 교토 구로타니(黑谷)의 세이운지(西雲寺)를 개창한 소곤(宗嚴)과 그 누이, 나베시마 나오시게(鍋島直茂)에게 종사했던 홍호연(洪浩然) 등이 그 후의 소식을 전해주고 있다.

피로인 중 많은 사람들은 인신매매를 자행한 상인들에게 팔려 다이묘 가문뿐만 아니라 일본 각지에서 여러 가지 노동에 종사했다. 그 중에는 포르투갈 상인 등의 손에 넘겨져 팔려간 사람도 있다고 기록되어 있다. 이 사람들은 일본 상인들에 의해 총포, 비단, 생사(生糸) 등과 교환되었던 것이다.

II. 자력으로 귀국한 사람들

1596년(선조 29, 게이초 1) 9월 명나라 황제가 히데요시를 일본 국왕으로 책봉한다는 조유문[詔諭文]을 지참한 명나라 사절이 오사카에 당도했다. 이때 조선의 통신사도 사카이(堺)까지 와 있었으나 히데요시는 오사카에 사절이 들어오는 것을 허락하지 않았다. 히데요시는 조선국에 대해 왕자를 인질로 삼을 것을 요구하고 있었는데, 그와 같은 조건을 조선측이 받아들일 리 없었다. 조선통신사는 철병과 강화 체결 그 자체를 일본측에 요구하고 있었다.

이때 조선통신사가 사카이에 체류 중 안코쿠지(安國寺) 에케이(惠瓊)와 우키타 히데이에(宇喜多秀家)는 '사로잡혀 온 아이들'을 숙소까지 연행해 갔다. 사절은 강화가 성립되면 그 아이들을 데리고 귀국할 생각이었다. 그러나 명나라 황제의 고명(誥命)을 히데요시가 거부하자 강화 교섭은 결렬되었고, 아이들은 귀국할 수 없었다. 사절이 사카이 항을 떠날 때 이 밖에도 많은 피로인 남녀가 배 주변에 몰려왔다.

통신사가 배에 오를 때 우리 백성 남녀 중에는 울음소리로 전송하는 자의 수가 몇 명인지 헤아릴 수 없었다. 일행 가운데 눈물을 흘리지 않는 자가 없어서 그 때문에 배가 출발하지 못하고 멈춘 배에서 밤을 새웠다.

당시 정사인 황신(黃愼)이 쓴 『일본왕환일기(日本往還日記)』의 한 구절이다. 귀로에 통신사 일행이 하리마코쿠(播磨國) 무로츠(室津)에 기항했을 때 피로인이 된 한 남자아이를 승선시켜 귀국하게 했는데 그때 그 아이를 부리고 있었던 무사에게 은 3냥을 지불해야 했다고 한다.

전라도에서 잡혀갔던 정희득(鄭希得)은 아와(阿波)의 하치스가 이에마사(蜂須賀家政)의 군사에게 생포되어 도쿠시마(德島)에 연행되었다. 그는 당시 25세였는데 강항과 마찬가지로 가족이 함께 잡혀갔다. 그의 어머니·아내·누이·형수는 바다에 뛰어들어 익사하고 말았다. 정희득은 문필이 뛰어나 귀국 후 『월봉해상록(月峯海上錄)』이라는 일본 체재 중의 기록을 남겼다. 도쿠시마에서는 많은 피로인이 산과 들에서 땔감을 모으고 들일에 사역당하고 있었으나 정희득은 문재(文才)가 인정되어 번주 이에마사와 의승(醫僧)의 눈에 띄었다. 그 덕분에 그는 어느 정도는 자유롭게 행동할 수 있었다. 그의 일기에 의하면 어느 날 밤늦게 '무지개다리'라고 하는 다리 위에서 만난 10여 명 중 8~9명은 조선인이라고 하며, 고향을 생각하며 피로의 신세를 한탄하고 소리 지르는 사람, 우는 자가 다리 위에 넘쳐났다고 한다.

정희득은 이에마사에게 직접 귀국 탄원서를 내어 1599년(선조 32, 게이초 4) 6월, 십 수명의 피로인과 함께 3년 만에 고향땅을 밟을 수

강항(姜沆)의 초상. 직계 후손 제공.

있었다.

앞서 언급한 강항의 경우에는 1600년(선조 33, 게이초 5) 2월 후시미(伏見)에서 연금 상태가 풀려서 5월에 부산항에 도착했다. 그는 귀국 후 조정에 「예승정원계사(詣承政院啓辭)」라는 일본 정세에 관한 보고서를 제출했다.

이 보고서가 조선 조정에서 일본과 국교 수복을 결단할 것을 촉구하는 하나의 계기가 되었던 것은 제2장에서 언급한 바와 같다. 강항은 그 밖에도 「적중봉소(賊中封疏)」, 「적중문견록(賊中聞見錄)」, 「섭란사적(涉亂事迹)」 등 일본의 정세에 관한 상세한 기록을 남겼는데, 이 기록을 모아 『강양록(看羊錄)』이라는 책으로 정리했다.

강항이 귀국할 때 그에게서 조선 주자학을 배워 깊은 영향을 받은 후지와라 세이카(藤原惺窩) 등이 협조를 아끼지 않았다. 강항과 동행하여 귀국한 사람은 모두 33명이었다고 한다.

경상남도 하동의 유생이었던 강사준(姜士俊)은 여진덕(余進德) 등과 함께 히로시마의 모리가(毛利家)에 잡혀가 있었다. 그 후 귀국이 허가되어 자비로 배를 주선하여 부산으로 향하고자 했으나 도중 하카타(博多) 부근에서 배를 빼앗기고 말았다. 다행히 후쿠오카(福岡) 번주 구로타 나가마사(黑田長政)의 도움을 얻어 일행 80명과 함께 귀국했다. 그도 또한 일본 정세를 조정에 보고했다.

하동 출신 유학(幼學) 김광(金光)의 경우는 사츠마(薩摩)에 잡혀 있었는데 1603년(선조 36, 게이초 8)에 송환되었다. 그 또한 귀국 보고를 조정에 제출했음은 앞서 말한 바이다.

이와 같이 자력으로 귀국이 가능했던 피로인은 젊은이이면서 지식인이었고, 그 재능이 우수하여 일본 다이묘들에게 인정을 받았거나 또는 다이묘 주변의 일본 지식인과 친분관계가 이루어져 그들의 협조를 얻었던 사람들과 그 일행이었다. 그들의 비범한 학문적 재능과 인간성이 주변 일본인을 감동시켰을 것이다. 그럼에도 다른 많은 피로인들은 그러한 행운을 만날 수 없어, 양국의 국교 수복을 기다리거나 혹은 귀국을 아예 단념할 수밖에 없었다.

III. 쇄환사가 수행한 일들

1607년(선조 40, 게이초 12) 전란 후 최초의 사절단이 일본을 방문한 목적은 이에야스의 국서에 대한 조선 국왕의 회답국서를 전달하는 것이었다. 말하자면 전후 처리를 위한 것, 그리고 피로인의 귀국을 실현함으로써 교린관계의 내실을 기하고, 나아가 일본의 국정을 탐색하는 일이었다는 것은 앞서 말한 바와 같다.

그 중에서 무엇보다 그 실현에 고심을 거듭한 것은 피로인 송환 문제였음은 말할 나위조차 없었다. 왜냐하면 송환을 실현하기 위해서는 일본측의 전면적인 협조가 필요하고, 막부 내각과 각지의 다이묘가 어디까지 협력태세를 취하느냐는 점은 반드시 보장되어 있지 않았기 때문이다. 먼저 대마도에서 전계신이 본 이에야스의 국서 사본이라고 한 것에는 '쇄환(刷還)'이라는 글자가 없었다. 여기서 전계신은 고쳐줄 것 즉 개서를 요구했다. 또한 송운대사 유정이 귀국할 때 대마도가 거의 단독으로 피로인을 모아 약 1,390명이라는 막대한 인원을 송환했던 것을 보더라도 '쇄환'은 상당히 어려운 일이었다는 것을 알 수 있다.

피로인 송환에 누구보다 가장 열심이었던 사람은 대마도주 소씨였다. 대마도측은 조선측이 요구하는 최우선 과제가 곧 피로인 송환이라는 점을 잘 알고 있었다. 대마도측은 피로인 송환이 조선 조정의 위신이 걸려 있고 인도적인 문제일 뿐 아니라 일본측이 침략에 대한 사죄를 실행하는 의사 표시가 된다는 점을 잘 인식하고 있었던 것이다. 송환 문제에 차질이 생기면 간신히 재개된 국교가 다시 단절되고, 대마도는 조선과의 교역을 다시금 하지 못하게 될 우려가 있었다.

그 때문에 소 요시토시는 도쿠가와 이에야스에게 피로인을 모으기 위한 '군량(軍糧)'을 신청하고, 또한 이에야스가 주인장(朱印狀)을 하사해 주기를 원했다. 일본 국내에 산재해 있는 피로인의 조사, 수송에는 비용이 필요하며 경우에 따라서는 여러 다이묘와 피로인 고용주의 동의를 얻기 위해 금전을 지불해야 했다. 또한 막부 즉 장군이 피로인의 송환을 인정한다는 증명서가 없으면 협력을 거절하는 다이묘들을 설득할 수 없었다.

이에 대해 막부의 태도는 명확했다.

1607년(선조 40, 게이초 12) 부사 경섬(慶暹)이 쓴 『해사록(海槎錄)』에는 조선 예조참판에 대한 에도 막부의 집정 혼다 마사노부(本多正信)의 서한이 기록되어 있다. 이 기록에 따르면 "조선의 남녀를 생포해 온 사람들은 일본 안에 산재해 있고 거의 20년이 경과했다. 그 중 결혼하거나 자녀를 가진 사람들은 귀국을 생각하지 않고 있다. 귀국은 본인의 자유의사에 맡겨, 귀국 의사가 있는 사람은 조속히 귀국시킬 수 있도록 엄명을 발한다"라고 되어 있다. 그러나 당시 막부 내각의 태도와 지시가 어디까지 각 지방의 다이묘들에게 철저히 전달되었는지는 알 수 없다.

실제로 부사 경섬은 귀로에 교토 쇼시다이(所司代) 이타쿠라 가츠시게(板倉勝重)가 혼다 마사노부의 이러한 서한이 하달된 사실을 모르고 있더라고 말했다. 그러나 이타쿠라는 알고 있었던 이상 협조하겠다고 했다. 또한 이 이타쿠라 쇼시다이의 말을 전한 이에야스 측근의 후세 겐포(布施元豊)는 "마땅히 진력해야 했다. 그럼으로써 화호(和好)의 결실을 보여주고 싶다"라고 말한 경섬에게 "피로인들의 다수가 서해 지역에 있다. 이들의 송환에는 사절이 돌아간 이후에도 계속하여 노력하겠다"라고 답한 것을 보아 적어도 이에야스나 막부 내각 핵심부의 의지는 조기 송환에 인색하지 않았던 것으로 보인다.

그러나 조선측의 요구는 피로인의 전원 송환이었다. 결과적으로 제1회 쇄환사 일행도 함께 송환한 피로인은 약 1,420명뿐이었다. 사절은 이 수가 "구우일모를 뽑은 것과 같다"고 말했는데, 그 이유의 하나는 피로인이 전란 후 십 수년이 지났기 때문에 여러 가지 사정으로 일본에 토착하여 정주하려고 마음 먹은 사람이 증가한 것이었다. 또 하나는 막부의 적극적인 대응에도 불구하고 여러 지방 다이묘의 대응이 한결같지 않았기 때문이라 하겠다.

조선 사절들은 대마도에서 에도까지 가면서, 또 돌아오면서 체재지의 숙소에 찾아온 피로인들에게 귀국할 것을 강력히 설득하여 돌아오는 배에 함께 태웠다. 또한 피로인 가운데 협력자를 모집하여 조선 예조, 사절(정사 등) 또는 앞서 언급한 막부 집정의 조선 예조에 대한 서한과 같은 어느 하나를 지참시켜 귀국하려는 자들을 모았던 것이다.

제2회 조선 사절은 1617년(광해군 9, 겐나=元和 3)에 파견했다. 제1회와 같이 사절의 명칭은 회답겸쇄환사였다. 계속하여 피로인의 귀국을 촉진하는 것이 급선무였기 때문이다. 이때는 사절단 안에서 사람을 뽑아 대마도의 관리와 조선측의 통역관이 동행하여 앞서 언급한 그런 종류의 통고문을 지참, 각지에 파견했다. 이 가운데 통역관 강우성(康遇聖)은 원래 피로인이었던 사람이었다. 그는 사절을 수행하여 피로인을 설득하기 위해 기용되었다. 그들은 고쿠라(小倉)·하카타(博多)·히로시마(廣島)·비젠(備前) 등지에 파견되어 많은 피로인을 불러 모으는 활동을 했다는 기록이 남아 있다.

여러 다이묘의 대응에 대해 설명하면, 가장 호의적으로 협조한 사람은 후쿠오카 번주 구로타 나가마사였다. 영내의 피로인을 히젠 나고야까지 또는 대마도까지 호송했을 뿐 아니라 하카타로 이송되어 온 피로인도 호송하도록 부하에게 명한 문서 등이 남아 있다.

고쿠라의 호소카와 다다오키(細川忠興)의 경우 표면적으로는 사절을 환대했지만 송환에 관한 이야기가 나오자 갑자기 경계하는 기색을 강하게 보였다. 1607년(선조 40, 게이초 12)에는 40여 명을 송환했는데 그 후 다른 다이묘와 비교해 보니 많이 보냈다고 생각하여 다음부터는 대폭 줄었다. 또한 대마도의 관리가 직접 다다오키와 면담을 하여 송환을 강화하라는 지시를 받아서는 일부러 귀국할 의지가 없는 사람을 불러 모아 '모집에 응하지 않는다'는 것을 확인시키기도 했다. 그 외 히젠의 데라자와 마사나리, 오사카의 가타기리 사다타카(片桐貞隆) 등이 피로인 송환을 위한 협조에 응했다고 생각된다.

결국 제2회 사절은 321명을 송환하는 것뿐이라는 의외의 결과를 낳았다.

제3회인 1624년(인조 2, 간에이=寬永 1) 회답겸쇄환사의 경우 귀국자가 더욱 줄어들었다. 제3회 사절은 겨우 오사카, 고쿠라, 가라츠 등에서 146명을 모아 귀국했을 뿐이었다. 이전과 같이 막부 집정으로

---

1) 나라에서 집행하는 일을 백성에게 알리는 글.

부터 조선 예조 앞으로 같은 내용의 서한도 발송되고, 피로인이 모여 사는 지역에 유고문(諭告文)[1]을 가진 관리가 파견되었지만 그 결과는 사절 일행을 실망케 하는 극소수에 불과했다. 3회에 걸쳐 '쇄환'을 목적으로 파견된 사절과 함께 귀국한 사람들은 모두 1,885명으로 끝났다. 그 밖에 송운대사 유정의 귀국 후 한때 대마도가 주동이 되어 송환 작업을 추진, 귀국시킨 피로인은 약 200여 명이며 이들을 모두 합하면 총 2,200명 정도의 피로인이 송환된 셈이다.

1636년(인조 14, 간에이 13) 이후에도 산발적인 귀국은 보고되어 있고, 1643년(인조 21, 간에이 20) 통신사 귀국 시에는 에도, 교토, 하카타, 히젠 나고야 등을 출발지로 하여 14명의 피로인의 송환이 있었다.

이들 피로인 송환에서 어려웠던 점 하나는 그 비용의 태반을 대마도가 부담했다는 사실이다. 막부는 제1회 쇄환사 때 '군량'을 대마도에 지급한 흔적이 있지만, 그 이후에는 지급된 기록이 없다. 식량과 고용된 선박에 더하여 각지에서 피로인을 모을 때 몸값으로 지불할 은, 즉 실제로는 뇌물이나 빌린 돈의 대납을 요구해 오는 경우도 적지 않게 있었다. 대마도의 궁핍했던 사정을 알았던 조선 사절은 장군과 집정으로부터 세 사신이 받은 선물, 은화(=銀子)를 대마도측에게 주어 그 비용에 충당하도록 했지만, 대마도측은 국법에 저촉된다고 하여 거절했다. 이와 같은 피로인의 송환을 통해 교린의 결실을 보기는 용이한 것이 아니었다.

IV. 피로인의 정주화(定住化) 진행

조선의 회답겸쇄환사와 대마도의 노력에도 불구하고 피로인들의 본국 송환이 순조롭게 진척되지 않았던 또 하나의 이유는 사로잡혀 간 사람들의 개인적 사정 때문이었다.

먼저 조선 사절인 세 사신 등이 일본 체류 중의 갖가지 일들을 기술한 각종 『사행록(使行錄)』에 의거하여 피로인으로 연행되어 온 사람들의 출신지를 분류하면 다음과 같다.

한반도 남동부의 경상도 출신으로 그 출신지가 확인되는 것은 진주, 울산, 창원, 김해, 대구, 영산, 경주, 곤양, 거창, 밀양, 진해, 거제, 청도, 함안 등으로 되어 있다. 그리고 서남부의 전라도에서는 순천, 구례, 낙안(樂安), 나주, 창평(昌平), 광주, 남원, 태인, 순창, 위평(威平), 운봉(雲峰), 흥양(興陽), 수영(水營), 무장(茂長) 등이다. 전라도와 경기도의 중간인 충청도에는 익산, 정거(定居), 은진(恩津), 금구(金溝), 정산(定山) 등의 이름이 보였고 경기도에는 이천, 그리고 서울(=漢城府)과 그 주변 출신이라고 답한 사람도 있었다. 이들의 출신지는 두 번의 침략전쟁 때 격전지였거나 일본 군대들이 통과한 곳이다.

다음으로 여성이 많았다는 점에 주목할 필요가 있다. 1636년(인조 14, 간에이=寬永 13) 조선통신사의 정사 임광(任絖)은 요도(淀)로부터 북상하여 숙사인 교토의 혼코쿠지(本國寺)까지 여러 곳에 피로인들이 연도에 나와 있어 면담한 결과 170명 중 남자는 단 23명뿐이었다고 기록되어 있다. 유달리 양반계층 출신의 여성이 많았고, 서울과 그 주변 출신자의 경우 양반 출신자가 특히 눈에 띄었다. 이 통계로 보아 서울에서 방화, 약탈, 살육 그리고 비전투원의 약탈이 마음대로 행해졌다는 사실을 짐작할 수 있다.

문제는 본국에서 온 사절의 호소에도 불구하고 귀국을 원하지 않았던 사람들의 경우였다.

제1회 회답겸쇄환사가 일본에 갔을 때에는 사절 일행과 면담한 후 귀국을 거부한 사람은 기록에 없었다. 그 뒤 10년 후 제2회 사절이 왔을 때에는 귀국을 거절한 사람이 나오기 시작했다. 충청도 출신의 어떤 남성은 10세 때 일본에 연행되어 온 탓인지 귀국할 의사

규슈 아리타야키(有田燒의 도조陶祖) 이참평(李參平) 비.

가 전혀 없었다. 나이 15세 이상인 자는 그나마 고향을 알고 있고 언어도 나름대로 이해했다. 피로가 될 때 10세 이하였던 사람은 언어와 행동거지가 일본인과 같았다. 다만 자신이 조선인이라는 것만을 알고 있었고 사절이 왔다고 하는 소문을 듣고 달려왔지만 조국을 그리워하는 마음은 전혀 없었던 것이다.

특히 호남(전라도) 출신들은 고향을 그리워하고 있는 사람이 적었다. 귀국의사가 있는 사람은 양반 계층과 같은 사족(士族) 출신이거나 일본에서 곤경에 처해 있는 자이고, 일본에서 처자와 재산이 있는 자나 거처가 안정된 사람들은 귀국할 의사가 전혀 없었다.

1624년(인조 2, 간에이 1) 제3회 회답겸쇄환사가 파견되어 왔을 때에는 전란이 종결된 지 26년이 경과하고 있었다.

피로로 잡혀온 지도 오래되고 본국의 말도 잊어버려 대화가 불가능해진 여성들은 부모의 생사를 물어왔지만, 쇄환사가 귀국 의사를 물어보면 옆에 데리고 있는 아이들을 가리키며 다만 눈물을 흘릴 뿐이었다. 또한 일본인을 처로 삼고 자녀를 둔 양반 출신의 어떤 남자는 60냥이라는 부채를 안고 있으며 자식과 그 어미를 생각하면 돌아갈 수 없다고 말한다. 또한 정조를 빼앗겼다고 하는 여성은 고향 사람을 만나보고 싶다고 하며 자기 집안의 소식을 물었을 뿐이라고 했다. 피로인 중에는 복술(賣卜)[2]을 직업으로 삼아 같은 피로인을 공갈하여 생계를 잇고 있는 자도 있었다.

또 주인인 일본인이 귀국을 허가하지 않는 경우도 있었고, 연행되어 왔다고 하지만 현재의 주인이 베푼 은혜 때문에 귀국을 단념했다는 사람도 있었다. 그 밖에 사절의 일행에 대해 먼저 귀국한 사람으로부터 들은 소식에 의하면 본국에서 귀국자에 대한 대우가 충분치 않아 부산항에 도착한 뒤 행방을 숨겨버린 사람들의 얘기도 전해온다면서, 조선 조정이 성의를 보이라고 따져 묻는 사람도 있었다.

이상은 세 차례의 회답겸쇄환사가 남긴 『사행록』 중 각지의 기록에서 볼 수 있는 피로인들의 당시 상황과 고국에 대한 여러 가지 상념이다. 그밖에도 일본 열도 각지에 잔류할 수밖에 없었으며 정주한 사람들의 남긴 일, 유적들은 수없이 많이 전해오고 있다.

그 중 가장 잘 알려진 예로서, 서일본 각지의 도자기 개요(開窯)에 크게 공헌한 사람들의 사적(事跡)이 있다. 히젠(肥前) 아리타야키(有田燒)의 '도조(陶祖)'로 숭앙받는 이삼평(李參平), 나가토(長門) 하기야키(萩燒)의 원조 이씨 형제, 그리고 사츠마(薩摩)의 구시기노하마(串木野浜)에 버려졌던 30여 명의 피로인들이 사츠마 번주의 비호 아래 사츠마야키(薩摩燒)를 크게 성공시킨 것 등은 잘 알려진 사실이다.

또한 기슈(紀州) 번주의 지코(侍講)[3]가 된 이매계(李梅溪)의 아버지 이

---

2) 돈을 받고 점을 치는 것.
3) 군주나 황태자에게 학문을 강의하는 것, 또는 강의하는 사람.

일본 이즈(伊豆) 제도 중 제5도 고즈시마(神津島)에 있는 임진왜
란 피로인 오타아 줄리아의 순교 기념탑(오른쪽)과 묘소(왼쪽).
(2002.12. 옮긴이는 현장을 답사했다. 이상구 전 대사 촬영)

진영(李眞榮)을 비롯하여 학자가 된 사람도 있었다. 여성인 경우 대마
번의 중신인 다치바나 도모마사의 아내가 된 사람, 오가키(大垣) 성
주 오카다 쇼칸(岡田將監)의 아내가 된 사람, 또한 이에야스의 측근
에서 시녀로 있었던 가톨릭 신도 오타아 줄리아 등 발자취가 확실
한 사례도 있다. 시코쿠에 가면 다카마츠 시(高松市), 도쿠시마 시(德
島市)의 주변에도 역시 사로잡혀 온 여성들의 묘가 있다.

　에도 시대에 일본을 방문한 조선 사절은 모두 12회에 달하지만 그
중 처음 3회는 앞에서 보아온 바와 같이 히데요시가 일으킨 '명분
없는 전쟁'에 대한 전후 처리와 피로인의 본국 송환을 통해 교린의
결실을 추구했던 사절이었다.

| 제4장 |

대마번의 고민
— 국서 위조사건과 통신사의 부활

Ⅰ. 국서 위조사건의 경위

임진왜란 이후 피로인 송환을 통해 조선측의 신뢰를 얻으려고 애써온 대마번에게 또 하나의 난제는 매회 사절 왕복 때마다 사절이 지참해 오는 국서와 또 귀국 때 가져가는 양쪽 국서의 내용에 관한 것이었다.

앞의 제2장에서 언급한 바와 같이 이에야스의 '선위국서'와 관련된 국서가 만약 대마도에 도착해 있다고 해도 그 내용이 조선측이 제시한 조건에 합치되지 않는 한 중앙정권의 대리인을 자칭해 온 대마번의 입장이 곤란했다. 그러므로 1606년(선조 39, 게이초=慶長 11) 8월 전계신이 고쳐 쓰기 즉 개서(改書)를 요청하여 11월 다치바나 도모마사가 부산에 이에야스의 국서를 전달했던 그 사이에 대마번에서 국서가 개작되어 그 후 조선에 전달된 것으로 보아야 할 것이다. 뒤이어 제1회 회답겸쇄환사가 지참했던 조선 국왕의 국서도 개작된다.

대마도 이즈하라(嚴原)에 있는 조선통신사 기념비.

그 개작의 내용은 경섬이 쓴 『해사록』과 『조선왕조실록』에 기록된 것과 일본측의 『가이한추쇼(外蕃通書)』나 『조쿠젠린고쿠호키(續善隣國寶記)』등에 남아 있는 것을 비교해 보면 금방 알 수 있다.

첫째, '조선 국왕 이연 봉복(朝鮮國王李昖奉復)'이라 쓰여진 부분을 '봉서(奉書)'로 고쳐 쓴 것이다. 다시 말하자면 이에야스로부터 먼저 보낸 국서에 대한 회답국서가 아닌 것으로 한 것이다. 둘째, "종래의 생각을 새롭게 하여 전대(前代: 秀吉)의 잘못을 반성한다는 뜻에서 먼저 국서를 보낸다"라는 내용에 '승문(承聞)하면'을 삽입하여 "전대의 비행은 종래대로 두고, 만약에 이와 같다면 곧 양국의 생령(生靈)들의 행복이 아니겠는가"라고 하여 이에야스가 먼저 사죄했다는 흔적을 거의 삭제했다. 셋째, 조선 국왕이 보낸 증물 목록인 별폭(別幅)에 대마도가 준비한 것을 첨가·증량시켰다.

아마도 대마도는 조선으로부터의 정중한 뜻을 표시하려 했던 것으로 짐작된다. 국서의 형식으로서는 먼저 조선 조정에 전달된 국서의 발급인 명의가 '일본 국왕 미나모토 이에야스(日本國王源家康)'라 하고 '일본 국왕지인(日本國王之印)'이라는 인장이 찍혀 있으며 연호도 의외로 명나라 연호가 기재되어 있었다. 따라서 조선 국왕으로부터의 국서 수신자도 '일본 국왕'으로 되어 있다.

조선측에서는 이에야스 국서의 형식으로 보아 거짓으로 쓰인 것

즉 위서(僞書)라고 단정했다. 조선 사신은 이 일로 귀로에 대마도 체재 중, 소 요시토시의 면전에서 게이테츠 겐소에게 의문을 제기했다.

사신측은 일본의 관백(關白)[1]이 왕을 자칭하지 않는다고 하면 왜 인장에 '일본 국왕지인'이라고 되어 있는지 물었다. 이에 대해 겐소는 "이것은 예전부터 명나라 황제가 히데요시를 일본 국왕에 책봉하려고 한 조유문(詔諭文)을 가지고 왔을 때 남겨둔 인장이다"라고 답했다. 사신이 웃으면서 "봉왕(封王)의 명을 받지 않았는데도 인장만은 사용했다는 것은 이해할 수 없다"고 하자, 겐소는 웃고 대답하지 않았다. 이상은 경섬의 『해사록』에 기록되어 있으나, 이 문답은 쌍방이 위서라는 사실을 그 이상 추궁하거나 혹은 변명하려 애써본들 사태의 혼란만 초래할 뿐이라는 생각으로 그 이상의 추궁은 피했던 것으로 보인다.

한편 조선 국왕의 국서 내용 개작은, 사절이 대마도에 도착한 이후 국서 내용을 알게 된 겐소가 그대로 이에야스에게 전달하면 먼젓번 이에야스 국서의 개작이 탄로될 것으로 판단하여 급히 가짜 국서를 창작하여 에도에서 국서전명 직전까지 몰래 바꿔치기했던 것이라 생각된다.

조선 국왕 국서의 개작에 관해 덧붙여 말하면, 이 개작은 이에야스가 묵인하면서 양해했으며 일본 국왕 인장의 사용도 이에야스의 뜻이었다고 주장하는 사람도 있다. 그 이유는 후계자 히데타다에게 장군직을 양위한 이에야스가 히데타다 앞으로 조선 국왕으로부터의 서계가 오는 것은 히데타다 정권의 위신을 높이게 되고 '일본 국왕' 인장 사용도 조선과의 외교 절충을 위임한 바 있는 대마번의 판단에 이에야스가 동의했으므로 압인한 것이라고 한다. 이 주장은

---

1) 에도 시대의 일본 장군을 조선측에서 '관백(關白)'이라 기록하고 있다.

① 御廣間御上段

御二ノ間御上段

同御中段

同御下段　宗對馬守　義成公

② 何茂御側近キ　小姓衆

③ 遣春

④ 横目

⑤ 物頭目

⑥ 物頭目

⑦ 御旗本右左以上之衆

⑧ 井上筑後守申次横目

⑨ 七右衛門　豊前乙名

⑩ 大横目

⑪ 落縁

⑫ 松平伊豆守豊前言上之御取次

⑬ 大横目

⑭ 小横目

⑮ 大横目二人

⑯ 加々爪民部

⑰ 縁類

⑱ 酒井讃岐守是ハ義成様言上之御取次

⑲ 同御下段　宗對馬守　義成公　大横目

⑳ 柳生但馬守奉行

㉑ 御奉行　堀式部

㉒ 御何茂御讚譽之御代衆之内

大横目

㊸ 萬里小路大納言淳房

㊹ 讃岐差出

㊺ 永喜差出

㊻ 遣春

㊼ 尾張大納言義直

㊽ 紀伊大納言賴宣

㊾ 水戸中納言賴房

五十 仙台中納言忠宗

五十一 加賀中納言光高

五十二 薩摩中納言家久

五十四 越前宰相

五十五 毛利長門守

五十六 同宰相右

五十七 細川越中守

五十八 鍋嶋信濃守

五十九 西國衆

六十 東國衆

어디까지나 논자의 추정에 의거한 것으로 실증은 없으며, 교섭의 경과 전체에서 본다면 역시 대마번의 의지에 따른 개작이라고 하겠다.

1617년(광해군 8, 겐나=元和 3) 제2회 사절의 경우는 조선측이 요구한 일본 관백으로부터의 신사 파견요청 국서를 대마번이 갖고 왔기 때문에 제2회 사절이 파견된 것이다. 이때의 국서는 현존하지 않지만 이것 역시 대마번이 위작했을 가능성이 높다.

제2회 사절 때는 앞서 말한 히데타다의 선위국서와 함께 도쿠가와 히데타다의 회답 국서조차 위작되었던 것이다. 후시미조에서 빙례가 행해진 다음 다이토쿠지(大德寺)에 있었던 조선 사신에게 보내진 히데타다의 회답국서 초안에는 네 군데나 타낭치 않은 문자가 있을 뿐 아니라 '일본국 미나모토 히데타다(日本國源秀忠)'라고만 되어 있고 왕(王) 자가 없었다. 이것을 캐물어 본즉, 기안자인 콘치인

①온히로마온조단 | ②이즈레모소바치카키온코쇼슈 | ③도슌 | ④에이키 | ⑤요코메 |
⑥모노가시라 | ⑦온하타모토센고쿠이조노슈 | ⑧이노우에치쿠고노카미 모시츠기요코메 |
⑨부젠오토나시치우에몬 | ⑩ 오요코메 | ⑪ 라쿠엔 |
⑫마츠다이라이즈노카미브젠겐조노토리츠기 | ⑬야나가와부젠 | ⑭쇼코메 |
⑮오요코메 | ⑯가가즈메민부 | ⑰엔츠라 |
⑱사카이사누키노카미코레와요시나리사마겐조노토리츠기 |
⑲도온게단 소쓰시마노카미 요시나리코 | ⑳야규타지마노카미부교 | ㉑온부교호리시키부 |
㉒이즈레모고토다이노우치 | ㉓온넨고로노슈 | ㉔오가사와라우콘 | ㉕혼다노토노카미 |
㉖마츠다이라오키노카미 | ㉗이이네이 | ㉘이타쿠라스와노카미 |
㉙이즈레모코노나라비노슈오소바치카키온코쇼슈 | ㉚도이오이 | ㉛마츠다이라시모사 |
㉜이이카몬 | ㉝고레와 요시나리코 고슈추아리테 세키오타츠 조이모시와타시 |
㉞이즈레모자오사다메노요시 | ㉟우에사마 | ㊱숫교 | ㊲소노고사카이 |
㊳사누키노카미도노요시나리사마(불명)도도 | ㊴마츠다이라이즈노카미도노, 부젠메시츠레온이데 |
㊵오타비추노카미 | ㊶아베분고노카미 | ㊷이에미초코 고슈츠자 온니조한 온시토네 |
㊸훗다카가노카미 | ㊹아베츠시마노카미 | ㊺도슌사시다시노요미 | ㊻에이키 |
㊼오와리다이나곤요시나오 | ㊽기이다이나곤요리노브 | ㊾미토추나곤요리후사 |
㊿고노마타미산조호도 | 51센다이추나곤 | 52가가추나곤 | 53사츠마추나곤 |
54에치젠사이쇼 | 55모리나가토노카미 | 56도 사이쇼 | 57호소카와엣주노카미 |
58나베시마사나노카미 | 59사이코쿠슈 | 60도고쿠슈 | 61도온추단 |

수우덴(金地院 崇傳)과 하야시 라잔(林羅山)은 이에야스의 회답국서에도 왕 자가 쓰이지 않았고, 또 일본에서 장군은 왕의 행세를 하면서도 왕을 자칭하는 것은 스스로 존대하는 것이라 하여 거부했다. 조선 사신은 전령역인 대마번의 사신에게 조선이 받은 바. 사절 파견을 요청한 히데타다 국서에는 국왕이라 하지 않았는가라고 하여 반송시켰다. 이 때문에 곤경에 처한 대마번의 사신이 결국 조선측의 의향을 받아들여 히데타다 국서를 또 위작하여 조선 사절에게 건넸다.

1624년(인조 2, 간에이=寬永 1) 제3회의 명칭도 '회답겸쇄환사'였다. 제3회 때 일본 장군으로부터의 국서는 현재 남아 있지 않다. 그러나 조선의 인조의 국서에는 "대마도가 이에미츠(家光)의 장군직 계승을 전해왔기 때문에 '교린의 정'을 위해 답례를 겸한 사절을 파견한다"라고 기록되어 있어 대마번이 또다시 일본이 보내는 국서를 창작했다는 의문이 생긴다.

새 장군 이에미츠의 회답국서도 또다시 개작되었다. 에도의 막부 내각은 관례대로 '일본 국왕'이라 하지 않고 '일본국주(日本國主)'라는 명칭을 썼기 때문이다. 개작의 실행자가 대마번 관계자임은 두말할 나위가 없다.

II. 국서 개작사건과 도쿠가와 이에미츠

대마도의 소씨가(家)에는 1615년(광해군 7, 겐나=元和 1), 전란 후 국교재개를 위해 분주히 노력했던 소 요시토시가 죽고 아들인 요시나리가 12세로 그 뒤를 이었다. 소씨가에서 크게 충성하던 중신 야나가와씨가(柳川氏家)에서도 도모나가(智永)가 1614년(광해군 6, 게이초 19)

---

2) 옛날 귀인(貴人) 곁에서 심부름 같은 갖가지 잡무를 맡았던 사람. 대부분 소년으로 남색의 대상이 되기도 했다.

에 죽고 아들 시게오키(調興)가 뒤를 이었다. 그러나 시게오키는 대마도에 가지 않고 에도에서 직무를 계속하다가 그 이듬해 이에야스의 고쇼(小姓)[2]가 되었다.

이 두 사람의 젊은 후계자들은 나이가 한 살 차이였으나 시게오키는 어릴 적부터 대단한 수재였다. 야나가와가는 소가(家)의 가신이면서 쇼다이부(諸大夫)[3]로서 지키산 하타모토(直参旗本)[4] 격의 대우를 받았고 조선에서도 수직인(受職人)으로서 우대했다. 또한 특별히 무역선을 내는 권리도 손에 넣고 있었다. 영지에 대해서도 이에야스의 명령으로 소씨에게 부여한 히젠코쿠(肥前國) 다시로료(田代領)의 3분의 1을 야나가와씨에게 나눠주게 되었다.

1633년(인조 11, 간에이 10) 야나가와 시게오키는 돌연 소씨로부터 받은 영토 반납을 신청함과 동시에 게이초(1596~1615) 시대 이래 국서 개작의 갖가지 비행과 그 밖에 대마번이 막부에 대해 비밀리에 해온 것을 폭로했다. 야나가와 시게오키가 이와 같은 돌출행동을 하게 된 이유는 막부 내각으로부터 두터운 신임을 받고 있었고, 조부 시게노부(調信) 때부터 야나가와씨가 조선과의 외교에 있어 실무를 도맡아 왔으며 어려웠던 교섭도 해냈다는 자신감에서 비롯된 것이었다. 그리고 소가로부터 독립하여 막부의 직속참모로서 굴욕적인 신분질서에 속박되지 않고 행동하고 싶다는 시게오키 개인의 소망이 있었던 것 같다.

시게오키의 폭탄선언에 막부의 로주(老中)[5]들은 경악했다. 그가 고발한 대로라면 이에야스, 히데타다, 이에미츠 3대에 걸친 외교문서가 일개 토자마번(外様藩)[6]의 손에서 자유자재로 조작된 만큼 다른

---

3) 중류(中流)의 가신.

4) 막부 직속의 가신단.

5) 막부 상설 최고 행정기관. 수명씩 교대하여 월번(月番)을 했다.

6) 본래 도쿠가와의 가신이 아니었던 번(藩: 다이묘의 통치조직).

여러 다이묘에 대한 위신이 손상된다. 그뿐만 아니라 조선국과 간신히 생각대로 국교를 회복시키고 막부로서 순조롭게 교린관계를 맺게 된 기반이 붕괴된다. 그리고 조일간의 국제관계는 크게 악화될 것이 분명하다.

로주의 필두인 도이오도이노카미 도시카츠(土井大炊頭利勝)는 이를 중대사건으로 보고 시게오키를 불러내어 진상파악에 나서는 한편, 이 사건의 심리가 끝날 때까지 대마번은 조선에 왕래하는 선박을 정지시키되 혹시 생길지 모를 조선측의 의심을 초래하지 않도록 쌍방에서 사신을 보내어 왕래 일시 정지의 뜻을 조선 조정에 전하게 했다.

또한 도시카츠의 가신이 급파된 대마번에서도 국서 개작의 실행 담당자였던 시마가와 다쿠미(島川內匠)와 야나가와의 가신 마츠야 시치우에몬(松屋七右衛門) 등을 불러와서 엄중한 예비심리를 행했다. 대마도와 에도에서의 재심리과정에서 막부 내각은 사건의 전모를 거의 해명한 것 같았다.

이 일련의 심리는 국서 개작 이외에 또 하나의 사건이 더 있었다. 이것 역시 야나가와 시게오키가 폭로한 것인데, 1611년(광해군 3, 겐나=元和 7)에 야나가와씨가 계획하여 대마번의 외교담당 승려 기하쿠 겐포(規白玄方)를 정사로 하는 '일본국왕사'를 부산에 파견했다. 또 1623년(광해군 5, 겐나 9)에는 막부 내각이 긴박해진 조선 북방의 정세, 즉 여진족의 누루하치가 후금국(後金國)[7]을 세워 결국 명나라 조정을 남쪽으로 몰아내고 청 왕조(淸王朝)를 건국하여 조선에도 커다란 위협을 가하고 있었다는 데에 관심을 가졌던 소씨에게 사신을 조선에 파견하도록 명했다. 이에 대해 소씨는 야나가와씨를 파

---

7) 여진족의 족장 누르하치가 세운 나라(1616~1636). 중국 청나라의 전신이며 도읍은 흥경(興京)이다.
8) 1621년 대마의 기신 야나가와 시게오키(柳川調興) 주도로 조선에 파견한 사절. 단 막부는 관여하지 않았다

견함과 동시에 기하쿠 겐포를 '일본국왕사'로 삼아 보냈는데, 겐포는 국서를 지참하지 않았음에도 억지로 서울까지 상경했던 것이다.

또 '고쇼마루 소시코쿠오시센(御所丸送使國王使船)'[8]이라는 무역선을 야나가와씨가 멋대로 내었고, 대마도로부터 조선에 보내는 서계는 대부분 야나가와씨가 기하쿠 겐포의 의향을 무시하고 독자로 발급했던 사실도 탄로가 났다.

1635년(인조 15, 간에이=寬永 12) 3월 11일, 에도조 혼마루 오히로마(江戸城本丸大廣間)에 장군 이에미츠가 출석하여 로주, 산케(三家) 그리고 다테(伊達), 마에다(前田), 시마즈(島津) 등 유력한 도자마다이묘(外樣大名)[9]들도 임석한 가운데 재판이 행해졌다.

여기에 대마도주 소 요시나리와 야나가와 부젠노카미(柳川 豊前守) 시게오키, 거기에다가 마츠야 시치우에몬(松屋七右衛門)이 앞에 나와 이에미츠의 질문에 답하는 형식으로 양자가 대결했다.

재판 결과의 개요는 다음과 같다.

1. 국서 개작을 실행한 시마가와 다쿠미(島川内匠)와 그 가문의 남자는 사형(=死罪), 재산(=家財)을 몰수한다.
1. 같은 죄목의 마츠야 시치우에몬과 그 가문의 남자도 시마가와와 동일한 형에 처한다.
1. 위의 뜻에 따라 소 요시나리는 '과오가 없기 때문'에 영지(領地)의 제반 사무를 이전과 같이 하도록 명령하니 조선통신사를 내년 안에 초청하도록 하라.
1. 야나가와 시게오키는 츠가루[津輕=히로사키(弘前)]에 유배하고, 대마도에 있는 재산은 몰수한다.
1. 기하쿠 겐포는 모리오카(盛岡)의 난부씨(南部氏)에게 (종자로) 맡긴다.
1. 류호인겐코(流芳院玄昊=야나가와측의 외교승)는 재산(=財寶)을 몰수한다.

---

9) 본래 도쿠가와의 가신이 아니었던 다이묘.

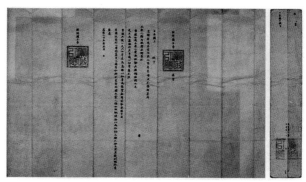

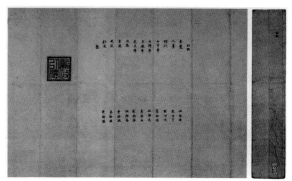

대마번이 위조한 선조의 국서와 인장.

　이상으로 이 사건은 종결되었다. 이
판결은 한눈에 명확히 드러나듯이 하급
자에게는 엄한 극형으로 다스리고 상급
자에게는 형벌이 관대했다. 그리고 소
요시나리는 번주로서 아무런 죄를 묻지
않고 본영(本領)과 그 직분인 조선통교가
역(朝鮮通交家役)을 보증받았다.

　소씨의 현상유지는 다테 마사무네(伊達政宗)와 이이 나오타카(井伊直
孝) 등 유력한 다이묘가 적극적으로 진언한 덕분이라 하겠다. 또한
소씨가 제외된 조선과의 외교는 중세 이래 조일 관계를 고려하면

있을 수 없다는 판단도 참작되었을 것이다. 반면 야나가와씨는 주종관계의 질서를 문란시켰다는 점을 문책당했다. 봉건제도를 유지하기 위해서는 하위급으로부터의 내부고발은 허용되지 않았던 것이다. 그러나 시게오키가 사형을 면한 것은 여태까지 역대 야나가와씨를 후대해 온 조선국에 대한 배려가 작용했을지도 모른다.

기하쿠 겐포는 야나가와씨가 주도하여 최근 10년 동안 대조선 외교의 간판 역이었다는 사실이 판명되어 관대한 형벌에 그쳤다. 겐포는 그 이후 1658년(효종 10, 만지=万治 1)에 사면되어 모리오카(盛岡)의 난부번(南部藩)에서 고잔 출신 고승(高僧)으로서 후대를 받았으며 그 지역의 지식인과 교류하여 시작(詩作)과 저술에 열중했다.

III. 새로운 통교체제

야나가와 사건의 판결에서는 국서 개작이나 창작 행위는 처벌되었지만, 이 개작에 이르렀던 상황을 이에미츠나 막부 내각이 어디까지 파악하고 있었는지 알 수 없다. 일찍이 당사자였던 소 요시토시나 야나가와 시게노부, 도모나가, 게이테츠 겐소 등이 이미 세상을 떠나고 없었다는 점에서 진상파악이 곤란했던 것이다. 때문에 소 요시나리나 야나가와 시게오키에게 그 이상 사건의 진상을 추궁하기에는 한계가 있었던 것으로 보인다. 또한 개작이나 바꿔치기를 보고 묵과했던 예전의 집정가(執政家)들에게도 누가 미치는 일은 피해야 했던 것이다. 또한 이러한 사건이 조선측에 자세히 알려지면 그 이후의 통교체제에 큰 장애가 될 우려가 있었다.

따라서 이에미츠도 도이 도시카츠(土井利勝), 사카이 다다카츠(酒井忠勝) 등의 막부 각료도 모두 과거의 일은 과거로 돌리고 향후 대조선 외교에 대한 방향을 검토하는 것이야말로 중요하다고 생각했음이 틀림없다. 그것은 도쿠가와 정권을 책임지는 사람들로서는 현명한 판단이었다.

그해 5월부터 10월에 걸쳐 향후 대조선 외교체제를 구축하기 위해 로주와 하야시 라잔, 히토미 에이키(人見永喜) 등 유학자들, 그리고 교토 고잔 승려가 합석하여 자주 평의를 열었다.

먼저 문제가 되는 것은 호칭이었다. 이에미츠는 왕(王) 자를 싫어했다. 그 이유는 정설이 없지만 숭경(崇敬)하는 이에야스의 국서를 위작하여 '일본 국왕'이라 칭해진 것에 거부감이 있었던 것으로 생각된다. 또한 하야시 라잔과 히토미 에이키에게는 '쇼군(將軍)'이라 하면 중국의 중대관(中大官)에 지나지 않고, 또 조선 국왕과 호격(互格)으로는 어려울 것'이라는 우월의식도 있었기 때문에 난항을 거듭했던 것이다. 최후에는 도후쿠지(東幅寺)의 승려 교쿠호코린(玉峰光璘)의 제안으로 『주역(周易)』에 있는 '다이쿤(大君)' 호칭을 일본 왕권을 대표하는 것으로 하여 조선 국왕이 부르게 하고[他稱], 자칭(自稱)은 지금까지 막부 내각이 써왔던 일본국 미나모토보(日本國源某)로 했다. 또한 '도토(東都)'를 쓰지 않고 '도후(東武)'로 하고, 조선 예조참의의 존칭은 '재상(宰相)'을 쓰지 않고 '공(公)'이라 하여 대마번주의 '공'과 대등한 것으로 했다.

그 다음 문제는 연호(年號)였다. 조선 국왕은 명나라로부터 책봉을 받는 사대관계에 있었기 때문에 명나라의 연호를 사용해 왔다. 이에 대해 일본측은 위조한 이에야스 국서는 별도로 하고, 히데타다 시대의 국서(일본의 국서는 일본에는 현존하지 않고, 조선측에 기록되어 있는 국서)는 어느 것이든 당해 연호를 의미하는 용집(龍集) 밑에 간지(干支)를 쓴 것이지만 그 이후부터는 일본 연호로 했다. 이 점은 훗날 제1회 통신사가 일본에 가서 에도에서 이에미츠의 회답국서를 받았을 때 다이쿤(大君) 호칭이 회답국서에 없었기 때문에 조선측으로부터 이의가 제기되어 논쟁이 되었다. 그러나 '일본은 명나라의 책봉을 받지 않고 있음'을 이유로 수정을 거절했다.

이 두 가지 점을 일본측이 실현하고 조선측이 타협한 것은 다음과 같은 것을 의미한다.

중국 대륙에서 명 왕조가 붕괴되고 새롭게 청(淸) 왕조가 성립되어 조선은 청의 책봉을 받아 계속 중국 황제에 대해 '사대의 예'를 취할 수밖에 없는 상황이었다. 반면 일본은 중국 황제와의 책봉관계를 의미하는 '일본 국왕' 호칭을 쓰지 않고 일본 연호를 사용함으로써 일본이 동아시아의 전통적인 화이(華夷)사상에 따른 중화외교 질서로부터 탈피한다는 것을 내외에 표명하게 되었다. 이후 중국—당시의 호칭으로 말하면 '당(唐)'—역시 하나의 이웃나라에 지나지 않는다는 관념이 그때부터 일본인에게 정착되어 갔다.

한편 조선도 남으로 천도한 명 왕조의 부흥이 절망적으로 되자 명 연호 사용을 그만두었지만 대신 청(淸) 연호를 쓰지 않고 용집간지(龍集干支)를 사용하여 일본과의 관계에서는 독립 자존의 나라임을 나타냈다. 바꾸어 말하면 조선국은 북방에서는 중화외교 질서에 참여하지 않을 수 없지만 남방의 일본과는 형식상으로나 실질적으로 평등한 관계 즉 '대등항례(對等抗禮)'를 관철하는 교린관계를 갖고 독립국으로서의 체면을 지킬 수 있었다. 이와 같은 조일간의 통신사 외교체제가 형성된 것은 또한 고대로부터의 중화외교 질서가 근대를 기다리지 못하고 무너지기 시작한 것을 의미한다.

그런데 그 이후의 조일 외교를 전개함에서 막부는 새로운 외교체제를 만들어 나갔다. 막부는 교토의 고잔 승려 중 매년 2명을 '조선 수문직(修文職)' 또는 '대주수문직(對州修文職)'으로서 대마번에 파견했던 것이다. 이들 두 사람의 승려는 각각 혼잔(本山) 세키가쿠료(碩學料)의 일부로써 출장경비를 충당했기 때문에 이테이안(以酊庵) 린반세키가쿠소(輪番碩學僧)[10]라 불렸다. 이테이안이란 이들 승려가 대마부중(현재의 이즈하라)에서 직무에 종사했던 암자(지금의 西山禪寺)의 이름이다. 지금까지 게이테츠 겐소와 기하쿠 겐포 등과 같이 소씨가 임명하거나 야나가와씨가 했던 것처럼 대마번에서 마음대로 조선과의 외교를 운용하는 것이 허락되지 않았으므로, 대마번 파견의 수문직(修文職)은 막부내각이 임명하고, 막부내각에 대하여 책임을 갖는 것으로 되었던 것이다. 윤번승(輪番僧=린반소)은 조선사절의 일본 방문 때에는 반드시 에도까지의 왕복에 수행하도록 했다. 이러한 조치는 대마번이 대조선외교가 '가역(家役)'이었지만 이미 막부의 대리인이나 대행자가 아닌 현지의 실무담당자 겸 사절의 응접담당자로서 그 직무권한이 한정되었음을 의미한다. 국서 위조사건이 그 후 재발하지 않았던 것은 조선 수문직의 설치효과 때문이었다고 말할 수 있다.

Ⅳ. 통신사의 부활과 닛코

야나가와 잇켄(柳川一件)의 판결[11] 이후, 소 요시나리는 막부에 기쇼몬(起請文=기청문)을 내어 이에미츠 장군의 높은 은혜에 사의를 표하고 향후에는 "일본과 조선의 통교에 관한 일에는 막부의 뜻을 소중히 알아 모시고, 막부를 위하여 추호의 나쁜 일도 하지 않으며", "일본 또는 조선에 어떤 숨기는 일이 없도록 힘쓸 것"을 맹세했다. 그리하여 곧 대마도로 돌아와서 조선 사절의 초청 준비에 착수했다.

1636년(인조 14, 간에이 13) 2월 대마도는 슈헤이산판(修聘參判使=수빙참판사)[12]을 조선에 보내어 사절 파견을 요청하기에 이르렀다. 조선측

---

10) 교토 고잔에서 막부의 명령으로 대마에 차례로 파견되는 외교담당 승려.
11) 국서 위조사건.
12) 조선 조정에 통신사 파견을 청하는 사절.

대마도 북단의 '조선 역관사(譯官使) 순국지비(殉國之碑). 1703년 부산에서 출발하여 대마도로 항해 중 조난을 당해 순국한 조선 역관사 일행 108명의 넋을 기리기 위해 1991년 세워졌다.

에서는 이 사신을 '통신사청래차왜(通信使請來差倭)'라 기록하고 있다. 다음 달 별도의 대마도 사신으로부터 이번 사절파견 요청은 "관백이 (조선측의) 교린성신의 여부를 알고자 한다"고 하며 대마도주를 통해 통신사를 청한 것이라고도 말했다. 이번 사절은 전회와 같이 이에미츠가 장군직을 승계했다고 하는 것처럼 특별한 축하의 뜻을 표하는 것도 아니다. 또 '일본 국왕'으로부터 국서가 도착한 것도 아니다. 그러나 조선 조정은 '통신사'라는 이름으로 사절을 파견하기로 했다.

이 시기에 북방의 후금(後金)은 압도적인 군사력으로 조선을 위협하고 있었다. 국경 부근의 사소한 충돌을 구실로 후금은 조선을 문책하고 위압을 가하고 있었던 것이다. 또 조선 조정은 과거 30년간 야나가와씨가 소씨를 제치고 조일 관계를 전담했던 것을 '국서 개작 폭로사건'의 처벌결과를 통보받고 알게 되었다. 때문에 조선측은 향후 소씨만이 창구일 뿐이므로 소씨의 외교 노력을 지지하는 편이 이득이라고 판단했다. 이와 같은 남북방의 대외정세를 충분히 고려했던 인조는 국서 가운데 일본 왕권의 안정을 치하하는 '태평배가(泰平倍加)'라는 문구를 써넣었다. 그래서 전란 후 네 번째 파견된 사절은 일본측 국서가 먼저 오지 않았기 때문에 '회답사(回答使)'

닛코 도쇼구(日光 東照宮) 입구.
한태문 교수 제공.

가 아니었다. 또 피로인의 본국 대량 송환도 이 이상은 거의 바랄 수 없었으므로 대마번의 요청대로 명칭을 '통신사'라 했다. 앞서 제1장에서 본 바와 같이 이미 조선 전기에 '통신사'라는 명칭이 대일 사절로서 정착되어 있고, 전후 처리를 마친 단계에서 원래대로 '통신사'로 되돌리는 데 이의가 없었던 것 같다.

이로써 에도 시대 최초의 '통신사'라는 명칭으로 조선 사절 478명은 정사 임광 등 세 사신이 인솔하여 국서를 지참하고 일본에 건너갔다. 사신들은 대마도로부터 에도까지 가는 도중이나 에도 체류 중에 '국서 개작 폭로사건'을 둘러싸고 일본의 집정이나 여러 다이묘 간에 균열이 생겼다는 이야기를 듣게 된다. 앞서 언급한 이에미츠의 재판에 관해서 하야시 라잔 등 이에미츠의 브레인들과 도이 도시카츠(土井利勝) 등 로주의 일부는 공공연히 불만을 토로했고, 조선 사절이 도저히 받아들일 수 없는 난제를 제기하여 소 요시나리를 난처하게 만들고 있다는 것이었다.

여기서 이에미츠는 사절 일행에게 스루가(駿河)의 쿠노산(久能山)으로부터 닛코(日光)로 이전한 이에야스의 묘인 도쇼구(東照宮)를 유람할 것을 제의했다. 이에미츠로서는 이에야스를 존경하는 마음에서 화려하게 창건된 종묘(廟前)를 외국 사절에게 보여 도쿠가와 정권의 위상과 조상 숭배의 모습을 과시하고 싶었을 것이다. 그러나 일행은 전례가 없으며 일정에 여유가 없다는 이유를 들어 제의를 거절했다.

통신사가 도쿄구에 전달한 조선의
선물, 석등과 삼구족(三具足). 한태
문 교수 제공.

하지만 사절이 이를 거절한 것이 정치문제화되어 설득을 맡았던
소 요시나리는 궁지에 몰리게 되었다. 이에미츠 역시 직접 초청이
거부된 것은 장군 가문의 위신에 관계되는 일이었다. 세 사신은 협
의를 거듭한 끝에 소씨가 이번에 사절 왕래의 책임자인 이상, 이 기
회에 소 요시나리를 구해주기 위해서 닛코 유람을 승낙하기로 했다.

이상과 같은 곡절 끝에 12월 14일 길일을 택하여 국서전달 빙례
(聘禮)가 에도조(城)에서 거행되었다. 의식의 순서와 로주들의 영접장
소 등은 전회보다 다소 정중하게 개선되었지만, 이런 사실은 바로
전날까지 이에미츠가 직접 진두지휘를 맡아 사절을 후대하고자 한
조치였다. 조선 국왕의 국서가 전달된 뒤 이에미츠는 로주들을 통
해 일행이 추위와 먼 길에도 불구하고 국서를 전해준 데 대해 감
사할 뿐만 아니라, 세 사신이 새롭게 조성된 닛코의 이에야스 묘
소를 관람한 것은 "나라 전체의 광영이며 지대한 기쁨이요 행운이
다"라는 말로 공식적인 사의를 표했다.

빙례가 끝난 뒤 회답국서와 함께 이에미츠로부터 조선 국왕에게
장군가문으로서는 처음으로 선물이 증정되었다. 선물은 '금전 20척,
은대자 2식, 내로부수병립수적제구(內爐釜水瓶立水滴諸具), 비단옷 50
령'이었다. 이것이 전례가 되어 이후 통신사 내방 때마다 장군 가

문에서는 다양한 선물을 조선 국왕에게 보냈다.

닛코에는 그 이후 통신사가 두 차례 더 방문했다. 1643년(인조 21, 간에이 20)의 통신사는 출발 이전에 이에미츠의 요청을 받았다. 통신사는 이에야스 묘에 보낸 인조 국왕의 친필, 조선 예조참판의 명문(銘文)이 씌어 있는 대동종(大銅鐘), 오쿠노인 호토(奧の院寶塔) 앞에 안치할 삼구족(三具足)[13] 등 선물을 증정하고 이에야스 묘 앞에서 제례를 행했다. 동종은 조선에서 동(銅)이 부족했기 때문에 대마도산 동으로 주조되어 멀리 바닷길로 에도까지 운반되었다. 통신사 일행 중에는 독축관(讀祝官)이 추가되고 본래의 하이덴(拜殿)과 가라몬(唐門) 사이에 가리하이덴(假拜殿)이 설치되어 그해 7월 이전에는 없었던 유교식 제사가 이루어졌다. 제문(祭文)은 물론 한국어로 낭독되었다.

1655년(효종 6, 메이레키=明歷 1)에는 그 전해에 사망한 이에미츠의 묘소인 다이유인(大猷院) 묘에도 제사가 집행되어 인조를 계승한 효종의 제문이 낭송되고 동등롱(銅燈籠) 한 쌍 등이 증정되었다.

1636년(인조 14, 간에이 13) 통신사의 방일은 그 이름에 걸맞게 일본과 조선의 선린우호 관계를 확고히 했다고 볼 수 있다. 설사 일본측에 우월의식이 있었다 치더라도 에도조에서의 빙례 방식이나 닛코 관람이나, 일본과 조선과의 교린관계를 공고히 한 것은 틀림이 없다. '국서 개작 폭로사건'을 극복한 대마번의 소 요시나리도 또한 상황에 걸맞게 조선과의 외교를 잘 펴나가게 된 것은 다행한 일이었다.

---

13) 동으로 만든 향로, 화병, 촛대 세트. 화병은 뚜껑에 사자가 앞발을 들고 앉아 있는 모양이며, 촛대는 새가 거북의 등 위에 올라앉아 부리로 촛대를 물고 있는 진기한 모습이다.

| 제5장 |
아라이 하쿠세키新井白石와
아메노모리 호슈雨森芳洲

I. 쇼토쿠 때의 빙례 개혁

1636년(인조 14, 간에이=寬永 13)에 조일간의 통교체제가 확립된 뒤, 당분간은 안정된 교린관계가 이어졌다. 1643년(인조 21, 간에이 20)은 당초 대마번 관계자가 후계자 이에츠나(家綱)의 탄생을 축하하기 위한 통신사 파견 얘기를 꺼냈지만, 그 뒤 이에미츠가 닛코 산(日光山) 도쇼구(東照宮)를 개조한 후 그 앞에서의 유교식 제례 집행을 요청하고, 이에 조선측이 응했기 때문에 실현된 것이다.

1655년(효종 6, 메이레키=明曆 1)의 이에츠나 직위승계 축하를 위한 통신사 파견은 선대 이에미츠의 후계 축하사절의 전례가 있었으므로 조선측도 쉽게 제안을 받아들였다. 그러나 "일본이 우리와 수호한다고는 하지만 진심으로 믿을 수 없다"는 효종의 말대로 아직 일본에 대한 경계심이 근본적으로 해소된 것은 아니었다.

1682년(숙종 8, 텐나=天和 2)은 전회와 마찬가지로 츠나요시(綱吉) 직

아라이 하쿠세키의 초상.

위승계 축하 사절이었다. 이때에는 닛코 산 제사(=致祭)는 중지되었는데, 이는 흉작과 재해가 이어져 장군 자신도 아직 닛코 산 참예(參詣)를 하지 않았기 때문에 외국 사신의 제례도 중지하고 싶다는 츠나요시의 강한 의지가 작용했기 때문이다. 일본측은 경비 절약을 위해 사절의 총인원 삭감도 요청했지만, 결과적으로는 전회와 같은 인원수가 파견되었다.

이 무렵 대마도의 대조선 무역은 에도 시대 전반의 최성기를 맞고 있었다. 1609년(선조 32, 게이초=慶長 14), 조선은 대마도에 대해서 부산에서의 개항 허가조건을 명시한 기유약조(己酉約條)[1]를 제시했고, 대마도가 그것을 받아들였다. 그에 따라 임진왜란에 의해 중단되었던 대마도의 조선 무역이 전면적으로 부활되었다. 1676년(숙종 12, 엔포=延寶 6)에는 초량왜관(草梁倭館)이 완성되어 주변을 합쳐 약 10만 평 부지에 대마번의 관리와 상인이 주재하면서 고려인삼이나 중국산 생사의 수입과 특별 주조한 은(=特鑄銀) 등의 수출업무를 전개했다. 나가사키(長崎)에서 행해졌던 중국과 네덜란드 무역의 우회 루트가 초량왜관 경유의 무역경로였던 것이다.

5대 장군 츠나요시에게는 후계자가 없었다. 그 때문에 생전부터 형의 아들인 고후 츠나토요(甲府綱豊)가 후계자로 임명되어 있었다. 이 고후 츠나토요의 지코(侍講)였던 사람이 아라이 하쿠세키(新井白石)이다. 하쿠세키는 스승 기노시타 준안(木下順庵)의 추천으로 고후 도

---

1) 전란 후 조일 국교재개를 위한 세 차례에 걸친 대마번의 노력으로 조선측은 세 가지 조건, 즉 '① 국서를 보낼 것, ② 범릉지족(犯陵之賊)을 압송할 것, ③ 피로인 송환'을 전제로 통교를 허용하는 조약으로서, 그 중요내용은 대마도주에게 세사미두(歲賜米豆) 100가마 하사, 대마도주의 세견선을 20척(특송선 3척 포함)으로 하고 수직인은 1년에 1회 내조(來朝)하는 등이었다.

위쪽: 부산의 초량왜관 약조 비석.
오른쪽: 초량왜관 옛 그림.

잇코 도쇼구(日光 東照宮). 이 절에 도쿠가와 이에야스의 묘소가 있으며, 조선통신사 일행이 3-4차례 참배한 적이 있다.

쿠가와가(甲府德川家)에 출사할 수 있었다. 이 인연으로 고후 츠나토요가 츠나요시 사망 후 이에노부(家宣)로 이름을 고치고 6대 장군이 되어 에도에 입성함과 동시에, 하쿠세키는 마나베 아키후사(間部詮房)와 함께 장군의 측근 중의 최측근으로서 활동을 시작한다. 하쿠세키의 해박한 지식과 면밀한 예비조사에 근거한 여러 가지 정책 제언은 이에노부 장군의 신임을 얻게 되고, 세상에서 말하는 쇼토쿠(正德: 1711~1716) 때의 문치(文治) 정치는 아키후사와 하쿠세키 두 사람의 전단정치라 할 정도로 한 시대를 누볐다고 할 수 있다.

조선통신사의 방문에 대해서도 하쿠세키는 독자적인 생각을 밀고 나갔다. 영접사무를 담당하는 로주(老中)인 츠치야 마사나오(土屋政直)는 이번에는 와카기미[若君=세자(世子)]가 어리기 때문에 세자 배알을 중지하고, 닛코 산 제례는 계속 중지하되 이 두 가지 외에는 이전의 규정대로 할 것을 대마번에 통고했다.

그러나 하쿠세키는 1709년(숙종 35, 호에이=寶永 6) 여름 무렵부터 츠치야 로주와는 별개로 독자적으로 영접 사례와 의례 방식을 조사하고, 그때마다 이에노부 장군에게 보고했다. 하지만 통신사를 영접하는 세부 절차를 정한 '조선통신사 진견 · 사연 · 사견의주(朝鮮信

使 進見·賜宴·辭見儀注)'가 장군에게 제출된 것은 통신사를 맞기 2개월 전이었다.

조선측에서는 이미 세 번이나 장군 후계 축하를 위해 통신사를 파견한 전례가 있었기 때문에 1710년(숙종 36, 호에이 7) 7월에는 정사 이하 세 사신 및 수행원의 편성을 마친 상태였다. 그러나 사절이 서울을 출발하기까지 대마번을 통해 알려온 것은 세자 대면 중지와 예조참판과 로주 간의 서계와 예패물의 교환 중지, 범휘(犯諱) 문자²'의 삭제였다.

정사 조태억(趙泰億) 등 일행 500명이 부산에 도착해 풍랑이 잠잠하기를 기다리는 동안, 일본측 빙례의 중대한 변경사항을 대마도로부터 파견된 사신이 전해왔다. 그것은 1636년(인조 14, 간에이 13) 이래의 '다이쿤(大君)' 호칭을 '일본 국왕' 호칭으로 고친다는 것이었다. 이에 따라 즉각 사자가 급파되어 숙종의 재단을 청하게 되었다. 숙종은 일본이 '왕'이라고 칭하는 것은 국내용으로 장군의 권위를 높이려 하는 것으로도 보이지만 왕호(王號)는 일찍이 사용되고 있던 것이기 때문에 그 통고방법이 무례하다고 했음에도 이를 수용하도록 했다.

하쿠세키는 이 '호칭(=殊號)' 변경이 가장 어려운 일이었다고 훗날 말했는데, 그것은 일본 국내에서의 반대가 맹렬했기 때문이다. 하쿠세키의 일련의 빙례 개혁에 의해 나설 기회를 잃은 후다이 로주(譜代老中)³'나, 대마번의 조센가타사야쿠(朝鮮方佐役)를 맡아 조선측과 교섭했던 아메노모리 호슈도 맹렬히 반대했다.

통신사가 대마도에 도착한 후에 알게 된 개혁은 그 밖에도 많았다. 우선 대마도로부터 에도까지의 노중연(路中宴)을 아카마가세키(赤間關), [귀로는 우시마도(牛窓)], 오사카(大坂), 교토(京都), 나고야(名古屋),

---

2) 상대국 왕명(王名)의 문자를 서간문 속에 쓰는 것.
3) 후다이 다이묘(譜代大名), 원래부터 도쿠가와의 가신이었던 다이묘에서 뽑힌 로주.

순푸(駿府) 5개소로 하고, 그 밖의 장소는 식료품(=乾物)을 제공한다는 것이었다.

다음으로 객관에서 상사(上使)가 사절을 위문할 때에는 세 사신이 계단 밑으로 내려가 맞이하고 앉는 자리도 바꿀 것과, 에도조의 빙례에서는 국왕의 국서는 장군이 직접 받아 하야시 다이가쿠노카미(林大學頭)가 소리 내어 읽고, 장군은 조선 국왕의 안부를 로주를 통해 묻는 것이 새로운 의례로 집행되었다. 이들 대부분은 도중에서 접대하는 다이묘로 하여금 의관을 착용하게 하는 한편, 입공(入貢)을 의미하는 '내조(來朝)'라는 말을 쓰지 않고 '내빙(來聘)'이라는 용어로 수정했는데 이것이 오히려 사절의 접대를 더 정중하게 하는 표현이기도 했다.

국서 전달 이후의 향연은 날짜를 바꾸어 열렸다. 우선 종래의 향연에서 연주했던 노가쿠(能樂)와 교겐(狂言)이 폐지되고, 교토로부터 연주자를 불러와 12종의 엔가쿠(燕樂)가 공연되었다. 이 중 5종은 고대 조선의 고부가쿠(古舞樂)로, 본국에서는 이미 사라져 버린 주악을 듣는 통신사 세 사신은 크게 감동했다. 이것도 하쿠세키의 기획에 의한 것이었다.

연회 때 좌석 배열도 빠졌다. 지금까지의 산케소한(三家相伴)이 폐지되고, 막부의 의전 담당인 고케(高家)가 접대하며 세 사신의 좌석도 변경되었다.

이러한 변경의 대부분은 에도로 가던 도중이거나 에도에 가서 일이 당장 닥쳤을 때에야 사신들에게 알려졌기 때문에 세 사신은 그때마다 강경하게 항의하는 장면을 연출했다. 그때까지는 충분한 사전교섭을 대마번에서 해왔기 때문에, 시간 여유가 없었거나 전령 역할인 대마번의 담당자(=藩士)가 머뭇거리거나 하여 쓸데없는 시간만 낭비했다 하더라도, 조선 사절측으로서는 어쨌든 그 의도를 타진해 볼 겨를도 없이 갑작스러웠기 때문에 무례한 진행방식으로 비추었던 것이다. 그리고 빙례 종료 후 이에노부 답서 중에 조선 국왕의 휘(諱)를 범하는 문자가 발견되고, 또한 조선 국왕의 국서에도 장군의 휘를 범하는 문자가 발견되어 말썽이 일어났다. 이것도 하쿠세키로서는 결국 쌍방의 국서를 고쳐 쓰고, 돌아가는 길에 대마도에서 재교환하는 것으로 이례적 결말을 맺게 되었다.

Ⅱ. 개혁의 의도와 하쿠세키의 조선관

아라이 하쿠세키의 빙례 개혁의 최대 목표는 철저한 평등의례(=對等抗禮)와, 일본의 왕권 및 문화의 과시였다고 해도 좋을 것이다. 하쿠세키는 나이가 55세였고 이미 유학자로서는 기노시타 준안(木下順庵) 문하에서 제일가는 사람으로 이름났으며, 한시(漢詩)도 덴나(1681~1684) 때의 통신사로부터 그 시재(詩才)를 높이 평가받았다. 그는 역사가로서 교토 조정의 의전을 연구하고, 또한 『한칸후(藩翰譜)』[4]를 저술하여 이에노부 장군에게 진상한 바 있었다. 한편 이탈리아인 선교사 시도티[5]를 심문하여 서양의 정세나 종교에도 능통하여 폭넓은 시야를 갖고 있었다. 따라서 대대로 내려오는 문벌 로주들이 하쿠세키의 건의에 대항할 수 없었던 것도 무리는 아니었다.

하쿠세키가 일본 국왕의 호칭을 부활시키는 데 집착했던 이유는 '조선 국왕'에 대응하는 호칭인 '일본 국왕'이어야 한다는 것이

---

4) 아라이 하쿠세키의 저서로 다이묘가의 유서가전(由緒家傳)을 집대성한 것이다.
5) Giovanni Battista Sidotti, 1668~1715, 일본의 금교령 이후 최후의 잠입자. 1708년 야구시마(屋久島)에 상륙했으나 에도 고이시가와(小石川) 저택에 유폐되었다. 하쿠세키가 심문하여 '세이요기몬(西洋紀聞)', '사이란이겐(采覽異言)' 등의 책을 썼다.

公爾忘私
國爾忘家

아메노모리 호슈의 초상.
대마시(市) 제공.

었다. 다이쿤(大君) 호칭은 『주역』의 해석에서는 천자를 의미하기 때문에 불손하고, 또한 조선에서는 대군이 왕세자를 가리키는 말이므로 부당하다는 이유였다. 하쿠세키는 또 도쿠가와 장군가는 무(武)를 거점으로 하는 패자(覇者)이고, 문(文) 즉 예악(禮樂)의 법은 모두 교토 조정에서 나오고 있으므로, 그 구별을 명확히 하기 위해 혼돈을 일으키는 '다이쿤' 호칭은 쓰지 말아야 한다고도 주장했다. 이 논리는 대단히 명쾌하다. '천황으로부터 서임된 장군'이라는 형식이 답습되는 한, 장군을 어떻게 달리 불러보아도 모순이 생긴다. 그렇다면 국내의 율령(律令) 관직에 얽매이지 않는 '국왕'이라는 대등한 칭호를 사용하는 데 주저해서는 안 된다는 것이다. 단 하쿠세키에게 결여되어 있던 논점은 국왕 칭호가 중국 황제의 책봉 결과로 허용된다는 인식이다. 이것도 하쿠세키로서는 사실상의 책봉관계가 없는 이상 문제가 되지 않는다고 보았을 것이다.

그 밖의 사절 응접이나 의례 변경에 대해서는, 이미 전회부터 문제가 되었던 대로 절약과 간소화를 가능한 한 실현하려고 했다. 그 자체는 비판되어야 할 일이 아니다. 그러나 이미 양국의 국제관례가 되어 있는 사항을 사전 절충 없이 일방적으로 밀어붙이는 수법은 상대방에게 불신을 불러일으킬 뿐이다.

2004. 11. 27. 대마도 개최 아메노모리 호슈 250주기제.

가령 동격으로 또는 전례보다 정중한 취급으로 바꾼 경우라 하더라도, 상대의 신뢰를 손상시켜서는 의미가 없다. 하쿠세키가 그 점을 무시했다기보다도 거기에 하쿠세키의 역사관이 드러나고 있다.

하쿠세키는 그 무렵의 역사가로서는 넓은 시야를 갖고 있던 인물이었다. '신은 인간이어라'라고 신화를 역사상의 사실에 비교 추성하려고 시도하기도 했다. 또한 일본의 고사·전적(典籍)뿐 아니라 중국이나 조선의 역사서적도 읽고 야마타이코쿠(邪馬台國)[6]에 대해서도 알고 있었다. 그러나 한편으로 『고지키(古事記)』·『니혼쇼키(日本書紀)』의 기록을 그대로 받아들여 '진구코고(神功皇后)의 삼한정벌(三韓征伐)' 설화나 고대 '삼한조공(三韓朝貢)'설을 사실로 보고 의심하지 않았다. 그것은 도쿠가와 정권이 안정되고 대외 긴장감이 엷어지는 가운

---

6) 『위서(魏書)』「동이전(東夷傳)」, 와노조(倭の條) 왜인전(倭人傳)에 나와 있는, 2세기 후반부터 3세기에 걸쳐 일본에 있었던 나라. 2세기 후반 왜국의 대란은 여왕 히미코(卑彌呼)를 왜왕(倭王)으로 옹립함으로써 진정되었다. 중국 위(魏)나라와 통교했으나, 그 위치에 대해서는 규슈 북부설과 기나이(畿內) 야마토(大和) 설이 있다.

데, 일본을 중심으로 하는 화이질서(華夷秩序) 사관이 지식인 사이에 퍼지고 있던 것과 관련이 있을 것이다. 따라서 하쿠세키는 도요토미 히데요시의 조선 침략을 정면에서 비판하지 않았다. 다만 "조선의 군신 모두는 일본을 깊이 증오한다"라고만 파악하고, 조일간의 국교회복은 "일본이 재조(再造)해 준 은혜를 조선의 군신은 길이 잊지 말아야 할 것"이라 하여 이에야스의 공적을 과시할 뿐이었다. 그리고 게이초(1596~1615) 이래의 통신사 파견은 무(武)에서 일본에 대항할 수 없는 조선이 문(文)으로써 그 우수함을 보이려고 하는 의도가 있다. 그러나 이는 '양국 화호(和好)'를 하고 있는 한 그 '공손하지 못한 행사라도 탓할 수 없었던' 사신 응접의 사례가 지금까지 모호하게 되어 있었던 것이라고 하쿠세키는 말한다. 그가 평화·대등·간소를 원칙으로 하면서 일본의 문사(文事)를 통신사에게 과시하려고 한 것은 여기에서 유래하고 있다. 결국 하쿠세키는 정권 중추에 있던 '국가'의 관점에서 조선 사절의 영접, 빙례의 방식을 살피고 국내의 반대론을 억눌러 실행했던 것이다.

또한 하쿠세키는 빙례 종료 후, 대등과 간소를 더욱 철저화하기 위해 빙례 의식은 양국의 중간지점인 대마도에서 하는 것이 좋겠다고 제의하기도 했다.

III. 통신사와 아메노모리 호슈

아메노모리 호슈(雨森芳洲)는 1668년(효종 10, 간분=寬文 8)에 태어났다. 아메노모리의 고향은 오미코쿠[近江國=지금의 사가 현(滋賀縣)] 이카 군(伊香郡)으로 현재는 다카츠키초(高月町)라고 불린다. 아버지와 숙부는 모두 의사로, 호슈도 의사의 가업을 잇는 것으로 예정되어 있었던 듯하다. 그러나 어떤 의사가 좋은 의사가 되기 위해서는 고통을 견딜 뿐만 아니라 사람의 목숨조차 희생할 수 있다고 하는 말을 듣고 의사가 되는 것을 단념했다. 1686년(현종 27, 조쿄=貞享 3) 부친상이 끝나고 에도로 나와 당대 최고의 유학자 기노시타 준안의 문하로 들어갔다. 아라이 하쿠세키가 준안의 문하생이 된 것은 그 다음해의 일이지만 호슈는 그와 서로 뛰어남을 뽐냈으며, 뒤에 기노몬(木門)의 5선생, 또는 기노몬 10철(十哲)의 한 사람으로 손꼽혔다.

호슈는 1689년(숙종 34, 겐로쿠=元祿 2), 22세 때 준안의 추천으로 대마번 근무의 관직을 받았다. 대우는 22인의 급료, 금10량으로 에도의 번저(藩邸)에 근무하게 되었다. 동시에 '학문계고(學問稽古)'[7]를 위해 계속해서 스승 밑에서 면학에 힘쓰도록 명령받았다. 그는 드디어 대마번주의 명령에 의해 나가사키로 가서 중국어를 배웠다.

호슈의 어학적 재능은 탁월했다. 여기에는 원어민에게서 배울 것, 음독과 훈독을 반복할 것, 그리고 가능한 한 젊어서부터 배워야 할 것이라는 외국어 습득의 3원칙을 몸으로 실천했다. 그 뒤에 1703년(숙종 29, 겐로쿠 16)과 1705년(숙종 31, 호에이 2)에 그는 조선어를 배우기 위해 부산으로 건너가게 된다.

호슈는 1693년(숙종 19, 겐로쿠 6) 비로소 본 근무지인 본령 대마번으로 건너갔다. 당초의 역할은 신분야쿠(眞文役)[8]로 200석의 녹을 받았다. 그 후의 직책은 조센가타고요시하이사야쿠(朝鮮方御用支配佐役)로, 녹은 230석으로 올랐다. 사야쿠(佐役)란 가로(家老)의 보좌역이라는 의미이다. 당초의 업무는 대마번에서 조선의 동래부(부산 북쪽에 있던 대일 외교를 위한 출장기관) 등으로 보내는 서계의 초안 작성이나, 무역과 기타 업무를 위해 대마도를 방문하는 조선 역관(譯官)들의 접대 등이었다.

---

7) 계고(稽古)란 학문 · 기예 등을 배움, 즉 학습을 말한다.
8) 대마번의 대조선 외교담당. 한문으로 된 외교문서의 기초(起草)와 번역 등의 담당관.

이 동안의 일을 통해 호슈는 대마번의 심각한 재정사정, 번의 관리와 조선인 역관들 사이의 이런저런 비리의 실정, 조선과 대마도 사이에서 맺어지고 있던 약조(約條)나 전례 등을 상세히 알게 된다. 1702년(숙종 28, 겐로쿠 15) 호슈는 번주 소 요시자네(宗義眞)의 은퇴를 통고하는 고쿠톤산판시(告遁參判使=고둔참판사)의 선장(船長)을 맡아 조선에 건너갔다.

1711년(숙종 37, 쇼토쿠 1), 이에노부가 장군이 되어 조선에서 통신사가 오게 되어 호슈의 신변은 갑자기 바빠졌다. 더구나 앞에 보았듯이 아라이 하쿠세키는 통신사 도래 직전이 되어서야 장군의 칭호, 중도 접대나 의례에 대해 많은 변경이 있음을 알려왔기 때문이다. 대마번으로서는 도리에 어긋남에도 불구하고, 막부의 의향을 조선 측에 알리고 설득해야만 했다. 특히 '다이쿤' 대신에 '국왕'으로 장군의 칭호를 변경하는 것은 벅찬 일이었다. 호슈는 자신의 생각과 달리 그것을 조선측에 설득하는 입장에 서게 되었다.

호슈가 생각하기에 '다이쿤'이란 제후의 장(長) 칭호로 이해되고, 서식상으로도 '조선 국왕'과 '일본국 대군'이 함께 '전하'로 불리고 있었기 때문에 이미 대등한 것이었다. 또한 장군이 일본국을 대표하는 '국왕'이라 칭하는 것은 천황을 얕보는 불손을 면할 수 없다고 생각했다. 결국 천황과 장군의 지위에 관한 명분론의 입장이었다. 호슈는 하쿠세키에게 "교린의 예를 바르게 하고 쓸데없는 비용을 아껴 연로 신민의 고통을 덜게 하는 것은 찬성하지만, '왕으로 호칭하는 것'만은 찬성할 수 없다"고 하는 내용의 편지를 보냈다. 이에 대해 하쿠세키가 자신의 저서 『오리타쿠 시바노키(折たく紫の記)』중에서 "대마도에 사는 미숙한 학자[學匠]따위가 알지도 못하면서 쓸모없이 간섭한다"라고 감정적인 비판을 한 것은 잘 알려져 있다. 실은 이 때문에 호슈는 급거 부산으로 건너가 조선측의 이해를 얻어

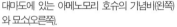
대마도에 있는 아메노모리 호슈의 기념비(왼쪽)
와 묘소(오른쪽).

내는 역할을 맡았으며 어렵게 조선측 이해를 얻어냈다. 이때의 통신
사는 그해 7월에 대마부중(府中=현재의 이즈하라=嚴原)에 도착하여 에도
로 출발했으며, 11월에 에도에서 빙례를 마치고 다음해 2월 대마도
로 돌아왔다. 그 과정에서 호슈는 신분야쿠(眞文役)로 수행하면서 도
중에 일어난 갖가지 분쟁에 대응해야 했다. 그뿐만 아니라 그는 에
도에서는 앞서 말한 '범휘(犯諱)' 문제로 조선 사절과 하쿠세키 사이
를 왕래하면서 절충하는 일에 매달렸다.

호슈는 그 다음번 1719년(숙종 45, 교호=享保 4)의 요시무네(吉宗)의
직위승계 축하 통신사 때도 대마도와 에도를 왕복했다. 친번(親藩)[9]
의 하나인 기슈(紀州) 와카야마(和歌山)의 도쿠가와 가문 출신인 요
시무네는 즉위하자마자 마나베 아키후사(間部詮房)와 아라이 하쿠세
키 등 이에노부, 이에츠구 정권하의 브레인들을 곧바로 추방하고,
일단은 후다이 문벌(譜代門閥) 로주의 의견에 따르기로 했다. 로주들
은 하쿠세키가 조선통신사를 맞는 데에서 이에노부의 직접 재가(=
親裁)를 거쳤다고는 하지만, 담당 로주나 막부 내각에서 외교문서
와 의례를 맡아온 하야시 다이카쿠노카미의 의향을 무조건 무시해

---

9) 고산케(御三家)를 비롯하여 도쿠가와 이에야스의 직계 가문이 관할하는 번.

온 데 대해 '백석인살(白石刃殺)'의 모사(謀事)가 있었다고 알려질 만큼 강하게 반발하고 있었기 때문에, 쇼토쿠 때의 빙례 개혁은 그 내용에 대한 검토도 없이 모두 취소되어 '덴나(天和: 1681~1687)' 때의 구례(舊例)로 돌아가 버리게 되었다. 따라서 '일본 국왕' 칭호도 이 뒤에는 전혀 쓰이지 않았고, 장군은 막부 말기까지 외국으로부터 '다이쿤'으로 불리게 된다.

교호(1716~1736) 때 통신사의 에도 왕복에 대해서는 쇼토쿠 때와 같은 커다란 분쟁은 없었다. 그렇지만 대마도에서 번주 면전의 시문응수(詩文應酬) 자리를 둘러싼 전례와 명분의 갈등, 귀로 때 교토 다이부츠덴(大佛殿) 앞에서의 연회초청(=招宴) 거부 등 몇 가지 분쟁이 있었다.

그때마다 호슈는 번의 입장에 서서 수습하고 변명하면서 사태를 원활히 수습하는 역할을 해내야 했다. 또한 에도에서도 빙례의 차례를 사절에게 알리는 한문 서식을 쓸 수 있는 사람은 호슈밖에 없었다. 어느 쪽도 헤아릴 수 없는 마음고생이었다. 통신사 일행의 제술관(製述官) 신유한(申維翰)의 『해유록(海游錄)』에는 대마도에서의 이별에 즈음해 "오늘 저녁 정이 있어 나를 보낸다. 이 생에서 다시 그대를 만날 기약이 없네"라는 한 구절을 호슈에게 써준 기록이 있다. 이 두 사람 사이에는 반년이 넘는 오랜 여로에서 입장의 차이는 있었지만 고난을 함께하며 뜨거운 우정이 싹텄던 것이다.

IV. 아메노모리 호슈의 업무와 그의 조선관

아메노모리 호슈는 장수했다. 1755년(영조 31, 호레키=寶曆 5) 88세로 죽기까지, 정확하게는 81세에 은거를 허락받기까지 현역 관리로 대마번에서 근무했다. 조센가타고요시하이사야쿠(朝鮮方御用支配佐役)는 본인의 요청에 의해 1721년(경종 1, 교호=享保 6)에 그만두었지만 고요닌야쿠(御用人役)는 계속했고, 그리고 또 한 번 교섭을 위해 사이반야쿠(裁判役=외교관)로서 조선에 가기도 했다.

그러는 동안 호슈는 조선과의 무역이나 번의 재정에 대해, 또한 조선어 통역관의 본격적인 양성 등에 대해 자주 번주에게 진언했다. 동시에 조선으로 건너가 조선인 관리와의 복잡한 교섭을 번의 입장에 서서 처리하는 일도 맡았다.

이 무렵 가장 큰 문제는 대마번의 재정 악화였다. 조선과의 무역을 주된 재원으로 하고 있던 대마번에게 몇 가지 어려운 조건이 불거져 나왔다. 그 하나는 막부가 쇼토쿠 때에 화폐의 개주(改鑄)를 꾀하고, 그것을 대마번이 고려인삼 수입의 대가로 수출하고 있던 은의 품질에도 적용하려 했던 것이다. 이 일에 대해서 호슈는 아라이 하쿠세키에게 서한을 보내고, 이어서 직접 만나서 이를 중지해 줄 것을 요청했다. 또한 고려인삼이 부족해지기 시작하고, 밀무역이나 쌍방 관리의 부정으로 규격에 맞는 품질의 상품을 제대로 수입할 수 없게 된 일을 설명했다.

호슈는 『린코시마츠모노가타리(隣交始末物語)』라는 제목의 논문을 썼다. 내용은 게이초(1596~1615) 이래 조일 관계의 역사와 대마번이 해온 역할을 체계적으로 서술한 것이다. 이 논문을 아라이 하쿠세키를 비롯한 막부 내각에 제출하여, 대마번으로서는 조선 무역이 사활이 걸린 문제임을 호소했다. 대마도는 섬 전체가 산지이기 때문에 경작 가능한 면적은 극히 제한적이다. 대마번은 가격(家格) 10만석의 다이묘라고는 하나, 이는 대조선 무역에서 이익이 있는 데다 조선 외교 담당 번으로서의 명목 때문에 얻어진 것일 뿐 실제로는 섬 내에서 쌀 이외의 잡곡을 다 모아도 수천 석 정도의 수확밖에 없었다. 대마번은 게이초 때의 국교재개 당시 그 공을 인정받아 히

〈조선통신사행렬도〉(부분). 대마역사민속자료관 소장. 대마시 제공.

젠(肥前) 다시로(田代)에 2,800석이 더 증가되었다. 그러나 여전히 대마번의 재정은 만성적 적자였고, 더구나 그것이 누적되었기 때문에 호슈의 말을 빌리자면 '소라껍데기같이' 점점 쇠퇴하는 상태였다. 따라서 조선 외교를 맡기 위해서도 섬 밖에서의 영지를 더 증가하거나, 조선 무역의 지속을 위한 특별조치가 필요하다는 것이었다.

조선과의 교섭에서는 쓸데없는 분쟁을 일으키지 않고 대마번의 실익을 손상하지 않는 자세로 시종일관했다. 조선은 국교 회복에 따르는 기유약조(己酉約條)에서 대마번에 대해서는 여러 가지 특권을 부여해 왔다. 예를 들어 대마번에서 부산으로 가는 각종 송사선(送使船)에 대해서는 체재 중의 접대만이 아닌 많은 회사물(回賜物)을 주어왔다. 그러나 시대가 지남에 따라 조선측에서도 전례에 얽매이지 않고 대마도에 대한 처우를 간소화하려는 방책이 취해지게 되었다. 또한 대마도의 상인이나 관리가 때로는 권위를 내세우거나 속임수를 써서 이익을 노리는 일도 있었다.

호슈는 현지에 출장하여 조선측의 관리와 교섭할 때에는 전례나 관행을 미리 잘 조사하고 그것들을 이용하여 도리에 맞는 논리를 전개해야 한다고 강조하고, 스스로 그것을 실천했다. 그러한 실무 교섭의 기본적인 방식을 정리하고 대마번의 유력자를 위해 쓴 책이

1728년(영조 4, 교호 13)에 완성된 『고린데이세이(交隣提醒)』이다.

그 마지막 장에서 호슈는 '성신의 교류(誠信の交)'에 대해 다음과 같이 말하고 있다.

"성신(誠信)이라는 것은 진실의 뜻(=實意)이라는 것으로, 서로 속이지 않고 싸우지 않고 진실로써 교류하는 것을 성신이라 한다." 그리고 조선과 '성신의 교류'를 맺으려고 생각하면, 원래는 조선으로부터의 다양한 우대조치에 의지하려 해서는 '진정한 성신'이라 할 수 없다. 그것을 급히 고칠 수 없는 처지라면, "진실의 뜻 즉 서로의 실익을 존중하는 태도를 손상시키지 않도록 하는 것이 중요하다"고 말한다. 이것은 리얼리스트인 호슈의 일면을 잘 보여준 말이다. 이렇게 외교의 성실과 신의, '진실한 교류'라는 말은 대마번이 처한 현실로부터 출발하여 이상적인 선린관계를 지향하는 방향을 다시 제시한 것이라 할 수 있다.

또한 『고린데이세이』 중에서 호슈는 "통신사와의 응접에 대해 상대에게 일을 알기 쉽게 설명하여 갑작스러운 일이 되지 않도록"이라는 말을 자주 쓰고 있다. 또한 히데요시가 일으킨 침략전쟁에 대해서는 명확히 '명분 없는 전쟁', '포악(暴惡)'이라 단정하고 있다.

이것들은 통신사를 수행한 두 번의 체험, 하쿠세키와의 논쟁이나 하쿠세키의 개혁이 조선측에 주었던 영향을 알고, 조선의 문인이나 학자와도 우정으로 맺어진 인생 경험이 호슈에게 있었기 때문에 나온 결론이자 역사관이었다고 할 수 있다.

| 제6장 |

통신사의 길(I)─해로海路

I. 서울에서 대마도까지

조선통신사의 정사로 임명되는 것은 '참의(參議)'라는 관직에 있는 사람이다. 현대 용어로 하면 차관보 격이지만, 조선 조정에서 참의 는 정원이 여섯 명이므로 상당한 엘리트라 할 수 있다. 출발에 즈 음하여 정사, 부사와 종사관 세 사신은 서울(한성부) 창덕궁에서 국 왕을 알현한다. 총 500명 가까운 통신사 일행은 육로로 부산에 가 서 다시 집결하여 출항을 기다린다. 부산에서는 도쿠가와 장군이나 세자 등에게 조선 국왕이 보내는 예물을 비롯해 막부의 로주, 기 항·기숙지의 다이묘나 사찰 등에 증정할 방대한 선물이 쌓이고, 점 검을 거쳐 세 척의 화물선(복선=卜船)에 실린다. 사절단은 마찬가지로 세 척의 기선(騎船)이라 불리는 배에 오르는데, 정사선(正使船)은 길 이 약 40m로 약 150명이 타는 큰 배이다. 부사선(副使船), 종사관선 (從事官船)도 그에 준한다. 이윽고 길일을 골라 해신(海神)에게 항해의

왼쪽: 통신사 행렬 재현 행사. 창경궁에서 국왕으로부터 국서를 전교받고 출발하는 모습을 재현하고 있다.
오른쪽: 부산에서 대마도로 향하는 통신사 행렬을 재현하고 있다.

안전을 비는 기풍제(祈風祭)가 열린다. 그 장소는 영가대(永嘉台)[1]라고 하며, 17세기 초에 부산만의 가장 깊숙한 장소에 준설하고 토사로 쌓아 대지를 만들어 항구의 기능을 부여한 곳이다.

모두 여섯 척의 선단과 대마도로부터의 출영선(出迎船) 몇 척이 순풍을 기다려 곧바로 같은 뱃길로 대마도로 향한다. 부산과 대마도 사이는 가장 가까운 곳이 약 50km, 순풍으로 파도가 잔잔한 날에는 쾌적한 항해를 즐길 수 있으나 기상정보가 충분치 않은 시대에는 어려운 항해를 피할 수 없었으므로 선체가 손상되거나 배멀미로 고통받는 사람이 속출했다.

대마도 최북단, 사스나우라(佐須那浦) 또는 와니우라(鰐浦)에 도착한 선단은 역시 대마번이 보낸 뱃길 안내선의 보호를 받으며 시계바늘 방향으로 니시도마리우라(西泊浦), 가모세우라(鴨瀨浦), 고후나고에(小船越) 등의 작은 항구에 들르면서 번의 조카마치(城下町)[2]인 대마부중(府中=현재의 이즈하라)에 도착한다.

---

1) 부산 자성대 소재.
2) 다이묘가 구축한 성곽 안에 부시(武士)와 초닌(町人)들을 거주하게 한 곳.

부산 영가대. 통신사 선단이 바닷길로 떠나기 전, 영가대에서 해신(海神)에게 순항을 비는 기풍제(祈風祭)를 올린다. 한태문 교수 제공.

　여기서는 대마번주와 이테이안(以酊庵)의 장로 두 사람이 탄 배가 항구 밖까지 출영하고, 또 항구에서 최초의 인사를 주고받는다. 통신사 일행은 이 후추에서 적어도 10일간, 긴 경우는 3주간을 머물게 된다. 배를 보수하거나 식량 등을 조달하고, 거기에 바람까지 기다려야 하기 때문이다. 체류하는 동안에는 대마번주의 초청향연이 있다. 또한 이테이안의 석학 승려와도 여기서 만나게 되는데, 그들과의 시문 화답이나 필담은 이를 통해 세 사신이나 제술관(製述官), 서기, 그리고 당상역관(堂上譯官=上上官), 상통사[上通事=상석의 통사(通事)] 등의 마음을 위로하려는 행사였다. 1711년(숙종 37, 쇼토쿠=正德 1)과 1719년(숙종 45, 교호=享保 4)의 통신사 파견 때는 대마번이 아메노모리 호슈와 마츠우라 가이슈(松浦霞沼) 두 사람의 뛰어난 학자를 행정관(신분야쿠=眞文役)으로 등용하여, 이들과의 교류가 대마도에 체재할 때부터 시작되었다.

　이즈하라는 3면이 산과 언덕으로 둘러싸인 작은 마을로, 번주의 저택(=居館)을 비롯해 우마마와리(馬廻り)라 불리는 상급 관리(=藩士)의 저택이나 사찰이 마을의 주요한 장소를 차지하고 있다. 세 사신의

부산항에 전시된 통신사의 배(복원).

숙사는 때에 따라 특별히 설치된 관사이거나 류호인(流芳院), 게이운인(慶雲院), 다이헤이지(太平寺), 고쿠분지(國分寺) 등의 사원으로 정했다.

1811년(순조 11, 분카=文化 8)의 마지막 통신사는 이즈하라에서 국서를 전하는 빙례를 행하게 된다. 쌍방의 경비 절감이 주된 이유였다. 에도로부터 장군의 대리인인 상사(上使) 오가사와라 다다카타(小笠原忠固), 부사(副使) 와키사카 야스타다(脇坂安董), 그리고 하야시 다이가쿠노카미 등이 대마도로 와서 328명의 통신사 일행을 맞았다.

'역지빙례(易地聘禮)'라 불린 이 의식을 위해 통신사 일행이나 에도로부터의 빈객을 위한 객관의 신개축, 도로나 항구의 수리 및 기타 비용 조달에 대략 12만 냥의 자금이 투입되었다. 좁은 이즈하라 마을이 이 한때만은 통신사 붐으로 들끓었던 모습이 상상된다.

대마도를 출발한 통신사 선단은 다시 해협을 건너 이키(壹岐) 섬에 도착한다. 이 사이의 항로도 강풍이 자주 부는 험난한 해역이어서 통신사가 탄 배가 간혹 손상되기도 했다. 근세의 이키는 히젠(肥前)의 히라도(平戶) 번에 속해 대대로 마츠우라씨(松浦氏)의 영지였다.

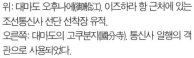
위: 대마도 오후나에(御船江). 이즈하라 항 근처에 있는
조선통신사 선단 선착장 유적.
오른쪽: 대마도의 고쿠분지(國分寺). 통신사 일행의 객
관으로 사용되었다.

　이키로부터는 동쪽으로 향해 하카타(博多) 만을 오른쪽으로 바라
보면서 아이노시마(相島=藍島)에 도착한다. 이 땅은 치쿠젠(筑前) 후
쿠오카(福岡) 번의 영지로, 둘레가 약 6km인 작은 섬이다. 이 섬은
규슈 본토에서 약간 떨어져 있지만, 초승달 모양의 천혜를 입은 좋
은 항구가 있었기 때문에 통신사의 기항지로 정해졌을 것이다. 신
유한의『해유록』에는 "위로는 푸른 산이 있고 3면을 둘러싼 것이
반달 같다. 그 한가운데는 넓고 넉넉히 물을 채우고, 전답과 가옥
은 낮아져 바다에 이른다. 바다 밖에는 멀찍한 산이 만곡(彎曲)하여
가까워지기까지 100리 정도, 그 사이에 평호(平湖)와 원경(圓鏡)을
만든다. 초목이나 구름은 모두 상쾌하여 유초(幽楚)같아서, 보는 자
는 즉시 황홀해져 넋을 잃는다. 즉 내가 항해한 이래 처음으로 보
는 신선경이다"라고 그 아름다운 정경이 그려져 있다. 통신사 선단
은 왕복길 모두 이 작은 섬에 머물게 되었다. 그 때문에 매번 '차
야(茶屋)'라고 하는 숙사가 임시로 세워지고 항구도 정비되었다. 근
년에 이 지방의 신구마치(新宮町) 교육위원회에 의해 그 유적의 확

왼쪽: 대마도에서는 매년 8월 아리랑 축제기간 중 통신사 행렬을 재현한다.
오른쪽: 대마도 아리랑 축제의 통신사 행렬에 10년간 매년 참여한 일본 여성 오타키리 유코(小田切 裕子, 일본 항공 ANA 근무).

인조사가 이루어져, 섬 서남부에 그 유구(遺構)가 확인되고, 18세기 것으로 보이는 대량의 도자기 조각이나 게타(下駄=나막신) 등의 나무 조각도 출토되었다.

후쿠오카 번의 접대는 정중했다. 가구와 비품도 모두 새롭고 화려함이 극치에 이르렀으며, 일행의 향응을 위해 500명이나 되는 번사와 하인들이 이 섬으로 왔다고 알려져 있다. 통신사 일행 약 500명 외에 수행하고 있는 대마번주와 직원, 이테이안의 두 장로와 그 보조역 등 수백 명을 더하여 무릇 천 수백 명의 사람들이 한꺼번에 몰려왔기 때문에 그 혼잡함은 상상해 볼 수 있을 것이다. 후쿠오카 번은 또한 번 내의 유학자들을 파견하여 필담이나 시문 응수를 통해 교류하도록 했다. 에도 중기 저명한 번의 유학자인 가이바라 에키켄(貝原益軒)이나 구시다 긴잔(櫛田琴山), 후루노 바이호(古野梅峯) 등이 여기에 참여한 것으로 기록되어 있다.

아이노시마(相島) 전경(왼쪽)과 포구(오른쪽). 한태문 교수 제공.

II. 아카마가세키에서 세토 나이카이로

아카마가세키(赤間關) 즉 오늘날의 시모노세키(下關)는 한반도와 오랜 인연을 맺어왔다. 사실(史實)은 아니지만『고지키(古事記)』,『니혼쇼키(日本書記)』의 '신공황후 삼한정벌(神功皇后三韓征伐)' 설화에 등장하는 것부터 시작하여, 중세에는 이 땅에 세력을 쌓고 있던 오우치씨(大內氏)가 조선 국왕에게 빈번히 사절을 보내곤 했다. 근세에 들어서면 동해 연안을 항해하는 기타마에센(北前船)[3]이 세토(瀨戶) 나이카이(內海)로 돌아 들어올 무렵의 중요한 기항지가 되었지만, 조선통신사도 항상 여기에 머물렀다. 현해탄의 거센 파도를 느끼지 않아도 좋은 지점이기도 하다.

1604년(선조 37, 게이초=慶長 9) 말, 도쿠가와 이에야스와 회견하기 위해 교토로 향한 탐적사 사명당 송운대사 유정(探賊使 四溟堂松雲大師 惟

---

3) 동해연안 해운에 취항하고 있던 기타구니(北國) 지방의 회선(廻船)들 중에도 중기 이래 서쪽 항로에 취항하고 있던 회선에 대한 북방지역에서의 호칭. 에조(蝦夷) 땅이나 도후쿠(東北), 호쿠리쿠(北陸) 등 기타구니의 물자를 사이코쿠(西國)로, 사이코쿠의 물자를 기타구니로 운송했다. 北國廻船 또는 北國船이라 한다.

赤間關海夜泊

碧琉璃界之瓊樓　汗漫無涯浩不收
萬里壯遊心眼大　百年超忽蟪蛄
月明半夜鯨鵬戲　雲盡三淸宿耀浮
北極朝延音信斷　吳鉤獨向赤間關洲
　　- 松雲 -

渡赤間關海　見安德天皇遺像

安德天皇遺迹赤間關傍路斷
滄波革樹荒　只有中天一片月
年年依舊照空廟堂

　　- 松雲 -

왼쪽: 유정 사명(송운)대사의 동상(서울 장충단 공원).
위쪽: 사명대사의 시 2수. 적간관야박(赤間關夜泊)과 안덕천황묘당(安德天皇墓堂).

政)은 이 시모노세키에서「적간관야박(赤間關夜泊)」이라는 시를 읊었다. 또한 명치유신 직후의 폐불훼석·신불분리(廢佛毁釋·神佛分離) 전까지 그곳에 아미다지(阿彌陀寺)가 있어, 거기에 겐페이소란(源平爭亂)으로 바다에 가라앉은 안토쿠 천황(安德天皇)[4]을 모시는 사당이 있었기 때문에 송운대사는 '안덕천황묘당(安德天皇廟堂)'을 보고 경조를 표하는 시를 남겼다. 그것이 계기가 되어 그 후 통신사의 세 사신, 당상역관, 상관(上官)은 아미다지 객관에 묵게 되면 송운대사의 뜻을 이어 받아 반드시 시 한 수를 남기게 되었다. 아쉽게도 그 진필 대부분은 아미다지의 폐사 당시에 사라지고, 지금은 1711년(숙종 37, 쇼토쿠=正德 1)의 임수간(任守幹) 부사의 시 한 수만이 절터에 창건된 아카마진구(赤間神宮)에 남아 있을 뿐이다.

일행 중 중·하관(中·下官)은 서쪽의 인조지(引接寺)에, 대마번주 등은 해안의 본진(本陣)[5]에서 호상(豪商)인 이토가(伊藤家) 등의 상가(商家)에 나뉘어 숙박했다.

이곳의 접대는 모리씨(毛利氏)의 초슈하기(長州萩) 본번과 지번(支藩)인 초후 번(長府藩)이 맡았다. 해상 경호는 규슈측의 고쿠라(小倉) 번경(藩境)으로부터 게이슈(芸州) 번경까지를 담당했다. 대형 조선통신사선은 출입할 때 소형선으로 항구에 예항(曳航)하기 위해 사전 예행연습이 거듭되었다. 아이노시마(藍島) 동쪽은 이렇게 몇 개의 번이 그 번의 해역을 담당하여 호송했는데, 그 연락과 인계가 극히 정확하고 원활한 데에는 통신사측도 놀라움을 감추지 않았다. 이는 봉화나 조선(早船), 전령 제도가 시행되고 있었기 때문이다. 해상에서의 선단 유도와 호위는 식량이나 물의 조달과 함께 지번인 초후 번이 담당했다.

통신사는 아미다지 정면에 특별 설치된 잔교(棧橋)로 상륙했는데, 그 위치는 "해안과 평행 수직으로 하여 조금의 높낮이도 없다. 잔교의 상판 바닥에는 자리를 깔고 곧바로 사신의 객관에 이른다"라고 신유한은 『해유록』에 기록했다. 1711년(숙종 37, 쇼토쿠 1)에는 하기(萩)의 본번주(本藩主)인 모리 요시모토(毛利吉元)가 그의 지코(侍講)였던 야마가타 슈난(山縣周南) 등을 수행원으로 대동하고 아카마가세키까지 출영하여 정사 조태억(趙泰億)과 대면했으며 향응을 베풀었다. 이로써 통신사에 대한 번의 배려가 상당한 것이었음을 엿볼 수 있다.

---

4) 제81대 천황. 1178~1185. 12세기 중엽 일본 황실의 이른바 겐페이노갓센(源平の合戰)의 마지막 격전장이었던 시모노세키에서 헤이시(平氏) 일가가 겐지(源氏)에게 멸망될 때, 헤이시 일가에서 옹립한 어린 안토쿠 천황이 탄배가 격침되었다. 안토쿠 천황은 2세 때에 즉위하여 6년간의 짧은 재임기간으로 만 7세의 어린 나이에 생을 마감했다.

5) 에도 시대에 숙역(宿驛)에서 여러 다이묘 등이 숙소로 삼은 공인된 여관.

　문인과의 시문 창수의 기록은 『양관창화집(兩關唱和集)』, 『장문무진문사
(長門戊辰問糸)』, 『장문계갑문사(長門癸甲問糸)』 등이 있어 후에 간행되었다.
특히 야마가타 슈난의 시는 조태억 정사로부터 그 재능을 칭송받았다.
　또한 시모노세키 야스오카초(安岡町) 와키우라(脇浦)에서는 '도진오도
리(唐人踊り)'라는 기우제 춤이 메이지(明治) 시대까지 전해졌는데, 오
카야마(岡山) 현 우시마도초(牛窓町)의 '가라코오도리(唐子踊り)'의 대무(對
舞)와 거의 비슷한 형식이었던 듯하다.
　쇼토쿠(1711~1716) 때의 통신사는 아카마가세키에서의 친절한 접대
에 대한 사례로서 대마번주를 통해 선물을 주었다. 그 목록은 '인
삼 1근, 흑마포 5필, 황모필 20자루, 진묵 10홀(笏), 색지 3권, 잣 1
말, 연석(硯石) 1면(面), 부채[扇子] 15자루'이며, 이 중 인삼 등 극히
일부가 빠진 현물 그대로가 현립 야마구치(山口) 박물관에 소장되어
있으며, 이들은 국가 중요문화재로 지정되었다. 또한 시모노세키 시
내의 초후 박물관에도 1449년 〈엔쿄(延享) 5년 조선통신사 행렬도〉,
1711년 〈쇼토쿠 원년 조선인 행렬차제(朝鮮人行列次第)〉, 통신사를 수
행하는 화원(畵員)으로서 두 차례 일본에 온 김명국(金明國)의 〈십득
도(拾得圖)〉와 야마가타 슈난이 통신사와의 이별에 즈음해 읊은 시
집 등이 다수 소장되어 있다.

가미노세키 통신사 객관 오차야(御茶屋)의 옛터. 한태문 교수제공.

아카마가세키로부터 동쪽은 통신사선단이 스오나다(周防灘)를 동진(東進)한다. 도중에 무카이우라(向浦)에서는 배에서 1박을 한 뒤 가미노세키(上關)로 향한다. 가미노세키는 옛날에는 그 지형 때문에 가마도가세키(竈關)라고 불리고 있었는데, 15세기 중반 오우치씨(大內氏) 시대부터 아카마가세키를 시모노세키, 그리고 이쪽을 가미노세키라 부르게 되었다. 위치는 무로츠(室津) 반도와 좁은 해협을 낀 나가시마(長島)의 돌출 부분에 있다. 세토우치(瀬戸內)를 왕래하는 배는 모두 세토를 통과한다. 배후에 언덕을 끼고 본토인 무로츠 반도 쪽으로도 산이 높이 솟아 있기 때문에 1655년(효종 6, 메이레키=明曆 1)의 종사관 남용익(南龍翼)도 『부상록(扶桑錄)』 중에서 "시계[眼界]가 멀지 않아도 경치가 뛰어나다"고 평했던 곳이다. 이곳도 모리씨(毛利氏) 일족인 이와쿠니 번(岩國藩) 요시카와씨(吉川氏)가 사실상의 지번(支藩)으로서 다스리고 있는 영역이다. 접대를 위해 하기 본번과 이와쿠니 번의 관리가 출장을 나왔다.

통신사 일행은 도진바시(唐人橋)라 불린 해안으로 걸쳐진 다리[棧橋]를 통해 상륙하여 세 사신 등 상위관인(上位 官人)은 오차야(御茶屋) 객관에 들어간다. 이 객관은 이례적으로 2층 건물이다. 중·하관(中·下官)은 객관 서쪽의 임시관사로, 소오 대마도주는 메이칸지

도모노우라(鞆浦): '일동제일경승(日東第
一景勝)'이라고 일행이 경치가 수려함을
찬탄했다. 일행이 남긴 글씨와 병풍 그림
이 있다. 주로 후쿠야마(福山) 번이 접대했
다. 다음으로 지나간 각지에서 일행은 일
본인과 한문, 한시를 교환하며 교류했다.

서울(漢城): 사절단은 창덕궁에서 국왕으로부
터 임무와 국서(國書)를 전교받아 출발한다.

부산: 일행 전원이 모인다. 일본 요로에 증정
할 토산품 등 선물을 준비하여, 길일을 택하
여 영가대에서 해신에게 항해의 안전을 기
원하는 제사를 올린다. 선물은 도쿠가와 장
군뿐 아니라 숙박에 신세를 진 다이묘(大名)
나 사원에도 주었다.

부산-대마: 선단은 6척으로 500명과 물자를
실어 출발한다. 대마번에서는 해상 안내를
위한 배를 보낸다. 이들 배는 노를 저어 가
기도 하지만 바람과 조류의 흐름을 이용하
여 항해한다.

대마(對馬): 대마부중(府中=지금의 이즈하라
=嚴原)에서는 대마번주가 출영, 상륙한 후
접대를 받는다. 배의 보수와 실은 화물을 다
시 한 번 점검하기 위해 몇 주 동안 체류하
는 경우도 있다. 여기서부터 대마번주와 관
리들이 일행을 에도까지 호송한다. 오사카의
요도(淀)까지는 배로 바닷길을 항해한다.

아이노시마(藍(相)島): 하카타(博多) 만 근처
의 작은 섬이다. 여기서는 치쿠젠(筑前) 번이
접대한다. 최근 차야(茶屋)로 불리던 건물의
유적이 발굴되고 많은 유물이 나왔다.

시모카마가리(下浦지): 히로시
마(廣島) 번이 접대한다. 여기
서의 접대는 평이 좋지 않았다
고 한다. 현재 이곳에는 당시
통신사에게 제공했던 요리를
시식하는 자료관이 있다.

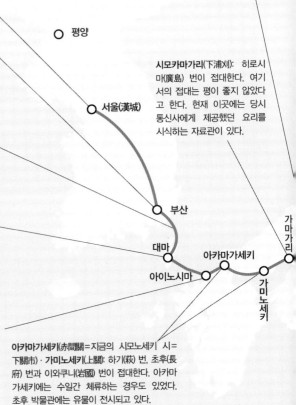

**아카마가세키(赤間關=지금의 시모노세키 시=
下關市)·가미노세키(上關)**: 하기(萩) 번, 초후(長
府) 번과 이와쿠니(岩國) 번이 접대한다. 아카마
가세키에는 수일간 체류하는 경우도 있었다.
초후 박물관에는 유물이 전시되고 있다.

오가키(大垣) · 츠(津) · 수즈카(鈴鹿): 통신사의 행렬과 연관되는 마츠리(祭)와 유물들(오가키)이 남아 있다. 츠, 수즈키에서는 지금도 마츠리가 계속 벌어진다.

나고야(名古屋): 쇼코인(性高院)에서 숙박했으며 오와리(尾張) 도쿠가와가(德川家)의 접대를 받았다. 지금도 도쇼구(東照宮)의 제례에서는 '도진오도리(唐人踊)'를 춘다.

닛코(日光): 통신사 일행은 막부의 청원으로 도쿠가와 이에야스를 모신 닛코 도쇼구(東照宮)을 3회 방문했다. 당시 악기 등의 유물이 남아 있다.

세이켄지(淸見寺) · 후지 산(富士山): 통신사는 경치가 좋은 세이켄지(시즈오카 현, 시미즈 시=淸水市)을 즐겼으며 많은 한시를 읊었다. 일행이 읊은 시는 지금까지 여기에 남아 있다. 통신사가 비와코(琵琶湖)와 더불어 출발 전부터 경치를 그리워했던 곳이 또한 후지 산이었다.

에도(江戶): 국서를 전하는 의식은 에도조(江戶城)의 오히로마(大廣間)에서 여러 다이묘가 모두 배석한 자리에서 행해졌다. 숙박은 아사쿠사(淺草)의 히가시혼간지(東本願寺) 별원과 혼세이지(本誓寺)였다. 병풍 그림 등으로 일행의 행렬과 성 안에서의 모습을 알 수 있다. 통신사가 지나가는 길은 구경꾼이 넘쳐났다.

하코네(箱根): 산 고개 언저리에 있는 소운지(早雲寺)에는 일행이 남긴 글씨가 편액으로 걸려 있다.

순푸(駿府=지금의 시즈오카 시=靜岡市): 제1회 사절단 방일 때 도쿠가와 이에야스가 여기에 있었기에, 일행에게 수루가(駿河) 만 유람 등을 즐길 수 있도록 했다.

오미하치만(近江八幡) · 히코네(彦根): 지금도 이 근처의 길은 조선인 가도(街道)라 불린다. 오미하치만 자료관과 히코네 소안지(宗安寺)에 유물이 있다.

우시마도(牛窓): 오카야마(岡山) 번이 접대한다. 혼렌지(本蓮寺)와 가이유칸(海遊館)에 자료가 있다. 오늘날까지 계속되는 가라코오도리(唐子踊)는 일행이 추었던 어린이춤[童舞]과 관련이 있는 것 같다.

무로츠(室津): 히메지(姬路) 번이 접대한다. 작은 포구이지만 반드시 기착했다. 현재 가이에키칸(海驛館) 등에 자료가 보존되어 있다.

닛코

오가키

시즈오카

시미즈

에도

하코네

효고

오사카

교토

히코네

교토(京都): 요도(淀)까지 배편으로 와서 다음은 육로이다. 다이토쿠지(大德寺), 혼고쿠지(本國寺), 혼노지(本能寺)에서 숙박했다. 쇼코쿠지(相國寺)의 지쇼인(慈照院)에 교류한 유물이 남아 있다.

오사카(大坂): 하구에서 일본측이 제공하는 호화선에 갈아탄다. 숙박하는 미도스지(御堂筋)의 니시혼간지(西本願寺) 별원에서는 새벽까지 교류가 이어졌다.

(明關寺)에서, 이테이안(以酊庵) 장로는 가까운 아미다지에서, 본번의 번주 대리인 모리는 조센지(超專寺)에서, 그 밖의 번의 관리는 가미노세키 일대의 민가를 빌려 숙박했다. 조센지에는 다노무라 치쿠덴(田能村竹田)의 낙관이 있는 〈조선통신사 가미노세키 내항도(朝鮮通信使上關來港圖)〉가 보존되어 있는데, 객관이나 도진바시 등도 상세히 그려져 있다. 그러나 치쿠덴(竹田)은 통신사가 가마노세키에 오는 광경을 보지는 못했다. 어쩌면 현재 이와쿠니 초코칸(岩國徵古館)에 보존되어 있는 1748년(영조 24, 엔쿄=延享 5)의 〈오차야시카마에즈(御茶屋仕構圖)〉를 참고로 하고, 현지의 견문을 근거로 하여 상상으로 그린 것으로 볼 수 있다.

그러나 이러한 회화가 남겨져 있는 사실은 조선통신사를 실제로 접하지 않은 후세 사람들에게도 통신사의 일본 방문이 큰 문화적 충격을 주고 있었다는 증거이기도 하다.

III. 아키의 가마가리와 빈고의 도모노우라

아키(安芸)의 가마가리(蒲刈)는 본토인 구레 시(吳市) 쪽에서 지척에 있는 해협을 건넌 시모카마가리(下蒲刈) 섬에 있다. 가미노세키에서 여기까지는 오키노리(沖乗り)[6]로서 연안을 볼 수 없는 항로였다. 도중에 배에서 자는 가박(仮泊)도 있었지만, 게이슈(芸州) 히로시마 번(廣島藩) 등의 능숙한 물길 안내가 통신사 선단의 무사 항해에 도움이 되었음에 틀림없다.

왕복 모두 여기서는 1박뿐인 체재였지만 대마도주 일행이 체재하는 본진은 별도로 하고, 통신사 일행의 숙박을 위해 상·하 오

---

6) 육지를 볼 수 없는 난바다를 추측 항법(航法)이나 천문 항법으로 항해하는 것.

시모카마가리 소토엔(松壽園)(왼쪽)과 소토엔에 있는 통신사 자료관 '고치소이치반칸(御馳走一番館)'(오른쪽). 한태문 교수 제공.

차야가 그때마다 신축되었다. 임시 시설이라고는 해도 세 사신이나 상상관(上上官) 등이 숙박하는 상관의 오차야는 앞뜰이 있고, 나가간키(長雁木)라 불리던 그 섬의 산노세(三之瀬)의 배다리로부터 객관까지 모두 붉은 담요로 덮은 통로가 갖춰져 있었다. 정사의 집은 서원(書院)풍의 15첩 칸, 다음 칸은 10첩이었고, 거기에다가 우록(雨綠), 광록(廣綠)을 둘러씌운 굉장한 가건물을 볼 수 있었다. 3사 및 상상관의 숙소에는 각각 독립된 주방, 욕탕과 화장실이 딸려 있었다.

이곳의 접대 책임은 히로시마 번 아사노씨(淺野氏)로, 쇼토쿠 시대의 경우 여러 부교(奉行)·센도(船頭)·의사·요리사 등 접대역이 759명이며, 사용된 배만 135척이었다.

이곳에서 특히 호평을 받은 것은 술과 요리였다. 인동초 열매를 담근 인동주(忍冬酒)는 특히 평이 좋았다.

> 인동(忍冬)의 미주, 가마가리(鎌刈)보다 낫고
> 옥배에 부으면 호박(琥珀)의 짙음이네.
> 잠깐 입술에 들어가면 대도(大道)에 통하고
> 무엇이든 마땅히 돌을 삼켜 기흉(奇胸)을 토하네.
> 어떻게 대주(大酒)로 흉중(胸中)을 털어놓지 않을 수 있을쏜가.

도모노우라의 후쿠젠지(伏禪寺: 왼쪽)와 그 사원에서 바라본 포구(오른쪽).

    위의 글은 1643년(인조 21, 간에이=寬永 20) 부사 조경(趙絅)의 감회이
다. 향응의식 때는 세 사신에게 시치고산노젠(七五三の膳)[7] 상차림이
나왔다. 또한 나라(奈良)산 술잔과 작은 접시를 각 사람에게 배치하
여 서로 헌배(獻杯)했다. 그러나 실제로 먹는 것은 교환하는 히키카
에젠(引替膳)인 3즙(汁) 15채(菜)이다. 과자에는 일본의 만두나 센베이,
양갱 등에 카스테라, 아루헤이 사탕(有平糖)[8] 등 서양에서 전해진 종
류도 있어 일행을 더욱 즐겁게 해주었다. '가마가리의 고치소(御馳
走: 맛좋은 요리대접)가 최고'라는 평판이었다는 것도 이러한 접대측

---

7) 통신사 향응 때의 최고 상차림으로, 첫 번째 상은 7채(菜), 두 번째 상은
   5채, 세 번째 상은 3채의 요리가 나왔다. 7, 5, 3은 일본에서 예로부터 길
   (吉)함을 뜻하는 숫자이며 축하의 상차림이었다.
8) 백설탕과 물엿을 고아서 막대 모양으로 만들고, 꽃·새·물고기 등 다양
   한 모습으로 만들어 색을 입힌 과자. 무로마치(室町) 말기 유럽에서 전해
   졌다. 현재는 주로 축의나 선물용으로 사용한다.

의 성의가 전해졌기 때문일 것이다.

빈고(備後=지금의 히로시마=廣島)의 명승지 도모노우라(鞆浦) 또한 통신사 일행이 그 경치를 절찬한 곳이다. 여기서의 접대는 후쿠야마 번으로, 게이초·겐나(慶長: 1598~1615, 元和: 1615~1624) 때에는 후쿠시마 마사노리(福島正則), 1624년(인조 2, 간에이=寬永 1)부터 덴나(天和: 1681~1684) 때까지가 미즈노씨(水野氏), 쇼토쿠(1711~1716) 때부터 이후는 아베씨(阿部氏)가 맡았다. 엔쿄(1744~1748) 때는 번주 아베 마사요시(阿部正福)가 오사카조다이(大坂城代)를 맡은 뒤, 갑자기 병이 나서 우와지마(宇和島)의 다테씨(伊達氏) 등이 대행했다. 호레키(寶曆: 1751~1764) 때에도 아베 마사스케(阿部正右)가 교토 쇼시다이(京都所司代)에 이어 로주에 취임했기 때문에, 분고오카 번(豊後岡藩) 나카가와씨(中川氏)가 맡았다.

번에서는 힛토카로(筆頭家老)가 총지휘를 맡아 준비를 진행했는데, 선마(船馬)·제도구(諸道具)·미곡·어채(魚采), 나아가서는 주렴·병풍류 등까지도 조달해야 했다. 특히 돼지·사슴·꿩 등의 생포가 쉽지 않아서 고생했다는 기록이 남아 있다.

닭은 가는 길에 430마리, 배로 돌아올 때 460마리 정도, 꿩은 가는 길에 68마리, 돌아올 때 80마리 남짓 제공되고, 그 밖에 메기와 붕어 등의 민물고기, 활어 등을 잡기 위해 마을마다 매일같이 고기잡이에 나섰다.

도모노우라는 고대부터 밀물을 기다리는 좋은 항구였는데, 해안 일대는 센수이지마(仙醉島), 벤텐지마(弁天島), 멀리 시고쿠(四國)의 연이은 산을 바라보는 좋은 경치를 갖추고 있다. 특히 가이간잔 후쿠젠지(海岸山 福禪寺)는 절호의 장소에 있고, 본당에 인접하여 객관이 건축되고부터 통신사 일행은 이곳을 더없이 사랑했다. 1711년(숙종 37, 쇼토쿠 1) 사절 일행 4인이 이 객관에 놀러갔다가 모두 일치

후쿠야마(福山)의 후쿠젠지(福禪寺) 대조루(對潮樓) 설명판(왼쪽). 대조루는 역대 통신사 객관이었으며, 편액 대조루는 홍경해가 쓴 글씨다(오른쪽). 한태문 교수 제공.

하여 일본의 제일가는 경치로 평가하고, 종사관 이방언(李邦彦)이 그 말을 그대로 휘호했다. 그리고 이때 정사 조태억, 부사 임수간(任守幹)이 남긴 글도 함께 전해지고 있다.

　1748년(영조 24, 엔쿄 5), 후쿠야마 번주가 에도에 체재 중일 때 접대역을 대행한 자가 세 사신의 객관을 아미다지로 변경했기 때문에, 세 사신은 노하여 하선하지 않고 배 안에서 숙박하는 사건이 있었다. 이들의 귀로에서 다시 수리된 객관에 숙박한 정사 홍계희(洪啓禧)는 이 객관을 '대조루(對潮樓)'라 명명하고, 동행했던 그 아들 홍경해(洪景海)가 능숙한 예서체로 그 이름을 크게 썼다. 엔쿄(1744~1748) 때의 다른 사신이 쓴 오언율시 9점도 남아 있다. 이 글씨들은 분카(文化: 1804~1818) 때에 번의 주선으로 나무 편액(木額)에 모각(模刻)되었다. 그 임무를 맡았던 것은 이 고장 출신의 학자 간 차잔(菅茶山)과 의사 간 료헤이(菅良平)로, 오사카야(大坂屋) 미시마 신스케(三島新助), 호메이슈야 나카무라 기치베(保命酒屋 中村吉兵衛) 등 부유한 초닌(町人)들이 비용을 아낌없이 제공했다.

작은 사진 위 : 세토나이카이 유람선. 옛 통신사의 배 모습으로 복원된 유람선이 히로시마에서 효고(兵庫)까지 운항된다. 일본 한국민단 오카야마 지방본부 공석향 부단장 제공.

작은 사진 아래 : 해유문화관(海遊文化館) 우시마도(牛窓)에는 통신사 기념관으로 통신사가 남긴 여러 유품을 전시하며 역사교육의 장으로 활용하고 있다.

큰 사진 : 우시마도의 혼렌지(本蓮寺). 역대 통신사 선단은 이 절에서 유숙하고 지방 문인들과 교류했다.

근년에 가노 단신(狩野探信)의 낙관이 있는 〈조선통신사 선단도 병풍(朝鮮通信使船団圖屛風)〉(6曲1双)이 발견되었다. 그림은 도모노우라에 입항하는 통신사의 선단을 그린 것으로, 상야정(常夜灯)의 최선두에서 호위하는 작은 배에 맞추어 통신사의 배가 나오는 정경이 훌륭히 묘사되어 있다. '대조루'의 건물과 통신사의 유묵, 일본 화가가 그린 통신사 그림이 멋지게 갖추어져 그때를 그리워하게 한다.

IV. 우시마도에서 오사카로

비젠(備前)의 우시마도에는 거의 혼슈(本州)의 해안을 따라 동진한다. 통신사가 이곳으로 상륙한 것은 1624년(인조 2, 간에이=寬永)이 처음이었고, 그 이전까지는 물자 조달을 위한 기항뿐이었다. 통신사 접대에는 법화종(法華宗)의 명찰 혼렌지(本蓮寺)가 선정되었다. 1719년(숙종 45, 교호 4)에 이곳에 온 신유한은 "뜰에는 소철과 종려, 그 밖의 초

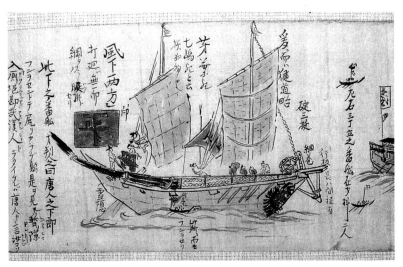

통신사의 배를 그린 옛 그림. 일본 오카야마 거주 개인 소장. 우시마도 교육위 제공.

목류가 색다른 향기를 뿜고 소수담결(疏秀淡潔)한 느낌이 있다"라고
『해유록』에 서술했는데, 3층탑과 함께 그 초목들은 지금도 여전하다.
   우시마도에서는 세 사신과 상상관은 상설 오차야의 본관에 묵는
다. 이 건물은 번주 이케다씨(池田氏)가 지은 것이다. 「조센진고요토
도메초(朝鮮人御用留帳)」라는 사료에 의하면 그해 하위 사절단원과 대
마번주 일행, 통신사를 따르는 막부의 관리 등은 44채의 마을 가
옥을 빌려 숙박했다. 오카야마 번의 관리도 146채를 빌렸다. 오카
야마 번이 접대에 동원한 관리는 사무라이 161명, 승려 7명, 아시
가루(足輕)와 고모노(小者)를 합해서 336명이었고, 이 밖에 우시마도
마을에서 징발한 그 마을의 요리수와 촌부(村夫)가 252명이었다. 또
한 해상의 호송, 연락, 물자 보급에 필요한 선장(센토=船頭), 선원(=
水夫) 등을 합치면 무려 3,855명에 이른다. 물론 포구마다 배가 총
동원된 것은 말할 필요도 없다.
   이들 노역에 대해 번은 얼마만큼의 보수를 지불했을까? 1682년(숙
종 8, 덴나=天和 2) 이케다가(池田家)의 기록 「효테이토도메(評定留)」에 의하

가라코오도리(唐子踊). 우시마도에는 옛날 통신사를 수행한 어린이의 춤이 현지에 전수되어 오늘날까지 이어지고 있다.

면 수고에 대한 사례로서 우시마도 마을에 쌀 40석을 내렸다. 이것을 집마다 평등하게 배급하면 한 집당 5되 2홉, '야쿠모쿠소킨모시노이에(役目相勤申し家)' 426채로 나누면 한 집당 9되 4홉이었다. 여기에는 선주나 선원의 용선(雇船)과 고용인건비(=雇人料)는 포함되어 있지 않다. 게다가 번으로 구상서(口上書)를 보내 청구한 것이 은화로 하면 1관 663돈 3푼이 되고, 이것에 대해 쌀 100표(俵)가 지급되었다고 한다.

우시마도초(町)의 야쿠진자(疫神社)에서는 지금도 '가라코오도리(唐子踊り)'가 전해 내려오고 있다. 두 명의 소년이 상대하여 춤을 추는 것인데, 이것은 통신사 일행 중에 세 사신의 종자로 시중들던 어린이[小童]의 춤에서 유래하는 것이라고 알려져 있다. 확실히 몇 회째인가의 통신사 기록에도 나와 있듯이 "무료함에 일행 중의 악사에게 음곡(音曲)을 연주시키고 아이에게 맞춤[對舞]을 추게 하는 장면이 나오기 때문에, 일본 각지의 민중 사이에 그것이 눈동냥으로 전승되어 왔다"는 것은 있을 수 있는 일이다. 덧붙여 소동(小童)이란 미성년인 젊은이로 학재(學才)와 문재(文才)에 뛰어난 자가 뽑히지만, 실제로는 연령이 높은 자나 결혼한 자도 있었다. 일본에서 말하는 고쇼(小姓)에 해당하는 역할이다. 현재도 전해지고 있는 가라코오

우시마도에서는 매년 7월에 통신사 행렬 축제가 벌어진다. 사진은 2004년도 축제 참가자 전원. 위쪽 좌우편은 정사로 분장한 김영철 영사(오사카 총영사관 고베 출장소장)와 부사로 분장한 김창남 회장(오카야마, 아시아국 제센터 이사장).

도리는 미에(三重) 현 츠 시(津市)의 와케베진자(分部神社) 및 스즈카(鈴鹿) 시 히가시타마가키초(東玉垣町)의 것뿐이다. 그러나 기록상으로는 다른 데에도 몇 곳인가 남아 있다.

우시마도에서 다시 동쪽으로 나가는 통신사 선단은 아코조(赤穗城)의 수려한 자태를 가까이 보면서 상륙할 수 없는 것을 애석해하며, 하리마코쿠(播磨國) 무로츠(室津)로 들어간다. 『하리마코쿠후도키(播磨國風土記)』에는 "무로후(室原)에 묵다, 무로(室)라 불리는 이유는 이곳이 바람을 막는 것이 방과 같기 때문이다"라는 기록이 있는데, 이처럼 무로츠는 예로부터 바람이 없는 양항이었다.

중세에도 조선이나 명나라 사절 선단은 이 항구를 이용했다. 『노송당 일본행록(老松堂日本行錄)』을 남긴 세종 때의 조선 사절 송희경도 여기서 며칠 체재하면서 4수의 시부(詩賦)를 읊었다. 그때의 숙사는 지금의 조운지(淨運寺)였을 것이다. 에도 시대에 들어 산킨코타이(參勤交代) 제도[9]가 정해지면 무로츠는 사이코쿠(西國) 다이묘의 상륙 또는 하선 지점이 되어 가장 번영했던 시기에는 본진(本陣)만도 여섯 채를 헤아렸다고 한다. 게이초 때의 부사 경섬(慶暹)은 "여염(閭

무로츠의 통신사 자료관
해역관(海驛館). 한태문
교수 제공.

閭=민가)이 번성하여 포구를 끼고 마을을 이루다. 사람과 물자가 번
성함은 우시마도보다 낫다"고 평했고, 메이레키(明曆: 1655~1658) 때의
종사관 남용익(南龍翼)은 "한 변이 땅에 닿아 해안을 끼고 민가 400
여 호", "시계가 널리 통해, 항구는 4면 멀찍이 둘러싸여 배를 정박
하는 데 매우 편하다"고 묘사했다.

  접대하는 다이묘는 히메지(姫路) 번주로 처음 이케다씨(池田氏)였지
만 뒤에 혼다(本田)·오쿠다이라(奧平)·에치젠마츠다이라(越前松平)·사
카키바라(榊原) 등 후다이(譜代)의 여러 씨(氏)가 맡았다. 세 사신의 숙
사는 처음 몇 회는 정해져 있지 않았지만, 1655년(효종 6, 메이레키 1)
이후는 번이 개수한 오차야로 했다. 이 오차야는 해안에 닿게 지어
져 있어 발코니가 있었기 때문에 배에서 직접 건물 안으로 들어갔
다. 그 모양은 1764년(영조 40, 호레키 14)의 통신사 입항을 그린 병풍
그림(반세이 무로츠 미나토나이 오후나조나네 온켄조 우마타카카이로 교레츠
즈=播西室津湊内御船備御獻上馬鷹海路行列圖)에서 상세히 볼 수 있다. 이
곳 무로츠에는 세토나이카이를 통항한 전회의 통신사선단이 왕복로
에 모두 기항했다.

  세토우치 최후의 정박지는 효고츠(兵庫津)였다. 여기도 예부터 양

─────────

  9) 에도 시대, 3년마다 정기적으로 1년씩 지방 영주들을 에도에서 살게 하여
    통치에 관한 전반 사항을 지시하는 제도.

2004. 6. 12~13, 오카야마(岡山) 개최 '사명(송운)대사와 도쿠가와 시대의 조선통신사' 심포지엄 발표, 토론자 일동.

항으로 다이라노 기요모리(平淸盛)가 지은 오와다(大輪田)의 숙박으로
유명한 곳이다. 에도 시대의 통신사는 돌아오는 길에 모두 이곳에서
1박했다. 게이초 때 한 번은 귀로에 가을바람 때문에 무로츠로 직항
했지만 그 밖의 경우는 역시 모두 이곳에서 묵었다. 이곳의 관할은
당초 도요토미 히데요리(豊臣秀賴) 령으로 가타기리씨(片桐氏)가 담당하
고 있었다. 그러나 도요토미 멸망 후는 아마가사키(尼崎) 번령(藩領)
이 되어 도다(戶田), 아오야마(靑山), 마츠다이라(松平) 등의 후다이(譜
代) 다이묘가 접대했다. 신유한은 이곳이 "간파쿠베츠조(關白別藏:이른
바 청령=天領)"이기 때문에 술과 음식이 통신사 일행에게 고루 전해진
것도 그 때문이라고 서술하고 있지만 그것은 잘못이고, 나중에는 막
부 직할 영지인 천령이 되었으나 신유한이 묵었을 때에는 아직 아
마가사키 번령이었다. 여기에는 번의 관리들이 몇 달 전부터 출장
하여 준비를 시작했지만, 그것에 대응해야 했던 효고 마을사람들의
고생도 적은 것은 아니었다.

130

| 제7장 |
통신사의 길(II) —육로陸路

Ⅰ. 오사카의 가와고자부네와 문인과의 교류

　세토 나이카이를 동쪽으로, 또 동쪽으로 건너온 조선통신사 여섯
척의 선단은 오사카의 가와구치(川口)에서 정박하고 일본 배로 옮겨
탄다. 대형으로 흘수(吃水)가 깊은 조선의 배는 내륙 하천을 항해할
수 없기 때문이다. 오사카 가와구치(川口: 현 오사카시 서구=西區)에는
오사카마치부교(大坂町奉行) 밑에 후나테구미(船手組)라 불린 강변 항
구의 관리자가 상주하여 외항선의 출입이나 하구 주변 하천의 준
설 등을 관리, 담당하고 있었다. 에도 초기의 오사카 해안선은 현
재보다도 훨씬 깊이 만입(灣入)해 있었는데, 이 부근은 16세기 말(덴
쇼=天正: 1573~1592)부터 정비가 진행되어 점차 어느 정도의 배를 정
박시킬 수 있었다. 그래도 통신사 선단 같은 큰 배는 조류나 하천
의 물이 붓기를 기다려 입항해야 했다. 하구와 상류 준설은 배와
사람을 대량으로 동원하여 행해졌다. 다만 준설해야 할 곳이 너무

통신사가 유숙했던 오사카의 니시혼간지(西本願寺)(왼쪽)와 오사카 서구에 있는 조선통신사 기념비(오른쪽).
한태문 교수 제공.

많고 일할 사람을 구하는 것도 생각대로 모이지 않아 여러 번 청
부 모집 지시가 내려지곤 했다.

하구에서 도사호리카와(土佐堀川)를 거슬러 올라가는 데에는 흘수
가 얕은 천선(川船)이 이용되어, 오사카에 숙박한 뒤 야마시로(山城)
의 요도(淀: 현 교토 시 후시미쿠=伏見區)까지 운항되었다. 그 배의 종
류와 용도는 대략 다음과 같이 구분된다.

1. 공의선(公儀船=막부 어용선인데 이들의 대부분은 여러 다이묘로부터 헌상받
은 것)—국서가마(國書轎)·정사·부사·종사관의 승선에 쓰인다.

1. 가와고자부네(川御座船)[1]—다이묘 모치부네(大名持船). 하치스가(蜂須
賀: 아와=阿波, 아와지=淡路, 모리=毛利, 나가토=長門, 스오=周防), 다테(伊達:
우와지마=宇和島), 오가사와라(小笠原: 고쿠라=小倉), 아베(阿部: 후쿠야마=福
山), 야마우치(山內: 도사=土佐), 아사노(淺野: 히로시마=廣島), 이나바(稻葉:

---

1) 에도 시대, 막부나 쇼다이묘(諸大名)가 하천에서 사용했던 대형의 호화로운
   집 모양 배.

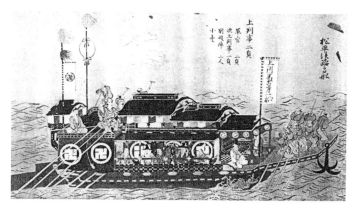
하천 전용선 가와고자부네. 통신사가 오사카 - 교토 간 이동 때 이 배를 탔다.

우스키=臼杵) 등 사이코쿠(西國) 다이묘의 배로서 상상관(上上官), 상판사(上
判事) 등의 용선(用船), 또는 이테이안의 두 장로와 그 수행원용으로 제공.
　1. 소 대마번주의 가와고자부네(=宗氏 用船)
　1. 후나테구미 하이카(船手組 配下)의 하객선(貨客船)과 상하선(上荷船)—백
석선(百石船) · 경선(鯨船) · 고하야부네(小早船) 등
　1. 공선(供船) · 차선(茶船) · 소사선(小使船) · 한소선(閑所船) 등의 수반선(隨
伴船) 또는 인선(引船).

　공의선은 가와고자부네(川御座船)에 포함시켜 총칭되는 경우가 많
지만, 가나자와 가네미즈(金澤兼光)의 『와칸센요슈(和漢船用集)』에 의하
면 "모두 금은과 주옥을 여기저기 박고 아름다움을 뽐낸다. 그 구
조와 모양은 언어로 표현하기 어렵다"라고 적혀 있다. 이 호화로
운 배를 본 통신사 일행은 모두 "이는 혹시 관백(關白=將軍)의 어용
선이 아닌가. 신하의 입장에 있는 자로서는 승선할 수 없다"고 했
던 해프닝도 있었다.
　한편 오사카 하구에서는 통상 약 100명의 조선인 사공들이 배에
머물면서 통신사가 에도로부터 돌아오기까지 배의 수리 등을 했다.

하구에서 일본측의 선도선(先導船)에 이끌려 도사호리카와를 거슬러 올라가, 난바바시(難波橋) 근처의 상륙지점까지는 이 강을 따라 지나간다. 강둑의 양안, 다리 위 등에는 나들이옷을 차려입은 무수한 남녀가 밀치락달치락 구경하고 있다. 하구 부근은 갈대·사철·쑥·대나무 등이 무성하고 새가 춤을 추는 한가로운 풍경이었는데, 도사호리카와에 들어서고부터는 한 조각의 빈 땅도 없이 수많은 집들이 빽빽하며 민가의 벽이나 담도 아름답고 청결했다.

숙사는 겐나(元和: 1615~1624) 때 이래 한 번을 제외하고는 니시혼간지(西本願寺)의 별원(別院) 츠무라미도(津村御堂)였다. 통신사 체재 중에는 주지를 비롯해 절의 승려들은 다른 곳으로 옮기고 통째로 통신사를 맞이하기 위해 개보수했고, 경내에는 또한 임시로 부속 시설이 만들어졌다. 접대 담당 다이묘(고치소부교=御馳走奉行)는 전반은 오사카 마치부교(奉行)가, 후반은 기시와다 번주(岸和田藩主)인 오카베 씨(岡部氏)였다.

니시혼간지의 객관으로는 세토 나이카이에서의 객관보다 훨씬 많은 학자나 문인이 시문의 응수를 청했으며, 또한 자작한 시의 비평이나 칭찬을 바라고 방문했다.

그 대응에 통신사 일행은 "시를 짓느라 닭이 울 때까지 자지 못했다"고 할 정도의 형편이었다. 그래서 아메노모리 호슈의 발의에 의해 시문 응수자 수를 제한하려고 했지만, 필담이 이루어진 사람이나 통역, 심부름꾼에게 의뢰해 시문을 갖고 온 사람이 끊일 새가 없었고 제한은 유명무실하게 되었다. 오사카에서 통신사 일행과 교류한 사람 중에는 교토와 오사카의 저명한 문인과 화가도 적지 않았다.

예컨대 교호(享保: 1716~1736) 때의 미야케 간란(三宅觀瀾: 木門 十哲 중 한 사람인 유학자)은 신유한과, 또 미즈아시 헤이잔(水足屛山)과 그의 아들 하카이즈미(博泉)도 함께 신유한과 대응했고, 화가로는 엔쿄(延享:

일본 교토의 개인 소장 '교토 진입 통신사 행렬' 옛 그림. 이마이 혼초(今井町本)의 〈낙중낙외도 병풍(洛中洛外圖屛風)〉 일부.

1744~1748) 때의 오오카 슌보쿠(大岡春朴)와 이성린(李聖麟), 호레키(宝曆: 1751~1764) 때의 이케노 다이가(池大雅)와 김유성(金有聲), 거기다 박학다예로 서화골동의 수집가였던 기무라 켄카도 고쿄(木村蒹葭堂孔恭)와 성대중(成大中) 등이 교류한 유품은 지금도 전해지고 있다.

오사카에서는 여행 중 병을 얻어 잔류 중이던 소동 김한중(金漢重)이 1764년(영조 40, 호레키 14)에 가상륙을 허락받았던 치쿠린지(竹林寺)[2]에서 병사했다. 같은 해 대마번관리인 스즈키 덴조(鈴木傳藏)에게 자살(刺殺)된 최천종(崔天悰)과 함께 위패가 같은 절에 모셔져 있고, 김한중의 묘는 그 절 경내에 현존한다.

---

2) 고치 시(高知市) 고타이잔(五臺山)에 있는 진언종 지산파(眞言宗 智山派)의 절. 본존은 문수보살이며 무로마치 시대 세운 본당과 가람, 그리고 사보(寺寶)로서 목조 문수보살상과 아미타여래 입상 등이 일본 중요문화재로 지정되어 있다.

II. 교토

오사카에서 며칠을 묵은 통신사는 요도가와(淀川)를 역시 가와고자부네로 거슬러 오른다. 양안에는 배의 밧줄을 끄는 사람들이 많게는 약 천 수백 명, 적게는 약 400명이 동원된다. 귀갑문(龜甲紋) 장식을 붙인 노를 젓는 사공(=槽手)들은 박자를 맞추어 선단을 예항(曳航)한다. 사공들이 한가로운 뱃노래[棹歌]를 부르는 뱃길이다. 우와지마번이 제공한 가와고자부네를 그린 그림에는 배 안에서 통신사의 사신들이 맛차[抹茶]를 대접받고 있다. 밤에 운항할 경우는 양안에 초롱과 횃불(초칭=提灯)이 켜지고, 환상적인 분위기가 빚어졌다.

에도까지 가지고 간 대량의 선물, 특히 장군에게 전하는 준마(駿馬)와 매[鷹]는 오사카부터 육로로 앞서간다. 선단의 일행은 요도조(淀城)가 있는 곳에서 대형 물레방아를 구경하며 하선한다. 여기에도 임시 차야가 지어져 임시 체류 또는 휴식을 위해 제공된다.

요도의 물레방아는 우지가와(宇治川)의 물을 물레방아로 퍼 올려 성내로 끌어와 용수로 하던 것인데, 그 규모의 크기와 정교함은 매번 통신사의 이목을 사로잡았다.

요도에서 교토로 가는 길에 대해 신유한은 "여기부터 마을길을 들어서니 집들은 길을 혹은 기와지붕, 혹은 나무껍질 지붕, 나뭇조각 지붕 등으로 단장되어 끊이지 않는다. 나무는 귤 또는 유자가 많다. 좌우 들판에는 오곡이 자라고, 토지는 비옥하여 농사를 지어 가을이 무르익고 있지만, 아직은 수확은 하고 있지 않다"라고 『해유록』에서 묘사했다.

이어서 신유한은 또한 이렇게 기록했다.

동사(東寺)를 지나 층루(層樓)와 보각(寶閣)이 금은 색으로 번쩍이는 것은 일일이 기록해도 끝이 없다. 정신이 피로하고 눈에 열이 나서 몇 개 마을

교토의 다이토쿠
지(大德寺). 통신사
가 유숙했던 객관.

을 통과했는지 모르겠다.

　나는 이미 왜어(倭語)를 알아듣게 되어 그때그때 이해할 수 있는 말이 있
다. 그래서 빈번히 왜인을 불러 차를 마시거나 담배를 피우고 길의 리(里)수
를 묻는다. 왜인은 곧 크게 반기고 이에 응한다. 차를 나르는 탐스러운 여
인(=茶姬)은 옥 같은 얼굴에 검은 머리카락, 손으로 신선로의 안배를 하면
서 전차(煎茶=센차)를 대접해 주었다(『해유록』).

　요도에 상륙한 후 비로소 육로로 일본 근교 농촌과 대도시, 군중
을 본 통신사 일행은 신선한 감동이 전해온다.

　교토에서는 최초 3회 통신사가 무라사키노(紫野)의 다이토쿠지(大
德寺)에서 머물렀으며, 교호(享保: 1716~1736) 때의 혼노지(本能寺) 1회를
빼고 나머지 일곱 번은 시모교(下京)의 혼코쿠지(本國寺)가 객관이었
다. 오사카의 니시혼간지(西本願寺)에서도 그랬지만 경내의 주요 건
물, 탑두(塔頭)[3]에 들지 못한 통신사 일행들은 모두 주변의 사원이
나 민가를 빌렸다.

　교토에서의 접대는 상사(上使)로서 역대 교토쇼시다이(京都所司代)가

교토의 쇼코쿠지(相國寺). 통신사 일행이 유숙했던 절로서 현재까지 통신사가 남긴 문화재가 많이 소장되어 있다.

인사차 객관을 방문한다. 담당 다이묘는 제제한슈(膳所藩主) 등이었지만, 선물은 교토 마치부교(町奉行)의 지시에 따라 고요초닌(御用町人)이 맡게 된다. 이것은 오사카에서와 거의 같은 방식이다.

통신사의 『사행록』에는 교토를 '왜경(倭京)'이라 하고, '왜황(倭皇)' 즉 천황이 있는 곳으로 적고 있다. 천황은 국정이나 주변국 사절의 방문에는 관여하지 않고, 모든 일은 간파쿠(關白) 즉 장군이 처리하고 있다는 것도 지적했다.

그리고 다양하게 천황과 장군과의 관계에 대해 논하고 있다. 신유한은 "관백은 국군(國君)이라 칭하기는 하지만, 천황의 조정에서는 정2위 대장군(正二位 大將軍)의 반열이다"(『해유록』)라는 것을 알고 있다.

---

3) ① 젠슈(禪宗) 사원으로 개산(開山) 또는 주지 사후에 제자가 유덕(遺德)을 기려 그 탑의 윗부분, 혹은 같은 부지 내에 세운 작은 집. ② 큰 절의 산 속에 있는 말사(末寺).

교토의 다이부츠덴(大佛殿) 옛 그림. 교토 유숙 중인 통신사 일행을 초청, 향연을 베풀었던 곳.

1764년(영조 40, 호레키=寶曆 14)의 정사 조엄(趙曮)은 "장군은 국왕이라든지 다이쿤(大君)이라든지 명칭이 부정확하므로 조선 국왕은 천황과 대등해야 한다"고 논했다. 이 천황과 장군의 지위를 둘러싼 명분의 모순이 메이지(明治) 초년에 있었던 조선과 일본의 대립을 낳게 된다.

교토에서는 겐나(元和: 1615~1624)때부터 쇼토쿠(正德: 1711~1716) 때까지 7회 중, 우천으로 중지된 1회를 제외하고는 호코지(方廣寺)의 다이부츠덴(大佛殿) 앞에서 귀로의 연회가 열리는 것이 관례였다. 다이부츠덴 앞에는 임진왜란 희생자의 귀무덤[耳塚: 정확히는 코무덤=鼻塚]이 있다.

1719년(교호=享保 4)의 통신사는 오츠(大津)에서 다이부츠덴 앞 연회를 통보받았을 때, "호코지의 다이부츠덴은 도요토미 히데요시의 발원으로 지어졌으며, 히데요시는 백세(百世)의 원수로서 같은 하늘 아래 함께 살 수 없는 자이므로 그 연회는 받지 않겠다"고 강경하게 주장했다. 수행한 대마번주와 교토 쇼시다이는 낭패하여 이 연회는 막부의 명령에 의한 것이라며 응할 것을 필사적으로 설득했다. 아메노모리 호슈 또한 대마번 외교담당관의 입장에서 설득을 위해 해명에 노력해야 했다. 훗날 호슈는『고린데이세이(交隣提醒)』에서 "불상의 공덕은 크고 작은 것에 따른 것이 아닐 것이니, 유용한 재물을 써서 무익한 대불(大佛)을 만드는 일, 이 또한 비웃음의 일단이며", "화려함을 자랑하고자 하나 오히려 일본의 불학무식을 드러낼 뿐이로다' 라고 통렬히 이 연회를 비판했다. 결국 이때는 조선측이 양보했지만 종사관이 불참한 채로 연회는 거행되었다. 그렇지만 그 다음부터는 예비 절충의 단계에서 조선측이 거부하여 두 번 다시 행해지지 않았다. 선린외교가 전개되고 있어도 역사인식의 차이가 나타나면 즉각 긴장이 넘쳐흘렀던 전형적인 예의 하나였다.

앞에서 기술했듯이 교토 고잔(五山)에서는 조선과의 외교를 담당하는 수문직(修文職) 윤번승으로 대마도 이테이안(以酊庵)에 매년 2명의 석학승이 막부로부터 임명 파견되고 있었다. 통신사 일행을 수행한 석학승과 사신들의 문화교류는『사행록』에도 자주 등장한다. 쇼코쿠지(相國寺)의 탑두(塔頭) 지쇼인(慈照院)에는 쇼토쿠(正德: 1711~1716) 때의 조태억(趙泰億) 정사 등과 지쇼인 출신의 석학승 벳슈 소엔(別宗祖緣)과의 주고받은 시문응수와 서장 등이 현존하고 있어 당시의 우정 교감이 두터웠음을 알게 한다.

III. 비와코의 경치를 즐기며 미노지(美濃路)로

조선통신사가 일본 방문 도중에 가장 기대를 걸었던 경치는 비와코(琵琶湖) 호수와 후지 산(富士山)이었다. 비와코는 한반도에서는 큰 호수가 없기 때문이기도 했지만, 중국의 고사 고전에 밝은 조선 지식인은 아직 보지 못한 중국 호남성 동정호(洞庭湖)에 비하면서 비

일본 비야코 변의 하마마츠(浜松) 관광호텔 홀에 그려진 벽화 〈조선통신사 행렬도〉.

와코의 풍경을 보게 될 것을 꿈꾸고 있었다.

제1회 게이초(慶長: 1596~1615) 때의 부사 경섬(慶暹)은 "주위 800여 리. 창파호묘(滄波浩渺)로 하여 풍범점점(風帆点点). 아직 진애(津涯=極限)를 보지 못하다"라고 적었을 뿐이지만, 제3회의 부사 강홍중(姜弘重)은 "동정(洞庭)의 악양(岳陽), 아직 일찍이 눈으로 보지 못했지만 경치의 뛰어남과 기세의 웅장함은 생각하기로 아직 여기에 미치지 못할 것이다. 안타깝게도 오랑캐 나라의 촌스런 땅에 있어 문인재자(文人才子)들이 이를 품제(品題)로 쓰지 못한다"고 말하기까지 했다. 이런 이야기들 때문에 그 후의 통신사는 더욱 기대가 컸음에 틀림없다. 비와코의 경관에 화려함을 더한 것이 호숫가에 우뚝 솟은 제제조(膳所城)의 청초한 자태였다. 하얀 벽, 돌담과 푸른 소나무가 호수 위에 비치는 모습은 조선 문인들에게 동경하는 악양루(岳陽樓)와 흡사하다고 생각하기에 충분했다.

비와코의 장려함을 신유한은 또한 이렇게 말한다.

주렴[4]을 들어 바라보면 상쾌 활달하여 끝이 보이지 않는다. 아득한 산은 흐름을 껴안고, 구불구불한 만을 이루며, 멀고 가까운 고깃배는 황로(黃盧)와 고죽(枯竹) 사이에 출몰하고, 낙하(落霞)[5]와 비목(飛鶩)[6]이 파도와 함께 오르내린다. 그 주위는 400리, 거의 동정호와 흡사하다. 내 아직 악양루에

비와코 변 오미하치만시(近江八幡市)의 조선인 가도.

서의 조망은 알지 못하지만, 이것과 장단은 어느 쪽이 나을까(『해유록』).

　여기서 세타카라하시(瀬田唐橋)를 건너 모리야마(守山)에서 1박을 한다. 숙사는 모리야마데라(守山寺) 도몬인(東門院)으로, 접대는 이세(伊勢) 가메야마(龜山) 번이 맡았다. 여기서 잠시 길은 나카야마도(中山道)를 벗어나 소위 조선인 가도(朝鮮人街道)로 들어간다. 이 길은 히코네(彦根) 앞의 도리이모토(鳥居本)에서 다시 나카야마도와 합류하는데, 통신사가 이 길을 통과한 것은 몇 가지 이유가 있었다고 생각된다.

　1607년(선조 40, 게이초=慶長 12), 최초의 회답겸쇄환사가 이 길을 지났을 때는 아직 고카이도(五街道)는 그만큼 정비가 진행되어 있지 않

---

4) 가마에 달린 발.
5) 깔린 노을.
6) 날아오르는 기러기.

오미하치만의 니시혼간지(西本願寺) 별원. 통신사 일행이 숙박하던 곳이다.

앉고, 그전 해에는 세키가하라(關ケ原) 대첩(大捷) 후 도쿠가와 이에 야스 등이 교토를 향해 갈 때 이 길을 지났다. 도중에 하치만(八幡) 과 히코네라는 큰 마을이 있어 통신사의 휴식, 점심식사 또는 숙박 이 편리했다. 결과적으로 산킨(參勤)을 교대하는 다이묘 행렬과의 만 남을 피하고, 또 도카이도(東海道) 스즈카(鈴鹿)의 험한 산길이나 구 와나(桑名)와 미야마(宮間) 사이의 배를 갈아타는 번거로움을 피할 수 있었기 때문이었다.

에도 시대에 주요한 가도를 답사, 실측한 「고카이도 소노호카 고카 이 미토리노 베에즈(五海道其外公開見取延繪圖)」중에 〈조센진도미토리에 즈(朝鮮人道見取繪圖)〉가 들어 있는데, 이 길은 와키카이도(脇街道)[7]면서 소위 장군 전용도로[公儀の道], 국도에 준하는 길로 취급되었던 것이다.

경섬의 『해사록(海槎錄)』에 "관광하는 사람이 곳곳에 가득하고, 도 로는 평탄하여 그 정돈과 질서가 지극하다. 길을 끼고 좌우로는 소

나무와 회나무를 늘어세워 심어, 녹음이 천 리로다"라고 묘사되어
있듯이, 이들 가도의 손질은 일찍부터 이루어지고 있었다.

　하치만에서는 니시혼간지(西本願寺) 하치만 별원에서 점심을 먹고,
아즈치(安土)의 황량한 성터를 왼편으로 보면서 히코네에 이른다. 히
코네에서 세 사신의 객관이 된 소안지(宗安寺)는 번주 이이 나오마사
(井伊直政) 부인의 보제사(菩提寺)였다. 여기서는 정문 옆에 흑문(黑門)
이라는 별도의 문을 만들어 '고기와 술을 지참해 산문에 들어오는
것을 허락하지 않음[不許葷酒入山門]'이라는 사찰의 제약을 피해서 일
행을 위해 돼지고기, 닭고기 등을 들여왔다고 전해지고 있다. 또한
『조선고관상(朝鮮高官像)』이라고도 전해지는데, 가슴과 등에 두 마리
의 새 장식이 있는 관복을 착용한 문관도(文官圖)도 남아 있다. 이
테이안(以酊庵)의 두 장로가 숙소로 삼은 근처 고코쿠지(江國寺)에는

---

7) 와키오칸(脇往還)이라고도 한다. 에도 시대에는 국도에 준하는 고카이도(五街
　道), 혼카이도(本街道) 등이 있었지만 그 밖에 시카이도(支街道), 미토카이도(水
　戸街道), 추코쿠지(中國路) 등과 더불어 와키카이도 역시 관동평야를 가로지르
　는 중요도로였다.

1655년(효종 6, 메이레키=明曆 1)의 사자관(寫字官) 김의신(金義信)의 휘호를 담은 편액이 있다.

히코네 번의 접대는 호화로웠으며 병풍과 장막은 수려하고, 손을 씻는 그릇은 금 도금이며 수저는 백은 도금이었다. 통신사가 본 에도 시대의 히코네 마을의 번화함은 "사람과 물자의 번성함, 저잣거리의 은성하고 풍족한 모양(=殷富)은 오사카에 버금간다고 하겠다"(趙曬,『海槎日記』)라고 기록되어 있다. 이곳에서 통신사는 스리하리(摺針) 고개라는 작은 고개에서 비와코와 헤어짐을 애석하게 여기며, 미노지로 들어선다. 스리하리 고개에는 차야가 있고, 1764년(영조 40, 호레키 14)의 사자관 김계승(金啓升)이 남긴 '망호당(望湖堂)'이라는 편액 등이 있었지만 몇 년 전 아깝게도 불타 없어졌다.

IV. 미노지에서 나고야로

오가키(大垣)에서의 숙소는 젠쇼지(全昌寺)였다. 접대는 오가키 번주 도다씨(戶田氏)가 맡았다. 쇼토쿠(1711~1716) 때와 교호(享保: 1716~1736) 때, 여기에 이곳 출신 의사 기타오 슌포(北尾春圃)가 자식 다섯 명을 데리고 통신사를 찾아왔다. 슌포는 앞서 머문 히코네에도 찾아가서 신유한과 의관 기두문(奇斗文)과 필담했다. "모두 책을 읽고 의(醫)를 업으로 한다"고『해유록』에 기록되어 있지만, 사실은 오사카를 비롯해 각지의 객관으로 통신사 일행 중 의관들과 의료 문답을 위해 일본의 많은 의사들이 찾아오고 있었다. 조선에서는 1613년에 조선과 중국의 의서를 편찬해 처방까지 서술한『동의보감』(허준, 25권)이 간행되어 높은 평가를 얻었고, 일본에도 전해져 막부가 이를 관판(官版)으로 출간했다. 또 통신사 초빙에서 일본측은 '양의(良医)'의 동행을 청해 의약지식의 전수를 꾀하려 한 것이다. 쇼토쿠 때에 슌포가 얻은 조선의학 지식은 『상한의담(桑韓医談)』으로 교토에서 간행되었다. 그 밖에도 몇 가지 의서가 통신사 일행 중 의사와의 교류를 통해 탄생했다. 또한 오가키시 치쿠시마초(竹嶋町)에는 '조센다시(朝鮮山車)'[8]라 불리는 히키야마(曳山)[9]가 있었다.

이비가와(揖斐川), 나가라가와(長良川), 기소가와(木曾川)는 모두 배를 100척 이상 늘여 세워놓고 그 위에 판을 깐 임시 배로 엮은 다리로 건너갔다.

나고야는 고산케(御三家)[10]의 하나인 오와리(尾張) 도쿠가와 가문의 조카마치(城下町)이다. 오와리 번은 앞뒤로 휴식했던 오코시·나루미(起·鳴海=아이치 현의 지명)에서도 접반역(接伴役)을 담당했다. 세 사신, 상상관, 상관은 세이코인(性高院)에서, 두 장로는 요린지(養林寺)와 고메이지(光明寺)에서, 중관은 다이코인(大光院)에서, 하관은 아미다지로 나뉘어 숙소가 정해지고, 정사가 세이코인 문을 출입할 때는 철포를 쏘고 음악이 연주되었다.

나고야의 주자학자 아마노 사다카게(天野信景)는 쇼토쿠 때 세 사신의 모습을 다음과 같이 전하고 있다.

정사 조태억은 40살 정도, 뛰어난 풍채로 관복을 보니 신분이 높은 것을 알수 있다. 부사 임수간(任守幹)과 종사관 이방언(李邦彦)도 많아봐야 50을 넘지 않는다. 이 사람 저 사람 그 누구나 용모가 평온하여 군자의 풍채이다. 중국의 선비들이 조선을 예의지국이라고 칭송하는 것이 헛된 말이 아니로

---

8) 다시(山車)란 신사(神社)의 제례 때 끌고 가는 갖가지 장식물을 붙인 수레. 그 중심의 창(鉾) 끝에 붙여놓은 대나무로 짠 바구니[籠]를 '다시(出し)'라 한 것이 이름의 유래이다.

9) 신사의 제례로서 수레 위에서 사내아이가 가무를 펼치는 등의 행사가 있다. 히키야마(曳山)란 수레[山]를 인간이 끌며 걸어가는 모습에서 유래되었다.

10) 이에야스 직계의 오와리(尾張), 기이(紀伊), 미토(水戸)의 삼친번(三親藩).

시즈오카(靜岡) 시 통신사 행렬 재현 행사에서 도코하가쿠엔(常葉學園) 대학 김양기 교수가 정사로 분장, 국서를 낭독하고 있다. 왼쪽 평복 차림은 고지마 젠키치(小島善吉) 시장. 김양기 교수 제공.

다. 그 수행원들도 품위 있고 엄숙하게 보였다. 명나라 조정의 관복은 북경에서도 사라져, 터무니없는 오랑캐 만주(滿州)의 모습으로 바뀌었다. 조선만이 홍무영락(洪武永樂) 이래 명대(明代)의 예용을 그대로 갖추고 있다(『塩尻拾遺』 卷51).

1764년(영조 40, 호레키 14), 세이코인에서 나고야 문인과 시문을 응수하는 모습은 거기 참석했던 마츠다이라 군잔(松平君山)의 제문(題文)을 덧붙인 그림이 「오와리메이쇼즈에(尾張名所圖繪)」에 실려 있다.

또한 오와리 번의 온다타미부교(御疊奉行)였던 아사히분자에몬 시게아키(朝日文左衛門重章)는 38세 당시 쇼토쿠 때의 통신사와 가까이 접할 수 있어, 일행 중 문인에게 그림과 글을 얻으려고 눈물겨운 노력 끝에 입수한 모습을 『오무로추키(鸚鵡籠中記)』에 적고 있다.

오카자키(岡崎)는 오카자키 번의 혼다씨(本田氏)가 호레키 때를 제외하고 접대역을 맡았다. 번으로부터 인근 마을들에 인마(人馬) 동원 지시가 재삼 내려졌던 것은 다른 번과 같았고, 오카자키 시내에는 통신사를 접대한 '고치소야시키(御馳走屋敷)'라 불린 시설이 있었던 듯하다. 오카자키에서는 도중에 장군 측근의 무사가 통신사 일행을 위

시미즈의 세이켄지(淸見寺) 전경. 김양기 교수 제공.

문하기 위해 상사(上使)로서 출영한 것이 상례가 되었다.

요시다(吉田: 도요하시=豊橋) 번에서는 마츠다이라(松平)와 미즈노씨(水野氏) 등 대대의 후다이 번주가 접대했다. 김인겸(金仁謙)의 「일동장유가(日東壯遊歌)」는 1764년(영조 40, 호레키 14)의 통신사 파견 당시에 쓰여진 기록으로, 전체가 한글 시문으로 만들어진 것인데, "아카사카(赤坂), 후타가와(二川) 주변의 논밭은 작물이 없고 논밭은 메말라 때때로 구걸하는 모습도 보인다"고 묘사하고 있다.

통신사 일행이 아라이(新井)에 머물면서는 요도에서 온 사람과 말은 모두 교체된다.

하마나코(浜名湖)의 이마기레(今切)를 건너는 것을 통신사 일행은 금절하(金絕河)라 불렀다. 에도에서 막부 집정(幕府 執政=老中)은 조선 예조에 보내는 답서와 함께 세 사신에게 은화(=銀子)와 그 밖의 물품을 답례로 주는 관습이 있었다. 사신측은 국법에 어긋나는 것이므로 이를 받아들이지 않고 대마번에 잡혀 있는 피로인들의 송환이나 통신사 수행의 경비로 삼도록 대마번에게 넘겨주려고 했다. 대마번은 막부 각료가 외국 사신에게 주는 물품을 중간에서 받을 수는 없다고 하여 거의 매번 입씨름이 되풀이되었다. 1636년(인조 14, 간에이=寬永 13) 이것과는 별개로 통신사가 에도를 떠날 때 객관에 지급된 식량이 남은 것을 그대로 두고 왔는데, 이에미츠 장군의 명으로 그것을 금화로 바꾸어 통신사에게 주도록 보내왔다. 사신들은 이것만은 받을 수 없다고 하여, 서로 상의한 뒤 이마기레를 건널 때 군관과 역관들에게 말하여 강물에 모두 던져버리게 했다. 그 사건으로 '금절하(金絶河)' 즉 '이마기레'라 부르게 되었던 것이다.

Ⅴ. 도카이지에서 하코네를 넘어서

하마마츠(浜松)는 마츠다이라씨 이하 역대 후다이 번주가 담당하다가 이어서 가케가와(掛川), 후지에다(藤枝)에서 숙박을 거듭하면서 이에야스가 은거했던 고장 순푸(駿府: 지금의 시즈오카=靜岡市)에 도착한다. 객관은 가요인(華陽院), 호타이지(寶泰寺) 등이었다. 이곳은 순카조다이(駿下 城代)가 있어 쇼토쿠 때의 5개소 노연(五所路宴) 중 한 개소로 지정되었으며, 가반(加番)[11]들이 협동하여 접대했다.

호타이지와 사원의 탑두에는 세 사신과 상관 등이 들어가고, 중·하관은 주변 사원에 나뉘어 숙박했던 것은 다른 조카마치(城下町)와 마찬가지였다. 호타이지에서는 통신사 일행을 위해 에도로부터 일부러 병풍 15쌍을 가져와 통신사의 거실을 장식했다. 교호 때 이후로는 순푸 성내로부터 가져오는 것으로 바뀌었지만, 그 배려의 정성이 짐작된다.

---

11) 에도 시대의 직명(職名). 사람 수가 모자랄 때 오사카 조반(定番), 순푸 조반을 도와 성(城)을 경비했다.

세이켄지의 산문 편액 '동해명구(東海名區)'. 1711년 통신사 일행 상판사(上判事) 현금곡(玄錦谷)이 경치를 찬양하여 쓴 글씨다. 김양기 교수 제공.

에지리(江尻: 지금의 시미즈 시=淸水市)에는 고코쿠 산(興國山) 세이켄지(淸見寺)가 있다. 세이켄지는 셋수토요(雪舟等楊)도 방문한 가마쿠라(鎌倉) 이래의 유명 사찰이었는데, 이 절의 산문(山門)을 마주하면 '동해명구(東海名區)'라는 편액이 눈에 들어온다. 이 편액은 아메노모리 호슈와 친교가 있고 부산에 있는 자신의 관사에 '성신당(誠信堂)'이라고 이름 붙인 쇼토쿠(1711~1736) 때 통신사의 상판사(上判事) 현금곡(玄錦谷)이 쓴 것이다. 불전(佛殿) 정면의 '흥국(興國)'이라는 글자는 메이레키(1655~1658) 때 정사 조형(趙珩)이 쓰고, 종루(鐘樓)의 '경요세계(瓊瑤世界)'는 1644년(인조 22, 간에이 20) 때의 제술관 박안기(朴安期)가 쓴 것이다. 이 외에 본당에 들어가면 통신사 일행의 수많은 서적(書跡)·묵적(墨跡)이 있다. 또한 호레키(1751~ 1764) 때의 화원(畵員) 김유성(金有聲)이 그린 〈낙산사도(洛山寺圖)〉 등 네 폭의 그림이 병풍으로 현존하고 있다.

이 〈낙산사도〉는 메이레키 때의 종사관 남용익(南龍翼)이 이곳의 풍경을 조선의 낙산사에 견주었던 것을 당시의 승려가 전해 듣고 후년 김유성이 방문했을 때 특별히 부탁해서 그려 받았다고 한다.

150

일본의 후지 산. 역대 통신사 일행은 에도로 가는 길목에서 후지 산의 절경을 보고 감탄했다.

통신사가 이 세이켄지(淸見寺)에 머문 것은 게이초(1596~1615) 때와 1624년(인조 2, 간에이 1)의 2회였지만, 그 뒤의 통신사도 왕복 도중에 이 절에 들르기를 기대하고 있었다. 이 절에서는 스루가 만(駿河灣)을 앞으로 한 풍경의 명아(明媚)함과 함께 역대 승려 등과의 교류를 즐겼던 것이다. 가츠시카 호쿠사이(葛飾北齋)의 '도카이도 고주산 츠기(東海道五十三次)' 중 〈유이(由井)〉는 통신사 일행의 한 사람이 일본의 관리나 승려 앞에서 먹의 흔적도 선명하게 '세이켄지(淸見寺)'라고 적고 있는 그림이다. 이것은 상상도지만, 통신사와 세이켄지의 깊은 관계가 널리 알려진 증거이다.

통신사 일행은 후지 산도 또한 여행 중의 일대 구경거리로 크게 기대하고 있었다. 김인겸의 「일동장유가(日東壯遊歌)」는 컸던 기대와 실제로 보고 새삼 받은 감동을 솔직히 고백하고 있다.

요시와라(吉原)에서 미시마(三島) 섬으로 가는 도중에 구름 사이로 본 후지 산은 2월이어서 흰 연꽃이 반쯤 피어난 듯 우아하고 높고 큰 모습으로, 기이한 경관이란 생각은 들지만 선인(先人)의 일기에 보이는 것과는 상당히 다르다. 이곳의 사람이 천하명산 중에 비길 데 없다고 하지만 그것은 우물 안의 개구리 같다.

1993년 요코하마 항만제의 가장행렬 중 조선통신사 행렬 재현. 옮긴이가 정사로 분장했다.

그러나 다음날 하코네(箱根) 고개에서 본 후지 산은 전날보다 배 이상 높고 크게 보여, 해동 명산 중 제일이라고 납득했다. 후지 산의 수려함을 더욱 인상 깊게 한 것은 아시노코(蘆の湖)와 하코네의 푸르름이다.

신유한은 또한 이렇게 말했다.

고깃배는 사묘(査渺)하고 마치 하늘 끝에서 왕래하는 듯, 또 후지의 옥봉(玉峰)을 보니 우뚝 솟아 운소(雲宵)를 걸치고 충융(沖融) 사이로 거꾸로 비친다….비로소 느끼네, 조물주의 수단이 오로지 이 때문에 써진 것을… (『해유록』).

하코네 고개를 구르듯이 내려오면 오쿠보씨(大久保氏)의 10만 석 조카마치(城下町) 오다와라(小田原)이다. 그 바로 앞, 하코네 온천(=湯本)의 긴토잔(金湯山) 소운지(早雲寺)에도 메이레키 때의 사자관(寫字官) 김의신(金義信)이 쓴 「금탕산(金湯山)」과 「방장(方丈)」 두 개의 편액이 지금도 걸려 있다.

오다와라 번은 오다와라에서의 숙박과 다음날 오이소(大磯)에서의 낮 휴식 외에 바뉴가와(馬入川: 지금의 사가미가와=相模川)에서의 선교가

정사로 분장한 옮긴이가 에도 시대 귀족의상 차림의 일본인들과 담소하고 있다.

교(船橋架橋)를 담당했다. 오이가와(大井川)처럼 물 막음을 위해 사람들을 상류 쪽에 세워 틀[機] 같은 것에 수레[輿]를 태워 건넌 것은 예외로, 기소산센(木曾三川: 이비=揖斐·나가라=長良·기소=木曾)에서도 70척에서 100척의 배를 늘여 세워 다리를 만들었다. 여기서는 양안에 흙을 쌓아올린 포대를 만들어 다리를 놓았다.

배다리 공사에서도 가장 중요한 것은 물결에 따라 흔들리던 배가 풀리지 않도록 밧줄이나 덩굴 풀과 쇠붙이로 고정시키는 일인데, 그 교묘함은 통신사가 놀랄 만한 것이었다. 이런 공사를 비롯하여 오다와라에서 그리고 후지사와(藤澤)에서 숙박할 때 인마(人馬)가 묵기 위한 일은 사가미코쿠(相模國) 일원에 있는 각 마을의 조고야쿠(助鄉役)가 맡았다. 통신사 일행은 후지사와에서 숙박한 이후는 도츠카(戶塚)를 지나 가나가와(神奈川), 가와사키(川崎) 또는 시나가와(品川) 도카이지(東海寺) 등 도카이도에서의 마지막 숙박을 거쳐 에도로 향했다.

| 제8장 |

에도조_{江戸城} 빙례와 에도 사람들

Ⅰ. 통신사의 에도 입성

1607년(선조 40, 게이초=慶長 12), 정사 여우길(呂祐吉) 이하 제1회 회답겸쇄환사가 에도로 향해, 의관을 갖추고 점심식사 후 시나가와 홋케지(法華寺)를 출발했다.

"가마 앞뒤로는 창칼을 지닌 2인의 무사가 30여 명의 부하들을 좌우로 거느리고 가마 옆을 따랐다. 그들은 소리 높여 길을 인도하고 도로를 비키게 했다. 도시의 사람과 물건은 번성하기 비할 데 없고, 무장(將倭=武將)의 집은 지붕과 담이 이어지고 금 기와와 분첩(粉堞=낮은 울타리)은 원근에 빛난다. 물을 연결해 바닷물을 끌어들인 성의 해자[壕][1]는 3개소, 모두 널판자 다리를 설치했는데 그 아래로 배가 통행하고 있다. 청루(青樓)와 단각(丹閣)이 강을 끼고 늘어

---

1) 여기서는 에도후나이(江戸府内)의 인공 하천을 가리킨다.

에도조에 입성하는 통신사 행렬 옛 그림. 1910년 11월 일본 역사지리학회 간행 『역사지리·조선호』 게재 논문 「에도 시대의 조선 사절」(후지타 아키라=藤田明) 중의 삽화. 김양기 교수 제공.

서고 상인들의 배가 물가에 열 지어 서 있다." 이는 도카이도를 출발하여 객관인 바쿠라이초(馬喰町) 혼세이지(本誓寺)에 이르는 에도 초기의 마을의 정경이었다.

　에도조는 며칠 후 국서 전달의 날에 눈으로 직접 보게 된다.

　"때를 맞추어 아직 완공되지 않았다. 각주의 군졸들이 모두 와서 부역한다. 외치는 소리는 원근에 진동하니 큰 바위를 옮긴다. 길이와 너비가 1장(丈) 남짓한 것도 있는데, 길 왼편에 쌓아놓는다. 돌 하나의 운반비용은 은화 40량이라고 한다. 성의 높이는 6, 7장(丈) 정도, 성층(城層)은 가퀴[堞]를 쌓아 서로 둘러싼다. 성 못의 크기는 나라에서 제일이라고 한다. 관백(關白=將軍)이 사는 궁전은 모두 새로 지어 금은의 장식과 누각(鏤刻=彫物)의 정교함은 말로 다 표현할 수 없다." 이것은 에도 축성 중의 한 장면을 통신사행원이 묘사한 것이다.

　에도도 중기가 되면 그 번화함이 교토, 오사카를 능가했다. 삼도(三都)의 인구를 비교하면 교토는 35만에서 50여만 사이지만, 오사카는 간에이(寬永: 1624~1644) 때의 28만에서 18세기 중엽에는 40만을 넘었다. 거의 정확한 인구조사가 실시된 1716년(숙종 42, 교호=享保 1)에는 교토가 35만 명, 오사카가 36만 5천 명인 것에 비해 에도는 50만 1천 명이었다. 교토와 오사카의 경우, 부케(武家) 인구는 따로 알

왼쪽: 도쿄 시나가와(品川)에 있는 도카이지(東海寺). 통신사의 객관이었던 곳.
오른쪽 : 도쿄 히가시혼간지(東本願寺). 통신사가 에도조의 빙례를 대기하던 곳.
한태문 교수 제공.

수 없지만 에도후나이의 부케 인구(무사계급과 그 가족·종자 등)는 일설에 50만이라고 일컬어지고 있기 때문에, 18세기에 들어서면 거의 백만 가까운 대도시로 성장하고 있었던 것이다.

통신사 사행록을 보아도 에도 중기 이후에는 "사람과 물자가 풍부하여 성시(城市)의 번화함은 오사카와 교토에 비할 바가 아니다"(金顯門, 『東槎錄』, 쇼토쿠=正德: 1711~1716 때)라고 했다.

좌우 여염(각 민가) 모두가 이런 층루 고각(層樓高閣)들로 되어 있거나 혹은 구리 기둥과 구리 기와였다. 제택(第宅)의 호화롭고 장엄함과 민력(民力)의 왕성함 또한 오사카와 교토에 비할 바 아니다(趙曮, 『海槎日記』, 호레키=寶曆: 1751~1764 때).

누각 저택은 사치스럽게 조성되었고, 사람들은 활기가 넘치며 남녀는 화려하고, 성벽의 정연한 모습, 다리나 배에 이르기까지 오사카 성과 교토보다 세 배는 나아 보인다. 좌우로 밀치며 법석 떠는 많은 구경꾼에게도 눈이 둥그레진다. 부족한 내가 붓끝으로는 도저히 써서 표현할 수 없다. 30리 정도의 사이는 사람 무리로 메워지고, 그 숫자는 대강 세어도 백만을 넘을 것이다. 여인의 아름다움이 나고야에 필적한다(金仁謙, 「日東壯遊歌」 호레키: 1751~1764).

위와 같은 감상도 결코 과장이 아니었을 것이다.

일본 각지에서는 17세기 중엽부터 새 농지 개발이 성행하여 당시의 고도 경제성장의 발판이 되었다. 이어서 각지의 간장·기름·술·된장·목면·생사 등의 상품 생산이 왕성해지고, 농촌에서도 수공업이 발달했다. 열도를 통틀어 일본은 겐로쿠키(元祿期: 1688- 1704) 이후 전례 없는 소비 붐을 구가했던 것이다. 그리고 에도는 일본 최대의 소비도시이고 열도 연안 항로의 개발로 유통은 갈수록 원활해졌기 때문에 통신사 일행이 받은 인상은 틀림없이 강렬했을 것이다. 이미 오사카와 교토에서 도회지의 번창함을 보아왔지만, '오에도(大江戶)'는 더 한층 화려함을 자랑하는 도시로 보였으리라.

통신사 일행의 숙사는 혼세이지가 화재로 말미암아 스미다가와(隅田川)를 넘어 후카가와(深川)로 이전했기 때문에, 1711년의 쇼토쿠 때부터 아사쿠사(淺草)의 히가시혼간지(東本願寺)로 바뀌었다. 절터는 광대하여 통신사 일행은 국서(國書)를 정청(正廳)에 안치하고 세 사신은 각각 1구(構)씩 방사(房舍)를 배치받아, 여기서 에도 체류 중의 나날을 지냈다. 그러나 매회 500명 가까운 사절단 중, 오사카 체류자를 빼고도 여전히 3백 수십 명의 일행이기 때문에 가까운 센소지(淺草寺) 경내의 탑두(塔頭)도 빌려 썼다.

센소지의 엔마도(閻魔堂)에는 1748년(영조 24, 엔쿄=延享 5)의 사자관(寫字官) 김계승(金啓升)의 편액이 일찍부터 걸려 있었다. 그래도 여전히 숙사는 부족하여 일행 중의 하관(下官)용으로 임시 소사(小舍)를 지어 체류 중에 쓰도록 주어졌다.

그런데 우에노(上野)의 칸에이지(寬永寺)와 센소지는 닛코 토쇼구(日光東照宮)와 함께 린노지(輪王寺) 미야몬제키(宮門跡)의 소관이었다.

『센소지닛기(淺草寺日記)』에 의하면 이 린노지 미야몬제키가 조선

〈표 4〉 통신사 일행의 에도(江戶) 왕복로

1711년(숙종 37, 쇼토쿠=正德 1)

10월 18일. "시나가와 역을 출발하여 바다를 따라 다카나와쿠루초를 지나고 오키도에 들어서서 가나스기바시, 시바하시를 건너 시바쿠치고몬으로 들어서 니혼바시를 지나 혼마치 3초메의 모퉁이에서 동쪽으로 돌아서 요코야마초에 이르러, 아사쿠사바시의 대문을 지나 센소지의 니텐몬 앞에서 왼쪽으로 돌아가 혼간지의 여관에 도착한다."

11월 1일 접견 등성(登城). "혼간지의 여관을 나와서 센소지의 니텐몬에 이르러, 그 전날 처음 들어갔던 길을 남쪽으로 가고 혼마치 3초메에서 2초메, 1초메를 지나 토키와바시에 들어가서 곧 오테에 도착한다."

11월 3일 연회 참석(賜享). "여관을 출발하여 대문 밖에서 서쪽으로 가서 고우토쿠지 앞을 지나 도에이잔의 산록을 왼쪽으로 돌고, 니오몬 앞에서 남쪽으로 가서 이노우에치쿠고노카미의 저택 앞을 지나서 혼다시나노카미의 저택 앞을 지나 스지카이바시의 대문으로 들어서서 마츠다이라 이즈노카미와 오타 비추노카미 저택 사이를 지나 마츠다이라츠시마노카미의 앞을 서쪽으로 돌아가서 도다스오노카미 저택 앞에서 남으로 이르러 간다바시고몬에 들어가서 오테에 도착한다."

11월 19일 귀국. "여관을 출발하여 서쪽으로 가서 신코 묘지에서 남쪽으로 돌아서 오다야마시로노카미 저택 앞을 서쪽으로 돌아서 사타케다이젠 다이브 저택 앞을 지나 도도이즈미노카미 저택 앞에서 서쪽으로 돌아, 혼다시나노카미 저택의 뒷문에서 서쪽으로 돌아서, 스지카이바시의 대문에 들어 거기에서 전날 연회를 위해 등성했던 길을 지나서 간다바시 대문 밖에 도착하여 고지잉니텐몬 앞을 지나 안도쓰시마노카미 저택 앞을 돌아, 오호리와 나란히 이이다마치의 신사카를 올라가서 다야스고몬에 들어가 한조고몬으로 나가 오호리를 따라 이이싯세이테이다이 앞을 지나 사쿠라다고몬 밖에서 남으로 가서 마츠다이라우에몬노스케노 가스미가세키의 저택 남쪽 끝에서 동쪽으로 돌아, 사이와이바시고몬으로부터 나와서, 왼쪽으로 가서 강의 남쪽을 지나 시바쿠치고몬의 바깥을 지나서 전날 처음 들어갔던 길을 남으로 건너서 시나가와에 도착한다."

1748년(영조 24, 엔코=延享 5) "시바쿠르마초 오키도, 도리마치시바쿠치바시, 교바시, 니혼바시, 혼마치 3초메, 4초메, 오텐마초, 아브라마치, 요코야마초, 도호초, 바쿠라우초, 아사쿠사바시 고몬젠마치, 가와라마치, 도리고에바시, 오쿠라마에도오리, 구로후네초, 고마가타초, 가미나리진몬, 히가시나카마치, 다와라초, 호코지 앞, 도젠지 앞."

正德元年＝一七一一年

一〇月一八日．品川ノ驛ヲ發シ海ニ并ヒテ高繩(輪) 車町ヲ經テ大木戸ニ入リ金杉矯、芝橋ヲ渡リ芝口御門ニ入リ日本橋ヲ過キ本町三丁目ノ角ヨリ東ニ折レテ横山町ニ至リ淺艸寺ノ御門ヲ過キ゛淺艸寺ノ二天門ノ前ヨリ左ニ廻クリテ本願寺ノ旅館ニ到ル。

一一月朔日 進見登城．本願寺旅館ヲ出テ淺艸寺二天門ニ天門ニ至リ先日初入ノ路ヲ南行シテ本町三丁目ヨリ二丁目，壹丁目ヲ過キ゛常磐橋ニ入リテ直クニ大手ニ到ル。

一一月三日 賜享．旅館ヲ發シテ門外ヨリ西ニ行キ廣德寺前ヲ經テ東叡山ノ麓ニ左ニ廻リニ王門ノ前ヨリ南行シ井上筑後守旅鋪ノ前ヲ過本多信濃守屋敷ノ前ヲ經 筋違橋ノ御門ニ入リ松平伊豆守 太田備中守屋敷ノ間ヲ過キ松平對並馬守前ヲ西ニ折レテ行キ戸田周防宅前ヨリ南ニ至リ神田橋御門ニ入テ大手ニ至ル。

一一月一九日歸國．館ヲ發シテ西ニ行キ新光明寺ヨリ南ニ折レ゛織田山城守屋敷前ヲ西ニ廻クリ佐竹大膳大夫屋敷ノ前ヲ過キ藤堂和泉守屋敷前ヨリ西ニ折レ本多信濃守屋敷ノ裏ヲ巡クリテ筋違橋ノ御門ニ入リ其レヨリ先日賜享登城ノ路ヲ經テ神田橋ノ御門外ニ至リ゛護持院二天門ノ前ヲ經テ安藤對馬守宅前ヲ巡クリ゛御堀ニヒテ飯田町ノ新坂ヲ登リ田安御門ニ入リ半藏御門ニ出テ御堀ニ沿イテ井伊執政邸ノ前ヲ過キ外櫻田御門ヨリ南行シ松平右衛門佐霞關ノ屋敷ノ南端ヨリ東ニ折レ幸橋御門ヨリ出テ左ニ川ノ南ヲ過キ芝口御門ノ外面ニ至リ其ヨリ先日初入ノ路ヲ南ニ渡リテ品川ニ至ル。

延享五年＝一七四八年．芝車町大木戸 通行芝口橋 京橋 日本橋 本町三 四丁目 大傳馬町 油町 横山町 同朋町 馬喰町 淺草橋御門前町 瓦町 鳥越橋 御藏前通リ 黑船町 駒形町 雷神門 東仲町 田原町 報興寺前 東禪寺前．

통신사를 구경하기 위해 경내 니치온인(日音院) 한쪽에 관람석을 특별히 준비했다고 한다. 그 장소는 센소지의 히로노코지(廣小路) 북쪽 가미나리몬마에(神鳴(雷)門前), 우라몬마에(裏門前)라고 되어 있는데, 지금도 센소지를 참배하는 사람들이 오가고 있는 곳이다. 이 관람석에 신도들이 헌상한 '오보로(をぼろ) 만두', '후칸(ふかん) 아사히모치(朝日餠)' 등을 찬합에 넣어 들여왔다. 몬제키(門跡)와 그 주변 사람들은 다과를 즐기면서 이국 문화를 만끽했을 것이다.

II. 에도조의 빙례 의식

통신사의 에도 체재는 1624년(인조 2, 간에이=寬永 1) 12일 동안이 가장 짧았고, 통례로 20일 내지 30일에 이른다. 처음부터 정해진 의례의 순서가 있었던 것은 아니지만, 서서히 전례를 따르면서 정식화(定式化)되어 갔다. 그러나 덴나(天和: 1681~1684) 때는 그 앞에 메이레키(明曆: 1655~ 1658) 때의 큰 불로 에도조가 타고, 기록도 거의 없어졌기 때문에 남은 자료나 관계자의 기록에 의해 재현했다. 1719년(숙종 45, 교호=享保 4)은 모든 절차를 '덴나 때의 구례를 환원하는 것'으로 되었고, 이후의 의례는 거의 덴나(天和: 1681~1684) 때의 것이 답습되었다고 할 수 있다.

다음은 날짜에 따라 통신사에게 베푼 의례를 살펴본 것이다.

통신사가 객관인 히가시혼간지(東本願寺)에 도착하면, 셋다이부교(接待奉行: 통신사의 기록에서는 '관반(館伴)'이라 함) 두 사람이 나와 맞이한다. 에도 체재 중의 접대 책임자로 다이묘가 임명된다.

도착 후 하루 이틀 이내에 도착 환영연(=下馬宴)이 히가시혼간지에서 열린다. 주최는 관반이지만, 오메츠케(大目付),[2] 간조부교(勘定奉行)

도쿄 에도조 옛터.
한태문 교수 제공.

와 지샤부교(寺社奉行)[3]가 함께 참석한다. 이 잔치에서는 세 사신으로부터 중·하관(中·下官)까지 전원이 대접을 받는다.

환영연이 끝난 뒤에 장군의 대리인인 상사(上使)로서 두 사람의 로주가 와서 통신사 일행을 위문한다.

로주는 세 사신에게 멀리서 온 노고를 치하하고, 장군의 말씀이라 하여 조선 국왕의 안녕을 묻는다. 세 사신은 아랫자리에서 이를 듣고, 인삼차를 권한 뒤, 대마번주를 통해 국왕의 안녕함을 전하고, 이번 사행 중의 해상과 육로 등 각지에서의 접대와 오사카조다이(城代), 오카자키에서 장군의 도중 위문에 감사하며, 이것을 장군에게 전언해 줄 것을 부탁한다.

그 뒤 며칠 동안 하야시 다이가쿠노카미(林大學頭)가 그의 자녀와 제자들을 데리고 내방하여 필담과 시문의 응수를 되풀이한다. 또한 예물의 수신자·품목·수량 등 자질구레한 협의가 진행된다.

---

2) 로주 아래에 있는 직급으로, 다이묘들의 감찰을 맡았다가 후에는 주로 고시문 전달을 담당했다. 또한 메츠케(目付)는 와카도시요리(若年寄) 아래에서 하토모토(旗本)와 고케(御家)를 감찰하면서 막부정치 전반에 관여했다.

3) 신사나 사원의 영(領)과 신관(神官) 및 승려를 총괄하는 직책.

에도조에서 국서를 전달하는 통신사. 옛 그림(부분).

　국서 전달의 날이 결정되면 그 전날에 빙례의식 절차를 상세히
쓴 '의주(儀註)'가 제출되고, 세 사신, 상상관(上上官＝堂上譯官)이 이것
을 점검하여 의문이 있으면 묻는다. 1764년(영조 40, 호레키 14)의 경
우는 조선에서 금주령이 발령되어, 통신사 일행은 여행 중 한 방
울의 술도 입에 대지 않았기 때문에, 빙례 때의 헌배도 빈 잔으로
하도록 결정되었다.

　국서 전달 당일, 세 사신은 금관(金冠)·옥패(玉佩)·조복(朝服)으로 차
림을 단정히 하고, 군관(軍官)은 군복, 이하 각각의 직위에 상응하는
관복을 착용하여 에도조로 향한다. 코스는 히가시혼간지를 나와 센소
지 니텐몬(二天門)에서 아사쿠사바시고몬(淺草橋御門), 요코야마초(橫山町)
에서 혼초(本町)의 3가, 2가, 1가로 나아가 조반하시(常盤橋)에서 성의
정문인 오테몬(大手門)에 이른다. 행진 도중에는 군악대가 북과 관현
을 울린다. 오테몬에서 상관들이 말에서 내리고 군악이 멈추고 하
관들은 여기서 대기한다.

　해자[濠]를 건너 다음 문에서 가마[輿]를 타고 온 사람들도 내리
고, 다시 다음 문에서 당상역관(堂上譯官)이, 그리고 마지막으로 나

카고몬(中御門) 밖 돌담 근처에서 세 사신도 수레[輿]에서 내린다. 그리고는 두 사람의 관반과 이테이안의 양 장로 및 메츠케(目付)가 출영한다. 국서는 당상역관이 받들고 들어간다. 현관 앞에 있는 마루에는 로주와 기타 막부 내각을 구성하는 주요인사 전원이 나와 맞이하고, 우스베리(薄緣: 돗자리의 일종)를 깐 통로로부터 다다미가 깔린 낭하로 안내를 받으며 앞장서 나간다. 히카에노마(控の間: 방의 한 종류)에서 잠시 쉰 뒤 대마번주의 안내로 마츠노마(松の間)로 들어간다. 관계 집정관들이 검은 옷으로 늘어선 사람들의 가운데를 지나서, 다시 나아가 야나기노마(柳の間)로 들어간다. 장군의 거처와는 미닫이 하나를 사이에 두었을 뿐이다. 여기에는 세 사신과 세 사람의 당상역관 그리고 그 종자 각 한 사람밖에 들어가지 못한다. 국서는 방의 서쪽에 두고, 세 사신은 서쪽을 바라보면서 착석한다. 대마번주는 검은 옷을 입고 옆에 앉고, 그 뒤에는 붉은 옷을 입은 각 번의 다이묘들이 왼편으로 줄지어 앉는다. 앉아 있는 자의 수는 수백 명이 넘는다.

이윽고 집정 두 사람이 빙례의 진행을 재촉한다. 당상역관이 국서를 받들고 소 대마번주가 이를 받아 상석에 있는 장군 가까이에 둔다. 그리고 세 사신이 국서 앞에서 네 번 절한다[四拜禮]. 이 4배례를 둘러싸고 조선과 일본 사이에 심각한 논쟁이 벌어졌다.

4배례란 신하의 예를 취하는 것이기 때문에 도저히 승복할 수 없다는 것이 조선측의 원칙이었다. 그러나 일본측이 강경하게 반론하여 사신은 왕이 아니고 신하라고 하여, 결국 조선측이 양보했다. 이 4배례는 일본의 장군에 대한 4배례가 아닌, 눈 앞에 있는 조선 국왕의 국서에 대한 절이라고 해석하는 것으로 다툼을 끝냈다. 그러나 세 사신도 그 밖의 사람들도, 실제로 절을 하면서 굴욕감을 갖는 사람이 많았다. 굴욕감이라고 하면 조선에서의 선물(=贈物)을 낭하에 놓고 말은 뜰아래에 묶어두고, 군관과 상관은 이타베리(板緣=툇마루)에서, 차관(次官)과 소동(小童)은 다시 한 단 아래의 오치베리(落緣=방바닥 또는 낮은 툇마루)에서, 중관(中官)은 앞뜰에서 배례한다는 대우도 기분 좋게는 생각하고 있지 않았다.

배례가 끝나면 은제 술잔과 토기(土器)로 갖춰진 형식만인 주례(酒禮)가 열린다.

빙례는 이상과 같이 형식이 중시되었던 것이다. 쇼토쿠(正德: 1711~1716) 때의 아라이 하쿠세키에 의한 빙례개혁은 이 의식에도 영향을 미쳤다. 즉 국서를 하야시 다이가쿠노카미가 장군의 앞에서 읽어 올렸을 뿐만 아니라, 4배례 후 세 사신으로부터 예단 진상의 의식, 장군으로부터 조선 국왕 안부의 문의가 로주와 대마번주를 통해 이루어지며, 정사는 답사를 하고 다시 한 번 4배례를 하면 끝이 났다. 쇼토쿠(正德: 1711~1716) 때의 의례가 한편으로는 더 실질적이며 정중했다는 것은 이로써 설명될 수 있다. 또한 4배례의 횟수가 늘었다는 점에서는 문제를 남겼다.

빙례가 끝난 후, 장군의 뜻에 따라 오와리(尾張)·기이(紀伊)·미토(水戸)의 고산케(御三家) 또는 그 세자가 배석하는 잔치가 열린다. 세 사신의 노고를 치하하기 위한 것이었다. 이때 예능공연(=演能)[4]이 있다. 쇼토쿠 때의 경우 잔치는 날을 바꿔 행하고, 또한 공연은 일찍이 옛 아악(雅樂) 등 무악(舞樂)이 연주되었다. 빙례 종료 후는 로주 이하의 정중한 전송을 받으며 통신사는 에도조에서 물러나온다.

빙례가 끝나면 대마번주가 국서 전달이 무사히 종료되었다는 축하의 인사를 전하러 객관에 오며, 한편 당상역관은 답례 방문을 위해 로주나 와카도시요리(若年寄) 및 고산케(御三家)를 방문한다. 이러

---

4) 악기 연주와 무용 등.

料:『해행총재(海行摠載)』중 각『사행록(使行錄)』,『통항일람(通航一覽)』,『관정중수보제가보(寬政重修諸家譜)』

연대	에도 도착	에도 출발	숙관(宿館)	라이헤이부교(에도) 來聘奉行 (江戶)	특기 사항
07 조40 이초(長) 12	5월 4일	6월 14일	바쿠라우초 (馬喰町) 혼세이지 (本誓寺)	사카이 우타노카미 다다요 (酒井雅樂頭忠世) 도리이 사쿄노 스케 다다마사 (鳥居左京亮忠政)	귀로에 순푸에서 이에야스 알현 (歸途駿府で家康に謁見)
17 해군 9 나(元和) 3	—	—	—	—	교토 후시미에서 빙례 (伏見聘禮)
24 조 2 에이(寬永) 1	12월 12일	12월 25일	바쿠라우초 혼세이지	아베 비주노카미 마사츠구 (阿部備中守正次) 안도 우쿄노신 시게타카 (安藤右京進重長)	'니시노마루'에서 전 장군 '히데타다' 접견 (西の丸にて前將軍秀忠に接見)
36 조 14 에이(寬永) 13	12월 6일	12월 30일	바쿠라우초 혼세이지	안도 우쿄노신 시게타카 (安藤右京進重長) 와키사카 아와지노카미 야스모토 (脇坂淡路守安元)	'에도조' 전체 완공, '닛고산' 유람, 마상재 첫 공연 (1635) (江戶城總構え完成, 日光山遊覽, 馬上才(一六三五)の初め)
43 조 21 에이(寬永) 20	7월 7일	8월 6일	바쿠라우초 혼세이지	오카베 미노노카미 노브카츠 (岡部美濃守宣勝) 가토 데와노카미 야스오키 (加藤出羽守泰興)	'닛고산'치제(불구 기증), 대마 번저의 첫 향응(日光山致祭(佛具寄進) 馬藩邸饗應の初め)
55 종 6 이레키(明曆) 1	10월 2일	11월 1일	바쿠라우초 혼세이지	오카베 미노노카미 노브카츠 (岡部美濃守宣勝) 가토 데와노카미 야스오키 (加藤出羽守泰興)	'닛고산'치제, '산케' 첫 향응 (日光山致祭, 三家饗應のはじめ)
32 종 8 나(天和) 2	8월 12일	9월 12일	바쿠라우초 혼세이지	나이토 사쿄노스케 요리나가 (內藤左京亮賴長) 오가사와라 시나노카미 나가카츠 (小笠原信濃守長勝)	'미츠쿠니'와의 교유, 대마번에서 첫 곡예말타기, 시문증답 제한. (光國との交遊, 對馬藩邸曲馬始め, 詩文贈答制限)
1 종 37 토쿠(正德) 1	10월 18일	11월 19일	아사쿠사(淺草) 히가시혼간지 (東本願寺)	사카이 슈리다이부 다다오토 (酒井修理大夫忠音) 오쿠다 이즈노카미 나가카츠 (奧田伊豆守長勝)	'하쿠세키'의 빙례개혁, 범휘문제 제기됨(白石の聘禮改革, 犯諱問題おこる). 예조서계 왕복 정지, 증답은 구례대로 행합(禮曹書契往復停止, 贈答は旧禮)
9 종 45 호(享保) 4	9월 27일	10월 15일	아사쿠사 히가시혼간지	마키노 수루가노카미 다다타츠 (牧野駿河守忠辰) 나카가와 나이젠노쇼 히사타다 (中川內膳正久忠)	빙례 구례대로 복귀, 대마번 향응에 인형, 광언(지금의 만담) 사용(聘禮旧格復歸, 對馬藩邸饗應に人形使い, 狂言等)
48 조 24 교(延享) 5	5월 21일	6월 13일	아사쿠사 히가시혼간지	이토 슈리다이브 스케타카 (伊東修理大夫祐隆) 토자와 카즈사노스케 마사야스 (戶澤上總介正庸)	부사 수행원 '금개승', '아사쿠사 엔마도우' 편액공 씀 (副使伴人今啓升淺草魔堂扁額)
64 조 40 레키(寶曆) 14	2월 16일	3월 11일	아사쿠사 히가시혼간지	가토 도토미노카미 야스타케 (加藤遠江守泰武) 모리 노토노카미 구니미츠 (毛利能登守匡滿)	스즈키 덴조 사건(오사카) 鈴木傳藏事件(大坂)
1 조 11 가(文化) 8	—	—	—	—	대마번에서 빙례 (對馬聘禮)

는 동안에도 하야시 다이가쿠노카미와 기타 문인의 내방이 끊이지 않고, 에도의 학자들과의 교류가 계속된다.

이윽고 도쿠가와 장군으로부터 조선 국왕 앞으로 보내는 회답국 서와 조선 국왕, 세 사신 등에 대한 갖가지 예물 목록이 로주를 통해 전달된다. 때에 따라 회답국서의 문구에 대해서 통신사측으로부터 이견이 제출되는 경우도 있었다.

예물은 물품이 갖춰지면 성내에 진열해 놓고 장군이 직접 살핀 뒤, 국서의 별폭(別幅)으로 목록을 덧붙여 객관으로 보내고 현물은 나중에 전달한다.

통신사의 귀국 인사는 로주가 객관을 방문할 때 이루어진다.

III. 마상재 묘기

이상의 공식행사와는 별도로 통신사의 에도 체재기간 중에 행해지는 준공식행사로서 마상재(馬上才) 공연이 있다. 마상재란 단순한 구경거리로서의 곡마(서커스)가 아닌, 예로부터의 기마(騎馬) 전투기술에서 발달한 것인 듯하다. 기마민족의 후예다운 면목이 여실하다고 할 수 있었다.

에도에서의 마상재를 처음 선보인 것은 1635년(인조 13, 간에이=寬永 12) 4월 20일, 장소는 '야요스(八代須=또는 야요수=八代洲) 강변'이라고 기록되어 있다.

마상재의 초청이 왜 실현되었는가 하면, 현대의 국제 스포츠 친선시합 등이 그렇듯이, 일종의 외교적 목적이 그 그늘에 숨어 있었던 것이다. 때마침 막부 내각 중추부를 뒤흔들었던 '국서 개작 폭로사건'의 해명이 진행 중이었을 때였다. 부산에 파견된 대마번의 사자는 "우리 전하(이에미츠)가 연소하여 놀이를 좋아하신다. 이번에 우리 번주를 불러 말씀하시기를, 조선의 기마가 천하제일이라고 들었지만, 나는 아직 보지 못했기 때문에 대단히 아쉽다. 반드시 나의 초청에 응하여 오도록 전해 달라"고 하고, 동시에 수도 서울로 상경할 것을 요구했다. 조선측에서는 이 사자의 상경은 허락하지 않고, 마상재의 파견은 승낙했다. 이에

마상재. 에도 중기부터 6회 통신사의 방문과 병행하여 조선인의 마상재가 도쿠가와 장군의 임석하에 에도조에서 공연되었다.

미츠가 어떻게 마상재를 알고 있었는가는 밝혀지지 않았다. 그보다도 이 시기에 막부는 야나가와씨(柳川氏)를 뺀 대마번의 대조선 외교 능력을 시험해 보려고 했던 듯하며, 또한 '국서개작 폭로사건'의 해결과정을 비공식으로 조선측에 전하고, 또한 앞으로 조선측의 대일외교에 대한 의향을 확인하고 싶었던 것으로 추측된다. 조선측도 '국서 개작 폭로사건'의 심리 경과를 정확히 알 필요가 있었다. 그리하여 홍희남(洪喜男)과 최정의(崔正義) 두 역관이 거느린 마상재 일행이 에도에 입성한 것은 3월의 그믐날로, 그 달 11일에 이에미츠가 친히 주도한 '시라수사바키(白洲裁き)'5)가 끝난 직후였다.

이렇게 야요스 강변에서 마상재가 실연되는 것을 이에미츠는 와다쿠라(和田倉) 구루와(曲輪)의 석벽 위에 지어진 관람석에서 구경했다. 고산케, 도쿠가와 가문의 당주(堂主)와 몇 명의 도자마다이묘(外樣大名), 그 밖의 가신을 거느린 인사들이 구경했다. 이때는 5종의 연기가 공연되었고, 이에미츠는 오메츠케를 통해 은화 1,000장, 계절에 맞는 옷[小袖] 50벌을 내렸다.

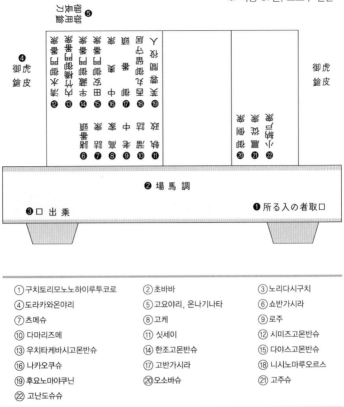

〈그림 2〉 1711년 곡마 관람도

※ 숙종 37년, 쇼토쿠 원년

① 구치토리모노노하이루투코로　　② 초바바　　　　　　　③ 노리다시구치
④ 도라카와온야리　　　　　　　　⑤ 고요야리, 온나기나타　⑥ 쇼반가시라
⑦ 츠메슈　　　　　　　　　　　　⑧ 고케　　　　　　　　⑨ 로주
⑩ 다마리즈메　　　　　　　　　　⑪ 싯세이　　　　　　　⑫ 시미즈고몬반슈
⑬ 우치타케바시고몬반슈　　　　　⑭ 한조고몬반슈　　　　⑮ 다야스고몬반슈
⑯ 나카오쿠슈　　　　　　　　　　⑰ 고반가시라　　　　　⑱ 니시노마루오르스
⑲ 후요노마야쿠닌　　　　　　　　⑳ 오소바슈　　　　　　㉑ 고주슈
㉒ 고난도슈슈

마상재는 그 후 통신사의 방일 때마다 대동하여 오게 되었다. 다
음해 1636년(인조 13, 간에이=寬永 13)의 통신사부터 시작되어 1655년(효
종 6, 메이레키=明曆 1)을 제외하고 1764년(영조 40, 호레키=寶曆 14)까지 매
회 에도에서 열렸던 것이 확인되었다.

1711년(숙종 31, 쇼토쿠=正德 1), 아라이 하쿠세키 주도의 빙례개혁 당
시, 마상재를 위해 다야스몬(田安門) 안에 새로운 마장(馬場)을 두었
다. 그 이후로는 이 마장에서의 공연이 관례가 되었다. 이 마장은
후대까지 '조센바조(朝鮮馬場)'라고 불리게 된다.

---

5) 시라수(白洲): 에도 시대 부교쇼(奉行所)의 죄인을 취조한 곳에 흰 모래가
　깔려 있었던 데서 유래한 말. 법정 또는 부교쇼(奉行所)라고도 한다.

〈표6〉 마상재 공연 일람표

서기	조선연호 일본연호	월일	장소	통신사의 임무	공연자 인적사항	기 록
1635	인조 13 寛永 12	4.20	야요스 강변 八代須河岸	—	김 정, 장효인 (金 貞, 張孝仁)	목적은 국서 개작 폭로사 건 탐색(柳川一件 探索)
1636	인조 13 寛永 13	—	(불명)	태평축하, 신체제 확인 (泰平賀·新休制確認)	백천용, 최귀현 (白天龍, 崔貴賢)	12.16 대마번저에서 공연
1643	인조 21 寛永 20	9.19	★야쿠타온덴 ★藥田御殿	닛코 산(日光山)치제(致祭), 이에츠나(家網) 탄생	방계남, 강승희 (方繼男, 姜承喜)	9.2 대마번저에서 공연
1655	효종 6 明曆 1	—	—	이에츠나 습직(襲職) 닛코 산 치제	—	—
1682	숙종 8 天和 2	8.18	야요스 강변 八代須河岸	츠나요시(網吉) 습직	오순백, 형시정 (吳順伯, 刑時挺)	9.3 대마번저에서 공연
1711	숙종 37 正德 1	11.4	다야스몬 田安門內	이에노부(家宣) 습직	지기택☆강상주 (池起澤☆姜相周)	11.2 대마번저에서 공연
1719	영조 24 享保 4	10.5	〃	요시무네(吉宗) 습직	강상주, 심중운 (姜相周, 沈重雲)	10.3 대마번저에서 공연
1748	영조 24 延享 5	6.3	〃	이에시게(家重) 습직	인문조☆이세번 (印文調☆李世蕃)	5.3 대마번저에서 공연
1764	영조 40 寶曆 14	3.1	〃	이에하루(家治) 습직	박성추, 정도행 (朴聖抽, 鄭道行)	2.21 대마번저에서 공연

★표는 불확실을 의미함.

☆표 중 강상주는 『도쿠가와짓키(德川實紀)』에 이두흥(李斗興)이라 기록되어 있으며, 이세번(李世蕃)은 초임 김세(金世)
　　사망으로 인한 그의 후임자.

* 일본연호는 당년 1월 1일 기준임.

연기는 그 때에 따라 다르지만, 말 위에 서기[馬上立], 말 위에서
물구나무 서기[馬上倒立], 엎드려 끌기[倒曳], 좌우로 7보 걷기[左右七步],
옆으로 눕기[橫臥], 말 위에서 위로 보고 눕기[馬上仰臥], 말에 매달
려 숨기[馬脇隱成], 쌍마 타기[双騎馬] 등의 연기종목이 기록되어 있다.

마상재는 에도 도착 후, 장군 관람일 전에 예행연습을 겸하여 대
마번의 에도 번저(江戶藩邸)에서 시연을 한다. 또한 방일 도중의 대
마도에서 대마번주의 강력한 요청으로 연기를 보여준 적도 있었다.

이 마상재의 구경은 장군과 그 주변 로주, 오메츠케(大目付), 지샤
부교(寺社奉行), 메츠케(目付) 등과 그 밖에 일부 다이묘들도 초대된
다. 그렇지만 하타모토잇반(旗本一般)이나 하급 무사에게 공개되는 것
은 아니었다. 다만 대마번저에서의 시연 때는 대마번사(藩士)를 비롯
해 관계자가 구경할 수 있었을 것이라고 생각된다. 그러나 대부분

의 에도 민중이 직접 마상재를 볼 기회는 없었다.

그렇지만 마상재를 그린 사생화나 목판화가 몇 가지 전해지고 있다. 또한 하쿠인오쇼(白隱和尙)가 표주박에서 나오는 연기 속에 마상재를 그린 극화(戲畵)에 "조선인이 말과 함께 연기를 하는데 말 옆에 걸치기도 하고 곡예도 하네. 올라타기도 하네"라고 장난스런 노래를 적고 있다.

2대째 도리이 기요노부(鳥居淸信)가 그린 〈마상재도(馬上才圖)〉(교토 고려미술관 소장)는 채색으로 원근법이나 비치는 기법을 사용한 뛰어난 그림이다. 이 그림을 잘 보면 대마번저에서의 시연이나 에도조 내에서 여러 다이묘가 구경하는 모습 등이 섞여 있어, 실제로 보고 그린 것은 아님을 한눈에 알 수 있다. 하지만 이 그림은 사람들의 마상재에 대한 대단한 관심과 많은 사람이 마상재의 구경을 즐겼던 모습을 잘 알 수 있는 작품이다.

IV. 에도의 민중과 통신사

조선통신사를 맞이한 에도 거리의 정경은 교토 센뉴지(泉涌寺) 소장 〈조선국 사절 환대도 병풍(朝鮮國使節歡待圖屛風)〉(重文)이나 오카다 이치로(岡田一郎) 소장의 하가와 도에이(羽川藤永)가 그린 〈조선인 내빙도(朝鮮人來聘圖)〉에 그 번화함을 볼 수 있다.

신유한도 또한 『해유록』에서 "구경하는 남녀가 진색충일(塡塞充溢: 행렬이 멀리 변두리까지 이어 가득함)하고, 수옥(繡屋: 창문의 커튼 같은 것)을 올려 바라보면 양순간(梁楯間: 집집마다의 난간 사이)에 군중이 모여들어 발 디딜 틈이 없다. 옷자락에는 꽃이 넘치고, 염막(簾幕=발과 장막)은 햇빛에 빛난다. 오사카, 교토에 비해 또 세 배를 더한다"라고 묘사하여 그 그림이 전하는 정경이 과장이 아님을 말하고 있다.

에도의 마치부교쇼(町奉行所)는 통신사를 맞이하는 데 특단의 고시를 발표해 만사에 소홀함이 없을 것과, 민중의 흥분이 예측 못 할 사태를 부르지 않도록 할 것, 마을마다 청결하게 정돈되어 있는 것을 사절도 알 수 있게 할 것, 구경할 경우 남녀승속(男女僧俗)이 뒤섞이지 않도록 질서를 유지할 것 등을 철저히 주지시키는 데 노력했다.

1748년(영조 24, 엔쿄=延享 5) 5월 21일 에도에 입성하여 6월 13일 에도를 출발할 경우를 두고 보면 아래와 같은 고지와 금령이 나와 있다.

우선 전년 9월에 통신사가 지나간 마을마다 최근 소실된 가옥은 다음 봄까지 공사를 마칠 것, 지나가는 길의 다리, 마을마다의 목조 문 등의 수리를 마칠 것을 하달했다. 새해가 되자 도중에 지나는 길만이 아니라 시중에서 방화에 주의할 것과 실화자(失火者)는 엄벌한다는 공고가 발표된다. 통신사 도착 2주 전에 작은 불이 난 혼긴초(本銀町)의 한 집에서는 촛불을 떨어뜨려 화재 원인이 된 집의 집주인이 체포되고, 데다이(手代: 중간급 점원)는 수갑을 채우고 마을에는 은 15몬메[匁]의 과태료를 징수했다는 사건이 『쇼호지로쿠(正宝事錄)』에 기록되어 있다.

천민[非시]은 사람들과 멀리 있게 하고, '천민가옥'은 철거하며, 마을마다 청소를 시켰다. 배 정박지와 땔나무를 쌓아둔 곳이나 지붕 없는 대문 등을 정비하고, 통신사가 왕래하는 길은 골목에서 사람이 튀어나오지 못하도록 대나무 울타리를 만들게 했다. 이 울타리는 후세에 '조센가키(朝鮮垣: 조선담)'라고 불렀다.

또한 간판과 작은 깃발 등을 정돈할 것, 구경할 때는 행렬을 향해 손가락질하지 말 것 등 시시콜콜한 지시가 잇달아 내려졌다.

몇 가지 업종은 영업이 제한되었다. '대중목욕탕 등 기타 큰 불을 피우는 부류'는 통신사가 입성하는 날과 귀국하는 날에는 휴업하고 체류하는 동안에는 오후 4시에 영업을 종료하며, 니혼바시(日本橋) 부근의 생선가게도 도착일과 귀국일에는 아침부터 낮까지 휴업하고, 만담·인형극, 그 밖의 사람이 모이는 가게들은 도착 전날 밤부터 체류하는 동안에는 주야 모두 휴업하며, 마을의 이발소[髮結床=가미유이도코]는 야간에만 영업하고, 대장간·두부가게·떡가게·우동가게는 오후 6시에 문을 닫고 불씨를 조심하도록 했다.

또한 갖가지 간진(勸進: 기부를 요청하는 행위)이나 가이초(開帳: 노름판 등을 벌임)와 모든 상인이 초칭(提灯: 손에 들고 다니는 등불)을 켜고 보행하는 것, 길이나 집 앞에는 안돈(行灯: 또는 안도오. 집 앞에 등을 매다는 기구)[6]을 세우고 덴가쿠(田樂: 꼬치) 종류를 구워 파는 것도 금지되었다. 막부나 마치부교소는 빈번한 에도 대화재의 경험으로부터 무엇보다도 통신사 체재 중에 화재가 발생하는 것을 두려워한 것이다.

이런 고지들을 철저히 하기 위해 각 마을과 조(組)마다 책임자의 모임이 구성되고, 마을 안 구석구석까지 알리도록 명했다.

이러한 조치가 구석까지 미친 결과 통신사측에게는 청결한 마을들, 질서 있는 민중의 관람 태도, 벽촌 오지 구석구석까지 빈틈없이 손길이 닿은 환영 실태가 깊은 인상을 주었던 것이다. 이것은 에도만이 아니라 오사카·교토·나고야를 비롯해 연도 모든 마을에 공통된 현상이었다. 이것도 통신사에 대한 예우의 한 가지 표현으로 볼 수 있을 것이다.

또한 이러한 지시 발표는 통신사의 방문이 횟수를 거듭할 때마다 더 상세해지고, 위반자에 대한 엄벌을 언급한 것도 하나의 특징이었다.

통신사의 『사행록』에서는 에도나 기타 대도시에서의 일본인의 화

---

6) 초칭(提灯), 안돈 또는 안도오(行灯) 등은 당음(唐音)을 일본인이 그대로 쓴다.

려한 의상, 특히 여성의 눈부신 '기모노' 차림에 눈길을 뺏겼다는 기록이 있다. 색이 산뜻한 염색 모습이나 금은 실을 곁들인 자수 등이 특히 눈에 띄었다는 것이다. 이는 민중이 일생일대의 이국인(異國人)의 대 행렬을 구경한다는 핑계로 자랑 삼아 나들이옷을 입고서 구경했기 때문이다. 막부는 요시무네의 교호(享保) 개혁 이후 부시(武士)와 초닌(町人)을 불문하고 사치 금지령을 내렸다. 1764년(영조 40, 호레키 14)에는 다음과 같은 마을 포고가 나왔다.

조선인이 지나갈 때는 모두 1748년(엔쿄=延享 5, 영조 24)과 마찬가지로 치장하지 말라는 뜻을 미리 알리시오. 특히 제례 때와 같은 옷이나 화려한 의복 등을 입는 것은 특별히 괘씸한 일이니, 이 뜻을 모두에게 서로 알리도록 하시오.(『東京市史稿』 第21卷).

그럼에도 불구하고 개중에는 소방복[火事裝束] 등을 입은 초닌도 있었던 듯하여 마치부교쇼(町奉行所)는 몹시 불쾌하게 생각했다.

한편 조선통신사가 입고 있던 의상에 에도 사람들은 큰 자극을 받았다. 산노마츠리(山王祭)의 행렬에 조선인 의상을 입은 사람이 큰 코끼리를 끌고 공연을 하는 그림이 나온 것이 『도토사이지키(東都歲事記)』에 삽화로 게재되어 있다든가, 당시 금지되어 있던 길거리 춤에도 조선인 의상을 입었으며, 나팔을 울리며 밤마다 이 거리 저 거리를 춤추고 다니는 사람들이 있었다. 또한 '도진가사(唐人笠: 조선인 삿갓), 도진닌교(唐人人形: 조선인 인형), 도진후에(唐人笛: 조선인 피리), 도진고마(唐人駒: 조선 망아지)' 등 다양한 통신사 상품이 팔렸다고 한다.

에도 주민들에게는 통신사가 국위를 내건 막부의 손님이 아니라, 접하기 어려운 희귀한 이국 문화를 직접 전달해 주는 사람들이기도 했다.

제9장

통신사의 종말과 정한론征韓論

Ⅰ. 대마도 역지 빙례

도쿠가와 장군의 직위승계를 축하하는 최후의 빙례, 그리고 일본 국내로 통신사가 방문한 최후의 1811년(순조 11, 분카=文化 8) 행사는 그 전까지의 빙례와는 다음의 점에서 크게 달랐다. 우선 11대 장군 이에나리(家齊)의 승계 축하는 1787년(정조 11, 덴메이=天明 7)으로서, 그로부터 24년이 지나고 나서 행해진 빙례였다. 다음으로 빙례가 이루어진 장소는 에도에서 멀리 떨어진 대마도였다. 세 번째 통신사의 규모가 대폭 축소되어 총인원은 328명이었다. 이와 같은 시간·장소·규모의 변경은 주로 양국의 국내 사정 때문이었다. 조선에서는 천재 때문에 대규모로 기민(饑民)이 발생하고, 또한 양반 계층의 당쟁 격화와 기강 해이가 만성화되어 조정에서 필요로 하는 물자 공급이 달리는 일조차 발생하고 있었다.

마츠히라 데이신(松平定信) 초상.

일본에서는 문제가 더욱 심각했다. 이에나리 장군의 취임 이전인 1783년 (정조 7, 덴메이 3)의 흉작으로 시작된 소위 덴메이(1781~1789)의 대기근 발생으로, 구제를 바라고 전국적으로 농촌에서는 백성들의 반란이 자주 일어났다. 에도, 오사카를 비롯한 대도시나 조카마치(城下町)에서 쌀값이 폭등했고, 상인의 쌀 매점에 항의하는 폭동이 확산되고 있었다. 농촌에서 생활이 어려워져 도망친 노숙자들이 도시로 유입되어 대규모 소요를 벌였던 것이다. 이에나리 장군의 취임 직후에 고산쿄(御三卿)의 하나인 다야스 무네타케(田安宗武)의 아들 무츠시라카와(陸奧白河) 번주 마츠다이라 사다노부(松平定信)가 힛토로주(筆頭老中)에 등용된 것은 이러한 어수선한 사회의 불안을 조기에 진정시키기 위한 것이었다. 그는 그때까지 막부 각료를 장악하고 있던 소바요닌(側用人) 다누마 오키츠구(田沼意次)를 추방하고 유통경제 재건을 위해 놀라운 솜씨를 발휘했다. 또한 막부 재정의 대폭 긴축을 위한 정책을 연이어 내놓았다.

그 무렵 대마번도 극도의 재정 궁핍에 빠져 있었다. 무엇보다도 번 재정의 명줄이었던 조선 무역이 18세기 후반에 들면서 극도로 부진에 빠졌다. 수출품인 은과 동은 일본 국내에서의 산출이 고갈되고, 다와라모노(俵物)[1]라 불리던 해산물의 수출로 대신하는 상태였다. 수입 물품의 대표인 고려인삼도 조선국 내의 산출 부족에다 교호(享保: 1716~1736) 때에 일본국 내에서 인삼의 재배에 성공하여 그

---

1) 근세에 나가사키(長崎) 무역의 수출 해산물 중 해삼, 전복살[熨斗鮑], 상어지느러미(히레) 세 품목을 말한다.

전과 같은 상황이 아니었고, 또한 생사나 목면도 일본 국내생산이 궤도에 올라 수입 수요가 격감했다.

그 때문에 대마번은 조선 교역 쇠퇴의 보상으로 특별지원금(오테아테킨=御手當金)을 막부에 신청하고, 그 하사금과 차입금으로 겨우 번의 재정을 유지하고 있는 상황이었다.

그러다가 이에나리 장군의 즉위 직후에 대마번은 통신사 초청 의견을 막부에 제출했다. 통신사 초청에 따르는 지원금을 일시에 차입하려는 의도도 포함되어 있었다.

마츠다이라 사다노부는 이 의견에 '잠시 기다리라'고 했다. 로주들은 연명하여 "교린성신(隣交誠信)의 참뜻으로 말하자면, 흉년 등의 모양새를 드러내지 않고, 이것저것 끌어다 꾸미는 모습으로 해서는 성신의 길에도 위배된다"고 하여 대마번에게 통신사 초청의 무기 연기를 교섭하도록 명령했다. 사다노부의 자서전 『우게노 히토코토(宇下の人言)』에 의하면 "조선 사절이 가는 길에 일본의 성쇠를 보는 것은 이익이 되지 않는다"라고 했고, 통신사 왕래 중에 기근이나 대규모 폭동이 발생하는 것도 두려워했던 것이다. 물론 그 밑바닥에는 막부도 각 번도 통신사 초청 같은 거액이 필요한 사업은 무슨 일이 있더라도 연기해야 했던 것이 진심이었다. 또 사다노부는 "원래 이 통신사가 일본에 오는 것은 결코 아름다운 모양이라고는 할 수 없고, 간혹 일본의 썩은 유생들이 모두 나와 계림인(鷄林人: 鷄林은 조선을 미화하여 일컫는 이름)과 창화(唱和)하고자 하는 것이 본래의 뜻이라고 생각한다" 등으로 조선에 대한 멸시관을 언뜻 비치고 있었다.

이에 비해 조선측은 전례 없는 일이라 하여 사절 파견 연기 교섭은 난항을 겪었다. 그러나 대마번이 설득을 거듭한 결과 겨우 조선측도 이해하기 시작했다. 다만 1791년(정종 15, 간세이=寬政 3), 사다노부는 새삼스럽게 대마도에서의 빙례 거행을 제안하도록 명령했다.

대마도 최북단에 세워진 한국 전
망대. 부산까지는 불과 50km의 지
척이다.

대마도에서의 빙례라는 생각은 일찍이 아라이 하쿠세키가 제안했던
것이다. 경비 절감과 대등한 관계를 철저히 하는 것이라면 양국의
중간 지점인 대마도가 적당하다는 의견이었다. 사다노부는 이에야
스 이후로 장군도 10대를 헤아리고 있고, 내외 정세의 변화에 따라
관례는 변화하는 것이 당연하다고 했다. 이 교섭도 예상대로 난항
을 겪었다. 조선측은 일단 통신사 파견 연기에 합의하고 있었는데
다시 변경하는 것은 "예의에 어긋난 데에다가 교활하며 절대 통악
(痛惡)한 일"이라고 했지만, 결국은 대마번의 설득으로 누그러졌다.
이것이 1807년(순조 7, 분카=文化 4)의 일이었다.

그 뒤 대마번 내의 내분과 교섭을 마무리 지으려고 대마도에 와
있던 조선의 역관을 뇌물로 공작한 것이 조선측에 알려져 사태는
다시 분규를 초래했다. 대마도에서의 빙례가 실행된 것은 그로부터
다시 4년이 지난 1811년(순조 11, 분카 8)의 일이었다. 이때의 빙례 거
행 개요는 다음과 같다.

　─통신사의 규모는 300명, 사신은 정사와 부사 2명으로 하고, 사신의 선박
도 4척에 그친다(결과적으로는 328명).
　─일본측은 4위 이상의 직위를 지닌 정사(正使: 오가사와라 다다카타=小笠

原忠固)와 부사(副使: 와키사카 야스타다=脇坂安董) 2명이 상사(上使)로서 대마도에 건너간다.

　－빙례는 대마부중의 소 번주 저택에서 행하고, 의식은 에도조에서와 같은 방식으로 집행한다.

　－기타 행사들도 에도에서의 행사에 준한다.

　－마상재 · 전악(典樂) · 급창(及唱) · 장창(杖槍)의 시행은 폐지한다.

　－상호 예물도 삭감한다.

이 대마도 역지 빙례를 위해 대마도 부중에는 통신사 일행이 묵을 객관의 신축, 소씨(宗氏) 저택이나 에도에서 오는 상사(上使)용 객관 등의 신개축, 도로나 항구의 정비 등에 약 12만 냥의 경비가 들어갔다. 에도로부터 오가사와라와 와키사카 두 상사와 하야시 다이가쿠노카미, 오메츠케, 간조부교 등 합계 2,799명이 대마도로 향했다. 이 인원수와는 별도로 화물선의 운항에 딸린 사공의 총인원은 이의 몇 배였다.

여기에 필요한 경비의 총액은 38만 3천 냥 남짓이었다[『에키지힌레이고요토도메(易地聘禮御用留)』 卷3]. 종래 에도 빙례의 총비용은 메이레키(1655∼1658) 때의 기록에 따르면 막부와 여러 다이묘를 통틀어 100만 냥이었던 것으로 보기 때문에 대강 그 40%에 미친 셈이었다. 그러나 이것도 피폐한 농민들에게 즉시 거둘 수 있는 금액은 아니었다. 무라타카(村高²)에 따라 할당된 부과금인 국역금(國役金)은 5개년 분할 납세하도록 했다.

통신사의 대마도 체재 동안 에도로부터 하야시 다이가쿠노카미 이외의 학자와 문인이 수행하기 때문에, 이번에도 소규모이면서도 통신사 일행과의 문화교류는 계속되었다.

---

2) 에도 시대 마을 전체 논밭의 수확고 총량. 부역과 연공(年貢)을 부과하는 기준이 된다.

어쨌든 최후의 통신사가 그때까지 조일간의 교량 역할을 해온 대마도에서 선린관계의 결실을 거둔 것은 의의가 깊다.

II. 그 뒤의 통신사 파견계획

1811년(순조 11, 분카 8)에 최후의 통신사를 대마도에서 맞은 뒤, 도쿠가와 정권은 다시 57년간 4대에 걸쳐 존속했다. 이 사이의 장군직 계승을 계기로 통신사의 방문 계획이 없었던 것은 아니다. 실은 다양한 사정으로 실현되지 못했지만, 통신사를 맞이할 계획은 몇 번이나 시도되었다.

1837년(헌종 3, 덴포=天保 8) 11대 장군 이에나리가 재위 50년으로 물러나고 세자 이에요시(家慶)에게 직위를 물려주었다. 또한 새로운 장군 이에요시에게는 세자 이에사가(家祥: 장군 선하=宣下 후는 이에사다=家定)가 있어 산고쇼(三御所)[3]가 동시에 생존하는 희귀한 태평시대라는 이유로, 막부 내각에서는 시기는 별도로 하더라도 조선에서 통신사를 맞는 것이 좋겠다는 의견이 높아지고 있었다. 그 사이에도 조 니시마루(西丸)의 화재 등도 있어, 시기는 차이가 나지만 대마번주에게 1844년(헌종 10, 고카=弘化 1)에 통신사를 맞도록 조선측과 교섭하라는 막부의 명령이 내려졌다.

대마번에서는 조속히 바다 건너 사신을 보내 동래부사와 교섭했지만, 조선측에서는 3년 뒤의 통신사 파견은 재정상 곤란하다고 하여 1846년(헌종 12, 고카 3)의 파견을 제안하고 이것으로 일단 교섭은 타결되었다.

그러나 1841년(헌종 5, 덴포=天保 12)에 오고쇼(大御所: 은퇴한 장군) 이에나리가 죽어 '산고쇼 병립'의 상황이 소멸되었다. 오고쇼 이에나

---

3) 은거한 전 장군과 현 장군, 그리고 세자 3대의 인물을 말한다.

리 사망 후, 막부 내각은 로주 미즈노 다다쿠니(水野忠邦)가 실권을 장악하고 이른바 '덴포(天保)의 개혁'을 추진했다. 미즈노 다다쿠니는 통신사 방문에 대해, 분카(1804~1818) 때의 대마도 빙례는 목적했던 경비 절감이 어정쩡했다는 점에서, 대마도까지의 상사 파견에 필요한 경비 절감을 노리고 오사카에서의 빙례를 제안했다. 이에 대해서는 미즈노가 통신사의 오사카 빙례를 실현시킴으로써 여러 다이묘에 대한 통제와 막부 권위의 과시를 꾀하기 위해 제안했다는 학설도 있다. 대마번은 조선측의 동의를 얻느냐 못 얻느냐에 대해서 자신은 없었지만 어쨌든 조선측과 교섭했는데, 조선측은 대마도에서의 빙례를 일본측이 일방적으로 바꾼 대가로 빙례를 10년 뒤로 미루어 1856년에 실행한다는 안을 제의해 왔다. 이에 대마번은 크게 당황했지만, 이 사이 1843년(헌종 9, 덴포 14)에 미즈노 로주가 파면되었기 때문에 결국 미즈노의 오사카 빙례 계획은 무산되어 버렸다. 이때 가장 곤란했던 측은 대마번으로, 통신사 초청을 핑계 삼은 특별지원금(오테아테킨)의 지급이 끊겨버려 번 재정의 위기는 더욱 심각해졌다.

막부 내각은 조선측의 의향을 받아들여 1856년 오사카에서의 빙례에 동의했는데, 연기의 대가로서 대마번은 1만 5천 냥의 대부금을 획득하는 데 성공했다. 그 후 다시 교섭하여 1861년(철종 12, 분큐=文久 1)에 실시하기로 개정했는데, 이대로 아무 일이 없었다면 1861년에는 이에요시 즉위 경사를 축하하는 통신사를 맞게 되었어야 했다. 하지만 1853년(철종 4, 가에이=嘉永 6) 6월 이에요시가 사망했다. 또 그 전년 에도조 니시마루의 화재 등도 있어 즉시 통신사 초빙이라는 분위기는 무르익지 않았다. 이에요시는 어려서 요절한 7대 이에츠구 장군에 이어서 사상 두 번째로 조선통신사를 맞지 못한 장군이 되어버렸다. 그 뒤를 이은 13대 이에사다(家定) 장군의 즉위 축하를 위해 통신사 초빙 교섭이 다시 이루어졌다. 이때 막부 내각과 대마번의 은밀한 합의 아래 대마번의 재정 구제를 위해, 다시 대마도에서의 빙례 거행을 꾀하여 조선측의 이해를 얻기로 했다. 교섭 결과 또다시 5년이 연기되어, 1866년(고종 3, 게이오=慶應 2) 대마도에서 실시하는 것으로 되었다.

이 사이에 조선측이 연기에 다시 연기를 쉽게 동의했던 것은 조선측도 내정이 위에서 말한 바와 같은 어려운 문제가 있었고, 조정의 권위도 저하되는 속 사정이 있었다. 일본에서는 1853년 미국 함대에 의한 개국 강요를 비롯한 외환(外患)이 연이어 일어났고, 정치적으로나 재정적으로 조선의 사절을 맞아 빙례를 거행할 여유가 전혀 없다시피 한 형편이었다. 그럼에도 불구하고 1858년(철종 9, 안세이=安政 5), 병약한 13대 장군 이에사다가 죽고 이에모치(家茂)를 기슈가(紀州家)에서 제14대 장군으로 맞아들였기 때문에, 다시 조선측과 협의한 결과 애초의 1866년(고종 3, 게이오 2)에서 다시 연기하여 1876년(고종 13, 메이지=明治 9)의 실시로 14대 이에모치 장군의 즉위를 축하하는 통신사를 맞기로 했다.

이 빙례 계획은 말할 필요도 없이 도쿠가와 정권의 와해로 물거품이 되었다. 그러나 양국의 정권이 레임덕 상황에 빠져 있으면서도, 또 전례를 존중한다는 소극적 입장이면서도, 형식상으로나마 선린관계를 지키고 싶다는 의지가 있었던 것은 주목할 만한 것이라 하겠다.

또 한 가지는 도쿠가와와 장군가의 경조(慶弔)를 위해 대마도로 조선의 역관사(譯官使)가 내방하고 있었던 것이다. 이 역관사는 정보 수집의 목적도 있었지만, 대마번주 소가(家)의 경조, 에도 참근으로부터의 귀도(歸島) 위문, 통신사 파견을 위한 예비교섭을 위해 자주 대마도에 왔다. 대마번도 또한 조선 왕가의 경조를 비롯해 갖가지 실무 교섭을 위해 에도 시대 전(全)시기를 통해 부산 북부 교외에 있던 동래부로 사절을 파견했다. 1811년(순조 11, 분카 8) 최후의 통신사가 방일한 뒤에도 도쿠가와 장군가의 경조 때마다 이런 사명을 띤 역관사가 대마도에 갔던 것이다. 유일한 예외는 최후의 장군인 도쿠가와 요시노부(德川慶喜) 때였다. 결국 통신사가 끊긴 후에도 대마번이 중앙정권의 대행자로서 조일 양국 외교의 한 면을 계속 수행했다고 할 수 있다.

III. 막부 말기의 정한론 대두

18세기 말부터 19세기에 걸쳐, 일본 열도의 근해는 대형 외항선이 몰려와 유럽 각국 선박의 왕래로 어수선해졌다. 1792년(정조 16, 간세이 4), 홋카이도(北海島)의 네무로 시(根室市)에 러시아 황제의 친서를 가진 락시만(Laxman)이 찾아와 통상을 요구했다. 막부는 락시만과 나가사키에서 통상을 교섭하도록 했다. 이후 러시아 리야자노프의 나가사키 내항, 영국 선박 페튼(Phaeton) 호가 네덜란드 선박을 위장하여 나가사키에 오는 등의 사건이 일어났다. 이러한 사건들에 대해서 막부는 1802년(순조 2, 교와=享和 2), 에조치(蝦夷地, 아이누모시리=아이누 언어로 아이누의 대지라는 뜻)에 부교(奉行)를 두고, 1807년(순조 7, 분카 4)에는 마츠마에(松前) 번을 부츠(陸奧)로 이봉(移封)시켜 막부 직할지로 삼았다. 또한 1805년(순조 5, 분카 2)에는 연해 여러 번에게 해안 방비의 강화를 명령하는 한편, 다음해에는 난파한 표착선에게 땔감과 물을 공급해도 좋다는 무혈령(撫恤令)을 내렸다.

일본 국내에서는 이러한 정세에 대해 '해방론(海防論)'이 제창되고, 유럽 열강의 통상과 화친 요구에 대항하는 대외정책과 방비체제가 급선무라는 논의가 활발해졌다. 그리고 외국과의 접점은 대마도와 나가사키만이 아닌 에조치(蝦夷地)나 류큐(琉球)도 중요지점으로 인식

요시타 쇼인의 초상.

하게 되었다. 좋든 싫든 관계 없이 통신 즉 외교는 조선과 류큐, 거기에 더해 통상은 중국과 네덜란드라는 종래의 대외정책의 근본적 수정을 강요받게 되었던 것이다. 그 최절정이 군함 네 척을 거느리고 우라가(浦賀)에 나타난 미국 페리 제독의 개국 요구였다. 페리 제독은 강경하게 '개국'을 요구하여 이것이 1853년(철종 4, 가에이 6)의 대사건이 되고, 다음해 미일 화친조약이 조인되었다. 일본 국내에서는 이러한 대외정세에 관련된 위기감이 지식인 사이에 퍼지고, 신국(神國) 의식과 황국사관이 등장하기 시작했다.

1823년(순조 23, 분세이=文政 6), 국학자 히라타 아츠타네(平田篤胤)의 제자 사토 노부히로(佐藤信淵)는 『우나이콘도 히사쿠(宇内混同秘策)』를 저술했다. 노부히로는 '황국' 일본은 "만국의 군신을 모두 신하로 삼아야 한다"고 하고 "다른 나라를 경략하는 방법은 약하고 취하기 쉬운 곳부터 시작해야 한다"라고 주장하여, 만주 공략을 위해 우선 한반도에 군대를 보내고, 이어서 중국으로 쳐들어가야 한다는 구상을 제시했다. 이것이 소위 황국사관이 아시아 침략사상과 연결되어 나타난 시초였다. 이러한 생각은 '미토가쿠(水戸學)'라 불린 존왕양이사상(尊王攘夷思想)[4]의 핵심을 이룬다. 이른바 존왕양이운동은 막부 말기의 막부 타도[討幕] 운동으로 연결되는 일종의 '혁명운동'이지만, 한편으로 이러한 아시아 침략사상과 맺어져 출현했다는 사실을 간과해서는 안 된다.

그 대표적인 일례가 다음과 같이 요시다 쇼인(吉田松陰)의 『고쿠제

초(獄是帳)』에 수록되어 있는데, 이것은 1855년(철종 5, 안세이 2) 그의 형 스기우메 다로(杉梅太郎)에게 보낸 편지의 내용이다.

절대 금물은 일본 내에서 서로 정벌하는[相征相伐] 것으로, 이는 참으로 두렵다. 러시아와 아메리카 강화가 정해지면, 결단코 일본부터 이를 어겨 오랑캐에게 신의를 잃어서는 안 된다. 다만 규칙을 엄하게 하고 신의를 두터이 하며, 그동안 국력을 길러 취하기 쉬운 조선을 치고 만주·중국을 끊어 따르게 하고, 교역으로 러시아에게 잃는 것은 또한 토지로 조선과 만주에서 만회해야 할 것이다.

쇼인이 단순한 양이론자가 아닌 것은 이 한 문장의 앞부분에서 잘 이해할 수 있지만, 뒷부분은 사토 노부히로(佐藤信淵) 그대로의 아시아 침략론이며, 이것이 나중에 이른바 정한론(征韓論)의 발단이 된 것이라 할 수 있다.

IV. 막부 말기의 대마번과 정한론

막부 말기의 대마번은 변함없는 재정 위기에 시달리고 있었다. 이 무렵 군함 부교나미(奉行並)에 임명된 가츠 린타로 가이슈(勝麟太郎海舟)는 대마도의 대외전략상 위치에 주목하여 대마도를 막부 직할(아게치=上知)로 삼고 무역지로 정비하여, 조선과 중국과의 왕래 거점 및 해군 진흥의 거점으로 해야 한다는 의견을 지론으로 삼고 있었다. 가츠는 이어 이렇게 말했다.

오늘날 아시아 각국 가운데 유럽인에게 저항하는 나라는 없다. 모두 규모가

---

4) 19세기 후반 서양의 압력으로 개국한 일본에서 천황을 정치의 중심에 두고 외세를 물리치려는 사상을 말한다.

대마도에 세워진 애한의 비석들. 왼쪽부터 덕혜옹주 결혼기념비, 최익현 선생 순국지비, 통신사부사 김성일 시비(詩碑).

협소하고, 원대한 계책을 갖지 못했기 때문에, 지금 일본에서 군함을 내보내 널리 아시아 각국의 군주를 설득하여 합종(合縱) 연합을 이루고, 함께 해군을 키우며, 있고 없고를 통틀어 학술을 연구하지 않으면 그들의 유린을 피할 수 없다. 우선 먼저 가까운 조선부터 이를 설득하고 훗날 중국에 이르도록 한다(『幕末日記』).

군부대를 효고(兵庫)와 대마도에 두고 그 하나를 조선에 두며, 끝으로 중국에 미치게 하여, 3국이 합종연형(合縱連衡)하여 서양 제국에 대항해야 한다(『解難錄』).

앞의 글은 1863년(고종 1, 분큐=文久 3) 4월, 어떻게든 막부로부터 대마번 구휼금(救恤金)을 인출하고자 대마번의 오사카 루수도코로야쿠(留守居役) · 고쿠지슈센가케(國事周旋掛)인 오시마 도모노조 마사토모(大島友之允正朝)가 초슈(長州) 번의 가츠라 고고로(桂小五郎)의 소개로 두 사람이 함께 가츠를 방문했을 때 카츠가 한 말이다. 이상의 글 다음에는 "두 사람 모든 면에서 같은 뜻이었다"라고 되어 있다.

뒤의 글은 같은 해, 가츠 가이슈(勝海舟)가 장군 이에모치로부터 고베(神戶) 해군조련소 설립 허가를 얻어냈을 때의 용어로 오노하마

(小野浜) 해군영소비(海軍營所碑)에 기록
된 어록의 일부이다. 이 조련소의 주
쿠토(塾頭: 책임자)로 발탁된 것이 사카모
토 료마(坂本龍馬)임은 잘 알려져 있다.

한편 오시마(大島)는 당시 로주의 한
사람이자 시모츠케 안나카(下野安中) 번
주 이타쿠라 가츠키요(板倉勝靜)의 브레
인이었던 유학자 야마다 호코쿠(山田方
谷)에게도 접근하고 있었다. 호코쿠는
오시마에게 "대마번의 궁핍함이 이와
같으니, 무엇이든 조선에게 위약(違約)의

가츠 가이슈의 초상.

죄를 따져 이를 정복하는 계책에 나서야 하지 않는가"(方谷先生年譜)
라고 선동했다. 이것에 이어서 호코쿠 연보(年譜)의 기록은 "도모노
조가 기뻐하다. 선생 덕분에 정한(征韓)의 방책 부서를 기초하다. 소
씨(宗氏)를 선봉으로 삼고…"라고 하여 오시마가 꼭 가츠의 이야기를
이해하고 있었던 것은 아님을 알 수 있다. 이해하고 있지 않았던
것은 가츠라 고고로도 마찬가지였던 것은 뒤에 설명하는 대로이다.

가츠 가이슈는 적어도 노부히로(信淵)와 쇼인(松陰)이나 호코쿠(方谷)처
럼 취하기 쉬운 곳을 취한다는 침략을 전제로 하고 있지는 않았다.
조선과 중국에 인민이 살고, 국가가 있는 것을 전제로 하여 '합종연
형', 즉 동북아시아 3국 동맹을 구상하고 있었다.

그러나 1863년(고종 1, 분큐 3) 5월에 소 대마번주 명의로 막부에 제
출된 것으로, 오시마가 기초했다고 생각되는 건백서는 상당히 '정한(征
韓)' 색채가 강한 내용이었다고 보인다. 그것은 "외국 오랑캐가 조선에
건너와 집을 짓고 있다고 들립니다. 조선의 일은 지금까지의 신의도
있으므로 원조를 위해 출병, 외국 오랑캐의 근거를 격파하고, 시의

에 맡겨 무력으로 복종시킬 것(이하 생략)"이라는 내용이 막부가 대마번의 건백서에 대해 보낸 시달문이었다. 문제는 '상황에 따라 군사적 위세로 복종시키는 상대'를 조선으로 보았다는 점이다. 그 배경에는 대마번이 초슈의 강한 양이 노선에 포섭된 상황하에서 이러한 건백서가 제출되었던 것이다. 가츠 가이슈는 진행되고 있는 형편상 이 건백서를 설명하는 역할을 맡아야 했다. 그 때문에 가이슈의 일기에는 건백서 제출 이전 '조선과의 연합'이라는 용어의 기록이 제출된 날 이후에는 '정한(征韓)의 의(議)'로 바뀌었다. 그러나 이것은 가츠의 변절이라고는 할 수 없다. 이상의 상황을 잘 생각해 볼 필요가 있다. 어찌됐든 이 시달문의 결과 대마번은 양곡 3만 석을 3회로 나누어 받게 되었다.

그리고 막부 내각 내에서 조선 문제의 중요성이 인식되어, 로주 중에서 담당자가 배치되었다. 그러나 그 직후 분큐(1861~1864)의 정변으로 초슈 번의 존왕양이 세력이 일소되고 이타쿠라 로주가 실각한 사정도 있어 '병위(兵威)로써 복종시키는 노선'은 환상이 되었다. 실제적인 문제로서 이 시기에 '정한' 내지 '조선 복종' 등은 현실로 실행될 수 없는 것이었다. 또 한편으로는 통신사 방문이 3년 뒤로 결정되어 있기도 했다. 가츠 가이슈에 대해서 말하자면, 메이지유신(明治維新) 후의 조선에 관한 발언에서 보아도, 이때 '정한론자'로 바뀌었다고는 말할 수 없다. 오히려 조선과 중국의 국가와 역사를 잘 이해하고, 우방으로 삼아야 한다고 인식하고 있던 소수 정치가의 한 사람이었다고 본다.

오시마 도모노조는 그 뒤에도 자주 '정한'을 주장하는 건백서를 제출하여 막부로부터 대마번에 대한 경제적 원조를 끌어내려고 했다. 그러나 게이오(慶應: 1865~1868) 때에 들어서면 조선 문제는 대마번의 손을 떠나 막부가 대마번의 의도와는 별개로 독자적 판단으로 행동계획을 세우게 된다.

1867년(고종 4, 게이오 3) 9月, 조선 예조는 관례대로 전년부터 프랑스와 미국 군함의 침입사건을 대마번을 통해 통고해 왔다. 막부는 프랑스와 미국 양국 공사(公使)의 이해를 얻어 조정에 나서기로 하고, 조선으로 사절을 파견할 계획을 세웠다. 한편으로 10월 14일에 도쿠가와 요시노부는 다이세이 호칸(大政奉還)과 이어서 장군직 사직을 신청하지만, 외국의 일에 대해서는 계속 담당할 의사가 있다고 하여 '이번 화의를 다루어야 할 수칙'을 교토 조정 쪽에 상신했다. 이를 전후하여 간에이(寬永: 1624~1644) 이래 존속되었던 이테이안(以酊庵) 윤번제가 폐지되었다. 이로써 막부 직접 외교의 추진이 시작되었다. 그러나 요시노부의 사절 파견은 출항 준비까지 갖춰져 있었지만, 도바(鳥羽) 후시미(伏見)의 개전(開戰)으로 보류되었다.

메이지유신 후 이윽고 성립한 신정권은 대마번을 통해 신정부 성립을 조선에 통고한다. 그러나 이 통고문을 본 조선 동래부에서는 그 형식과 내용이 모두 '구례(舊例) 위반'이라고 하여 수취를 거부한다. 특히 일본이 '황(皇)'·'칙(勅)' 등 동아시아에서는 중국 황제만이 쓰는 문자를 쓰고 있는 것, 소 대마번주의 직위가 설명 없이 바뀌어 있는 것, 인장도 제멋대로 새로운 것으로 바뀌어 있는 점 등이 문제가 되었다. 이 '서계(書契) 문제'는 그 뒤 수년에 걸쳐 양국간 분쟁의 씨앗이 되었다.

이러한 상황이 발생한 가운데 가쓰라 고고로는 개명하여 기도 다카요시(木戶孝允)라고 했는데, 그는 1868년(고종 5, 메이지=明治 1) 12월에 일찍이 "사절을 조선에 보내 그들의 무례를 묻고, 그들이 혹시 불복할 때는 죄를 내세워 그 땅을 공격하여 크게 신주(神州)의 위세를 신장시킬 것을 원한다"(木戶孝允日記)라고 기록하고 있다. 이는 분큐(1861~1864) 때의 '복종론'의 연장선상에 접근한 '정한론'의 대두였다.

이후 일본 외무성은 일관되게 '무례 조선 응징론(無禮朝鮮膺懲論)'을 전개하고, 조선 침략의 구실로 삼는다. 그리고 1873년(고종 10, 메이지 6)의 '즉시 견한사절 파견 논쟁(即時遣韓使節派遣論爭)'을 거쳐, 1875년 (고종 12, 메이지 8) 오쿠보 도시미치(大久保利通)의 주도 아래 일어난 강화도 사건으로 이어갔다.

덧붙여 1873년(고종 10, 메이지=明治 6) 일본 조정에서 논의한 주요 초점은 '정한론' 대 '내치(內治) 우선'파의 항쟁이 아니었다. 무장을 하지 않은 견한사절(遣韓使節)을 즉시 파견하기로 결정한 사이고 다카모리(西鄕隆盛) 등의 묘의(廟議) 결정을 이와쿠라 도모미(岩倉具視)와 이토 히로부미(伊藤博文) 등이 농간을 부려 뒤집었다는 것이 사실이었다.

제1회 회답겸쇄환사 이래 260년간에 걸쳐 계속되어 왔던 '통신사 외교'의 틀은 여기서 종말을 맞은 셈이다.

문화교류의 유산
― 다른 문화[異文化]의 이해와 기억

조선통신사는 대마도에서 에도까지 긴 여로를 따라 여러 군데에서 일본의 지식인이나 민중들과 만나는 기회가 적지 않았으며 그 중 몇 가지 에피소드를 이 책 제6장과 제7장에서 소개한 바 있다. 이러한 것들은 오늘날까지 일본 각지의 유형문화재로서 전해오고 있으며, 문헌사료나 회화(繪畵)사료로서 또는 무형문화재 등으로 다방면에 걸쳐 그 소재가 확인되어 지금까지 전승되어 온다.

제10장에서는 이들 문화재를 분야별로 다시 한 번 정리하여, 에도 시대를 통해 일본인이 한반도로부터 전파된 문화를 어떻게 수용했는가를 고찰하기로 한다. 또한 일본으로부터 조선왕조 조정에 답례로 보낸 증여품목에 관해서도 문화재의 교류라는 관점에서 다루기로 한다.

Ⅰ. 한시문의 응수와 필담

사명(송운)대사가 임란 초기 침략 왜군을 설법으로 타일러 물리치고 있는 그림. 박서보 화백 작. 서울 전쟁기념관 소장.

임진왜란 이후 조선통신사의 일본 방문에 앞서 전후 처리를 위해 1604년 '탐적사(探賊使)'라는 임무를 띤 사명당 송운대사가 대마번주 소 요시토시 등과 함께 교토로 건너갔다. 그 이듬해에 교토에 오는 도쿠가와 이에야스와의 회담을 기다리기 위해서였다. 이에야스와의 회담은 1605년에 실현되었는데, 그동안 송운대사는 일본의 지식인들과 한시문의 응수와 필담으로 그날그날을 보냈다. 대사의 상대는 주로 하카타 쇼후쿠지(聖福寺)의 승려로서 대마번주에게 위촉을 받아 이 시기에 조선과의 외교를 전담했던 게이테츠 겐소(景轍玄蘇)와 쇼코쿠지(相國寺)의 세이쇼 조타이(西笑承兌), 로쿠온인(鹿苑院)의 유세츠 주이호(有節瑞保) 등이었다. 이때 송운대사의 시문은 탁월했으며 필적 또한 수려하여 보는 이들이 혀를 내둘렀고, 또 대사의 박식과 명필에 대해 감탄의 목소리가 높았다. 이 시기에 일본측으로서는 이러한 조선의 지식인과 대좌하여 거리낌 없이 시문 응수에 대응할 수 있는 사람이라고는 고작 교토 고잔의 고승 등 극히 일부의 인사뿐이었을 것이다. 그때는 아직 학자나 문인이라고 하는 계층의 사람들이 세상에 등장하지 않았던 것이다.

한편 조선측은 1607년(선조 40, 게이초=慶長 12) 제1회 회답겸쇄환사라는 명칭의 정치적 임무를 주된 목적으로 한 사절단을 파견했는데, 이때부터 정식 외교사절인 세 사신 이외에 많은 학자·문인·화가 등을 대동했던 것이다. 즉 제술관(製述官)·사자관(寫字官)·화원(畵員) 등이 포함되어 있었다. 또한 상석 통역관이었던 당상역관(堂上譯官)과 서기(書記) 등도 업무를 뒷받침해 주었다. 물론 정사·부사·종사관의 세 사신은 최고 지식인이었다. 그런데 왜 조선 조정이 이와 같은 사람들을 동행토록 했는지에 대해 정확하게 기록된 사료는 아직 발견되지 않았다. 아무튼 처음부터 조선측은 문화적으로 일본을 압도하기에 충분한 체제로 통교에 임했던 것이다. 통교 회복의 초기, 즉 1607년부터 1636년까지의 기간에 일본측을 대표하는 학자는 하

일본에 있는 사명대사의 유묵. 교토의 고쇼지(興聖寺)소장.

야시 라잔(林羅山)이었다. 그는 송운대사와도 만났으며, 그의 스승이었던 후지와라 세이카(藤原惺窩)와 함께 임진왜란 때 포로로 잡혀온 유생 강항(姜沆)의 가르침을 받은 주자학자였다. 그는 또한 2대 장군 도쿠가와 히데타다(秀忠), 3대 장군 이에미츠(家光) 시대에 걸쳐 외교문서의 기초를 담당했고, 또한 장군의 측근에서 정책상의 진언을 하는 위치에 있었다. 그는 1655년(효종 6, 메이레키=明曆 1)까지 매

일본 에도시대 초기의 대
유학자 하야시 라잔(林羅
山)의 초상.

회의 통신사 일행과 유학(儒學)에 관한 문답이나 내외문서의 격식에 관한 의견을 교환했다. 메이레키(1655~1658) 때 통신사의 종사관 남호곡(南壺谷=龍翼)은 라잔의 시문에 대해 "해박부담(該博富贍=지식 풍부)하고 고서(古書)를 읽지만, 시(詩)는 격조가 없다"고 평했다.

17세기에 들어서면 일본에서는 하야시 다이가쿠노카미가(林大學頭家)와 같이 막부의 보호를 받은 관학(官學)의 학자뿐 아니라 민간의 학자들도 배출했다. 그 결과 학문의 수준이 향상되고 유학자의 층 또한 두터워졌다. 이들의 대표격인 학자는 그 후 통신사의 빙례 개혁을 단행한 아라이 하쿠세키(新井白石)와 하쿠세키의 스승 기노시타 준안(木下順庵), 그리고 히토미 가쿠잔(人見鶴山) 등을 들 수 있다. 하쿠세키는 1682년(숙종 8, 덴나=天和 2)에 통신사를 만나, 저서『도조시슈(陶情詩集)』를 제술관 성완(成琬)에게 주어 서문과 후기를 청했다. 성완은 하쿠세키의 시문이 탁월함을 인정하여 청을 받아들였다고 한다. 이와 같이 서문을 써주는 것은 자타가 모두 문인의 최고 명예로 간주했다. 하쿠세키는 1711년(숙종 37, 쇼토쿠 1) 조태억(趙泰億)을 정사로 한 그 다음회의 통신사 일행과도 교류했으며, 히토미 가쿠잔은 덴나(天和=1681~1684) 때 통신사 일행의 문인이었던 홍세태(洪世泰)와 우정 어린 교류를 했다.

1711년(숙종 8, 쇼토쿠=正德 1)과 1719년(숙종 45, 교호=享保 4), 두 번 대마도에서 에도까지 통신사 일행과 왕복 동행한 아메노모리 호슈의 문장도 사절들에게 격찬을 받았다. 동행이라고 한다면 대마번의 이테이안에 근무하면서 통신사 방문 때 에도까지 수행했기 때문이다. 교토의 고잔 승려들 또한 시문의 교류와 필담으로 큰 역할을 수행했다. 그 이후 최종회까지 양국 지식인의 교류의 장은 통신사 파견의 횟수가 거듭될수록 더욱 성대하게 이루어졌다. 최종회였던 1811년(순조 11, 분카=文化 8)에는 대마도에서 국서의 교환과 빙례가 행해졌다. 이때도 에도로부터 하야시 다이가쿠노카미 일행과 그 밖에 고가 세이리(古賀精里), 구사바 하이센(草葉佩川) 등이 현지에서 필담과 시문응수를 했다. 또한 에도 이외에서도 통신사의 숙사에 각 지방의 유학자와 문인들이 매일 밤 몰려들었다는 사실은 이미 제6장과 제7장에서 언급한 바이다. 때로는 자식들을 데리고 와서 통신사 일행 중 문인에게 글자를 묻고 호(號)를 지어달라고 청하는 사람도 있었다. 결과적으로 통신사의 일본 방문은 일본 지식인들에게 많은 자극을 주었기 때문에 일본의 유학이나 시문의 수준이 크게 향상되는 계기였다고 할 수 있다.

II. 유산, 편액(조각) 및 서적(금석문 포함)

통신사 일행이 남긴 여러 가지의 묵적(墨跡)은 외교문서 10점을 제외하고 약 300점이 현존한다는 것이 확인되었다. 즉 필담집, 서장(書狀), 시서(詩書), 연구(聯句=漢詩의 對句) 등이다. 이것들은 한 권의 책으로 세상에 전해져 오는 것도 있지만, 대부분은 간즈(卷子)[1] · 오리혼(折本)[2] · 부채(=扇面)에 씌어 여러 지방의 구케(舊家)와 사원(寺院)에 소중하게 보존되어 온 것이다. 서적(書跡: 특정인이 쓴 글씨)은 그 수가 너무나 많아 하나하나를 모두 소개하기가 불가능해 생략하기로 한다. 또 통신사 일행이 남긴 글씨를 나무에 새겨 편액(扁額)으로 만든 것들도 상당히 많다. 그 중 유명한 것으로는 히로시마 현

---

1) 두루마리.
2) 책 장정의 한 방식으로 긴 것을 접어서 간단하게 한 것.

(廣島縣) 후쿠야마 시(福山市) 도모노우라(鞆浦)에 있는 후쿠젠지(福禪寺)의 '일동제일형승(日東第一形勝)'·'대조루(對潮樓)' 등으로 이 절을 지나간 통신사 일행의 유묵을 후세에 와서 편액으로 만든 것이다. 시즈오카 시(靜岡市) 시미즈(淸水)의 세이켄지(淸見寺)에는 엄청난 편액과 나무에 조각된 필적들이 있다. 또 시즈오카 시 주변의 사원에도 많은 편액들이 남아 있으며, 무려 30점 이상이 넘는다. 이것들은 통신사가 숙박한 시즈오카의 코쿠타이지(國泰寺)와 세이켄지 등의 승려들이 통신사에게 의뢰하여, 그 승려가 속하는 사찰의 산호(山号=산 이름)나 사호(寺号=절 이름)를 쓴 글씨를 바탕으로 제작된 것이다.

이 밖에 일본 각 지방에 통신사가 숙박하지 않은 사원에도 편액이 여러 점 남아 걸려 있다. 놀랍게도 일본 서부 해안지역의 여러 사원에 이런 예가 몇 군데 발견된다. 예컨대 교토부의 단고(丹後) 반도에 있는 젠쇼지(全性寺)에는 1811년(선조 11년, 분카=文化 8) 통신사의 사자관(寫字官) 변문규(卞文圭, 호: 梅幹)의 이름이 적힌 절 이름[寺號]이 있고, 또 효고 현(兵庫縣)의 다지마(但馬) 하마사카(浜坂)의 만간지(万願寺)에는 『레이호잔(靈寶山)』이라는 산 이름[山號]이 1748년(영조 24, 엔쿄=延享 5)의 사자관 현문구(玄文龜)의 이름으로 씌어 있다. 전자는 교토 사가(嵯峨)의 덴류지(天龍寺) 말사이며, 그때 당시 대마도에 파견되어 있던 덴류지의 승려가 있었다는 점으로 미루어 그 승려가 통신사에게 부탁하여 대마도에 와 있었던 사자관이 산호를 써준 것으로 보인다. 후자의 경우 그 당시 오사카에서 통신사의 접대를 맡도록 명을 받았던 기시와다(岸和田)라는 다이묘와 관련이 있는 듯하다.

사자관에는 원래 글씨의 달인이 선정되기 때문에 의뢰하는 측이 통신사 일행 중 먼저 사자관에게 부탁했을 것은 충분히 예상할 수 있다. 이들 편액은 최근에 와서 각 지방에서 발견된 것도 적지 않다. 통신사에 대한 관심이 일본 각 지에서 고조되어 각 지방의 연구자들도 증가하고 있음을 알 수 있으며, 그 지역에서는 그 지역의 치밀한 연구 성과도 나오고 있다.

글씨를 말하자면, 1643년(인조 21, 간에이=寬永 20) 도쿠가와 이에미츠 장군의 요청으로 도치기 현(栃木縣) 닛코(日光)에 있는 그의 조부 이에야스의 능묘인 도쇼구(東照宮) 앞에서 통신사가 유교식 제사를 올릴 때 증정한 동종(銅鐘)에 새겨진 예조참판의 명문(銘文)이 있다. 또 닛코의 린노지(輪王寺)에는 1655년(효종 6, 메이레키 1) 다이유인(大猷院) 앞에서 제사를 지낼 때, 조선 국

조선 예조의 선물 대동종(大銅鐘), 도쇼구 소장.

왕 효종의 친필로 쓴 '영산법계 숭효정원(靈山法界崇孝淨院)'이라는 글씨를 목조 두루마리로 만들었던 것이 현존한다. 또한 다이유인의 정롱(灯籠)에는 명문이 새겨져 있는데, 이 글씨는 당시 조선의 고급 관료가 쓴 필적이라 한다. 그리고 교토 쇼코쿠지(相國寺) 안의 지쇼인(慈照院)에는 1682년(숙종 8, 덴나 2) 통신사 일행인 제술관 성완과 지쇼인의 다이호(大方) 화상 및 벳슈(別宗) 화상과의 시문응수의 필적, 1711년(숙종 37, 쇼토쿠 1) 통신사 정사 조태억 등의 시문집과 같은 것들이 많이 보존되어 있다. 이들 필적 중 통신사측이 쓴 것은 다수가 조선으로부터 가지고 온 두터운 고급 용지를 사용했는데, 이것들은 먹·붓·벼루[硯] 등의 문방삼보(文房三寶)와 함께 일본 조야의 명사들에게 증정하기 위해 지참했던 것이다.

Ⅲ. 그림─회화와 회도(繪圖)

오오카 슌보쿠(大岡春朴)의 그림
〈조선내빙사도(朝鮮來聘使圖)〉.
오사카 나카노시마 박물관 소장.

통신사는 제1회 방문 때부터 수행원으로서 화원(畫員)을 동반했다. 그 화원은 조선 조정의 궁중 도화서(圖畫署)에서 선발한 사람들로서 당대의 일류 화가들이었다. 이 화원들이 일본에 남긴 그림은 동양화의 주류로서 산수화, 선기도(禪機圖)[3]가 많았다. 이들의 임무 중 하나는 대마도에서 에도까지의 여로에서 풍물을 그리는 일이었다. 현재 확인된 그림으로서는 1748년(영조 24, 엔쿄5) 통신사 수행의 화원 이성린(李聖麟)의 〈사로승구도(槎路勝區圖)〉(한국 국립중앙박물관 소장)가 있다. 이들 화원의 또 하나의 역할은 일본 각 지방에서 청해오는 대로 즉흥적으로 그려주는 일이었다. 이러한 작품들은 '감상적 회화'로서 어느 것이든 소품이지만 김명국(金明國)·이기룡(李起龍)·한시각(韓時覺)·최북(崔北) 등의 그림은 당시나 지금이나 일본인에게 사랑을 받고 있다. 이들 그림에는 반드시 '조선인 모(某)'라는 낙관(落款)이 찍혀 있다.

일본측이 통신사를 그린 그림은 기록용 또는 다이묘가(大明家)에의 기증용으로서 일류화가에 의뢰하여 그린 것과, 민간 화가가 통신사의 행렬에 자극을 받아 스스로의 의사로 그린 것으로 크게 구분된

---

3) 선(禪)을 깨달은 계기를 상징적으로 그린 선종계의 인물화.

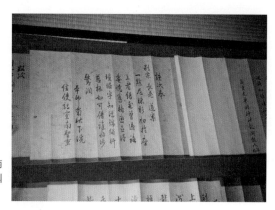

1711년 통신사 일행 서기 남성중(南聖重)의 시, 교토 쇼코쿠지(相國寺)의 지쇼인(慈照院) 소장.

다. 전자는 통신사 일행이 에도조에 입성하여 조선 국왕의 국서를 도쿠가와 장군에게 전달하는 의식을 그린 그림을 비롯하여 최초로 닛코오 도쇼구(東照宮)를 방문한 1636년(인조 14, 간에이=寬永 13) 통신사 일행을 그린 것, 매회의 통신사 행렬을 세밀하게 그린 것, 또한 〈라쿠추라쿠가이즈(洛中洛外圖)〉라 불리는 그림으로서, 에도 시대 초기부터 중기에 걸쳐 교토의 대규모 부감도(俯瞰圖)에 조선통신사의 행렬을 그려 넣은 우수한 작품들이다. 히로시마 현 후쿠시마 시의 도모노우라에는 통신사 선단이 입항하는 광경을 상세하게 묘사한 그림도 있다. 이는 〈조선통신사 선단도 병풍(朝鮮通信使船團圖屛風)〉으로 대단히 훌륭한 작품이며, 그 밖에 아카마가세키[赤關: 현재의 야마구치 현(山口縣) 시모노세키]의 가미노세키초(上關町)와 효고 현 미츠초[御津町: 현재의 무로노츠 항(室津港)], 교토 시 후시미쿠(伏見區)의 요도초(淀町) 등에 입항하는 통신사 선단의 그림도 있다.

통신사 일행의 배를 말한다면, 오사카에서 교토의 요도(淀)까지는 가와고자부네(川御座船)라 불리는 서일본 각지의 다이묘나 막부의 호화선이 있어 이 배를 제공하여 일행의 왕래 때 이용했는데, 이 배에 통신사 일행이 타고 있는 광경을 그린 그림이 다수 남아 있다.

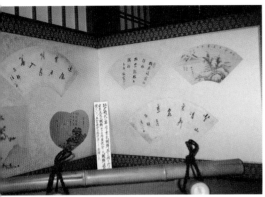

통신사 수행원의 그림과 유묵. 일본 교토 쇼코쿠지(相國寺)의 지쇼인(慈照院) 소장.

　이들 에도조에서의 환대도(歡待圖)나 행렬도, 선단도 등은 대부분의 경우 에도의 막부 중추가 가노하(狩野派)라 총칭되는 어용 화가 일가에게 명하여 그린 것으로, 그림에 찍힌 낙관에 의해 각각 그린 사람이 판명되는 것도 있다. 명령을 받은 가노오하가(家)에서는 수많은 제자들을 총동원하여 통신사의 행렬을 스케치하도록 하고, 이를 이·취합하여 작품을 만들어 막부 등에 제공한 것이라고 한다. 그리고 큰 작품 중에는 병풍으로 만든 것이 많이 있다. 그러나 교토 시의 고려박물관에 있는 행렬도는 그 길이가 무려 130m나 되며, 그 속에 그려져 있는 인물은 조선인과 호위와 운반 역을 맡은 일본인을 합쳐 모두 4,600명에 달한다. 이와 같은 대작은 병풍으로 만들 수 없기 때문에 두루마리로 하여 표장(表裝)되어 있다. 그리고 수는 그렇게 많지는 않지만, 사신들의 수행원을 초상화로 그린 작품도 있다. 일본인 민간 화가들이 통신사를 그린 육필(肉筆)의 우키요에(浮世畵)[4]는 육필의 판화와 이것을 새긴 인쇄물이 있다. 우키요

───────────────

4) 민간 화가의 판화 또는 육필화. 에도 시대에 유행했다.

마루야마 오신(圓山應辰)의 그림 〈비와코노즈(枇杷湖之 圖)〉 부분.

에의 대표적인 것으로는 하네카와 도에이(羽川藤永)라는 화가가 그린 〈조센진라이초즈(朝鮮人來朝圖)〉라는 이름의 작품이다. 그런데 최근의 연구에 의하면 이 그림은 통신사의 행렬을 에도 간다마츠리(神田祭) 에 혼합해 넣은 것을 그린 것이라고 설명하고 있다. 그러나 이와 거의 같은 모양의 그림으로서 진짜 통신사 행렬을 소재로 하여 그 린 것도 있다. 그 밖에 하나후사 잇초(英一蝶), 이시카와 도요노부(石 川豊信), 도리이 기요노부(鳥居淸信), 오쿠무라 마사노부(奧村政信) 등 유 명 화가들이 통신사 일행을 소재로 그린 그림들을 남겼으며, 그 중 에는 우키에(浮き繪)라 불리는 서양의 원근화법을 사용해서 그린 것도 있다. 또한 현존하는 것이지만 멀리 뉴욕·보스턴·런던 등 미국과 유럽의 미술관과 박물관에 소장되어 있는 작품들도 있다.

주목할 만한 것은 유명한 우키요에 판화가인 가츠시카 호쿠사이 (葛飾北齊)의 작품이다. 그는 에도와 교토를 잇는 도로와 숙박소의 풍 경을 그린 〈도카이도고주산츠기(東海道五十三次)〉라는 작품을 남겼다. 그 중 시즈오카 현의 세이켄지와 후지 산 등 세 곳에서 통신사를 소재로 한 그림을 그렸다. 하지만 에도까지 도착한 최후의 통신사가 왔을 때, 그의 나이는 불과 4세밖에 되지 않았다. 그리고 교토의 마 루야마 오신(圓山應震)은 〈비와코노즈(琵琶湖之圖)〉 중에서 통신사의 행 렬이 비와코 연안을 행진하는 그림을 그렸는데, 그는 통신사가 비와코를 최후에 지나간 해로부터 무려 40년 후에 태어났다. 이 밖에도 비슷한 사례들이 있지만, 이러한 해프닝은 조선통신사의 일본 방문이라는 행사가 많은 일본인들의 이목을 집중시켰고, 더욱이 강렬한 문화적 자극을 주었다는 증거라 할 것이다. 이러한 회화 작품은 약 340점에 달하며 그 밖에 도로, 숙사의 방 배열, 배다리인 센쿄(船橋)[5] 등 구축물의 기록을 위해 그려진 해도(海圖)가 52점 확인되었다.

IV. 기타 유형문화재

유형문화재에는 의복, 악기, 장난감[玩具], 용구 등이 있다.

먼저 의복으로는 다음에 설명할 무형문화재로서의 도진오도리(唐人踊り) 때 입었던 의상이나, 혹은 현재 이 춤을 출 때 입었던 의상을 들 수 있다. 이들 의상은 기후 현(岐阜縣) 오가키 시(大垣市)와 미에 현(三重縣) 스즈카 시(鈴鹿市), 츠 시(津市)에서 볼 수 있지만, 이 옷차림은 모두 옛날 그 당시의 것이 아니라 전해져 내려오면서 사용하면서 손상된 부분을 보수하는 과정에서 모양과 색이 변하여 오늘날까지 전승된 것으로 보인다. 악기는 도치기 현 닛코 시의 도쿠가와 이에야스와 이에미츠의 묘 앞에서 두 차례 유교식 제사를 지낼 때 조선에서 일부러 가지고 온 것이 4점 있고, 그 밖에 앞서 말한 오가키와 스즈카 시의 제례 때 연주하기 위해 가져온 11점을 들 수 있다.

장난감에 대해서는 지난해 필자가 직접 조사한 바에 따르면 모두 21점이 있지만, 실제로는 더 많은 것이 전해지고 있을 것이다. 그 대부분은 토인형(土人形)으로 통신사 수행원을 모델로 삼아 아이

---

5) 배를 엮어 임시로 만든 다리.

들을 위한 장난감으로 아마
도 토산용품으로 만든 것이
라고 보인다. 그 중에는 오
늘날에도 계속 제작되는 것도
있다. 그런데 이들 장난감을
만드는 지역은 통신사 행렬이
지나간 도시에 한정되지 않고
멀리 아오모리 현(靑森縣)·야
마가타 현(山形縣)·시마네 현
(島根縣)·나가노 현(長野縣) 등
에까지 퍼져 있으며, 통신사
가 왕래한 히로시마 현, 교
토 부, 시가 현(滋賀縣)에서도
볼 수 있다. 인형은 에도 시

왼쪽: 조선통신사의 선물 삼구족(三具足). 대마도 반
쇼인(萬松院) 소장.

대에 '도진(唐人)'이라고 했던 동양의 외국인 어른, 혹은 아이들이
악기나 용구를 가지고 있는 모습으로 예쁜 색깔을 칠했다. 그 밖
에 하리코(張子) 인형이나, 기모노(着物)를 짓고 남은 헝겊 '하기레(端
切れ)'로 만든 것도 있다.

이들 인형을 제작한 사람들은 여행이나 업무로 출장을 갔을 때
간혹 에도나 교토, 오사카 등에서 통신사 행렬을 볼 수가 있었기
때문에 그 행렬을 스케치하여 자신의 고향으로 전하거나, 혹은 그
스케치를 손에 넣은 인형사(人形師)가 작품을 만들어 향토 토산품으
로 팔았던 것이다.

끝으로 '용구'라고 할 수 있는 것을 일괄해 보기로 한다. 용구의
많은 부분은 통신사가 일본 각지에 증여품으로 남긴 것이다. 예를
들면 닛코나 대마도에 있는 동종(銅鐘)과 삼구족(三具足)이 있으며, 야

통신사를 소재로 만든 후시미(伏見) 인형.

마구치 현에 있는 번주 모리씨(毛利氏)에게 기증한 문방구·마포·동화(銅貨)·하쿠코(栢子=잣나무 씨) 등이 있다. 이들의 대부분은 현재 국가 지정 중요 문화재로 되어 있다. 또한 서로가 교환한 인롱(印籠)[6]과 인장(印章)도 있다. 근년에 발굴한 통신사 옛 객관 터에서는 여러 가지 품목이 출토되었으며, 식사를 제공할 때 사용된 각종 식기·술잔과 술병·인롱 등이 여기저기에서 발견되고 있다. 또 제례 때 사용된 깃발과 자질구레한 도구들도 있다. 앗칸(壓卷)[7]은 기후 현에 있는 벳푸사이쿠(別府細工)라고 하는 납형 주물 세공품(蠟型鑄物細工品)[8]으로서 19세기 초에 제작된 것인데 문진(文鎭=書鎭)[9]·촉대·화병·향로 등 여러 가지 용구에다가 통신사의 모습이나 도진을 새긴 작품 20점이 현존하고 있다. 제작 장소는 극히 평범한 농촌이었지만 통신사가 지나간 길목이었을 뿐 아니라 거기서 반드시 1박을 한 오가키 마을에서 가까운 곳이다. 이들 세공품은 당시 일본 농민의 손재주 수준을 보여주고 있으며, 당시 농민들이 통신사에 대해 관심이 많았음을 짐작할 수 있다.

6) 여행할 때 약 같은 것을 넣어 다니는 소형 휴대품으로, 표면에 색칠을 하고 그림을 새겼다.
7) 여러 책이나 작품 가운데 가장 잘된 것.
8) 소라 모양의 철 등 작은 주물에 부쳐 만든 수공예품.
9) 책이나 종이가 바람에 날리지 않도록 올려놓는 것.

V. 무형문화재

일본에서는 예로부터 도시나 시골 마을마다 사람들이 다른 마을에 있는 진자(神社)에 해마다 두 번씩 풍작과 재해방지, 상거래의 번성을 기원하는 제례를 지내는 것을 많이 볼 수 있다. 아무튼 평화가 이어지고 농촌의 생산력이 증가되며 도시의 상공업이 번창해진 에도 시대에 들어서면 이러한 제례가 도시와 농촌을 불문하고 성행했다. 이때 신지(神事)의 여흥으로서 행렬과 춤판이 벌어지는 것이 상례였다. 이러한 행렬과 춤은 도시나 농촌에 사는 민중들이 고안하고 연구하여 실행했다. 이 고안과 연구에서는 조선통신사의 화려한 행렬과 여기저기에서 벌어진 이국풍의 춤이나 악기의 연주가 둘도 없는 모델이었다. 여기에다가 옛날의 난반진(南蠻人=포르투갈인과 스페인인)의 기억, 또한 나가사키의 중국인, 그리고 류쿠국(琉球國) 사절의 행렬을 혼성한 여러 가지 모습의 여흥이 개발되었던 것이다.

그 중에서도 비교적 오랜 기간 통신사가 체류한 에도에서는 그들에 대한 인상이 특히 강렬했을 것이다. 오늘날 회화자료로서 에도의 최대 축제였던 '간다묘진마츠리(神田明神祭り)'에서는 조선통신사의 행렬, 이것도 에도에 실제로 온 적이 있는 모습들을 꿰어 맞춘, 이른바 네리모노(練り物=짜집은 것) 행렬이 등장했다. 이 밖에도 통신사가 지나가지 않았던 이바라기 현(茨城縣)·사이타마 현(埼玉縣)·미에 현(三重縣) 등에서도 통신사를 상징하는 행렬이 축제 때 등장한다. 통신사가 지나간 곳으로는 나고야 시(名古屋市)에서의 축제 때 볼 수 있다.

춤추는 방법을 보면, 통신사의 수행원 중 데리고 온 아동이 일본 각지에서 요구하는 대로 춤을 춘 대무(對舞) 형태를 받아들인 것으로 짐작되는 오카야마 현(岡山縣) 우시마도(牛窓)의 경우나, 이국풍의 의상과 악기를 연주하는 미에 현의 츠 시, 스즈카 시의 춤이 오늘날

까지 전승되고 있다. 그 밖에 문헌상의 기록과 회화자료, 용구 등에서만 찾아볼 수 있는 춤은 가나가와 현(神奈川縣)·기후 현·교토 시·시모노세키 시 등에 있었다고 알려지고 있다. 이들 춤 역시 일반적으로 도진오도리(唐人踊り)라 불렸다.

전근대의 일본에서는 중국과 조선인 등 동양계의 외국인을 민족의 구별 없이 모두 '도진(唐人)'이라 불렀기 때문에 이들 춤도 그와 같이 이름 붙인 것이다. 여기에서도 지역 주민들이 연구를 거듭하여 이러한 춤을 전승해 온 것이다. 그러나 시대에 따라 쇼사(所作)[10]나 가사, 멜로디 등은 변화된 것으로 보인다. 그리하여 현재에도 지역의 주민이나 자치체는 이들 전통행사가 끊임없이 계속되도록 노력하고 있다.

Ⅵ. 의학과 본초학[11]

조선통신사가 왕복하면서 각지에서 숙박하여 일본의 유학자와 문인들과 교류하는 장소에는 의학자들도 있었다. 통신사의 일행에는 반드시 의원(醫員) 2명이 있었으며, 1682년(숙종 8, 덴나 2)부터는 일본측의 요청으로 양의(良醫) 한 사람이 추가로 포함되었다. 당시 일본은 동양의학에 근거하여 진단·치료·투약이 행해지고 있었다. 나가사키의 중국인으로부터 전해온 의학·약학의 지식뿐만 아니라, 통신사의 의원과 교류하여 얻은 지식 또한 일본 의학 발전에 큰 역할을 수행했다. 일본에서는 에도 시대 초기에 허준(許浚)의 『동의보감(東醫寶鑑)』이 들어왔으며, 조선 의학의 높은 수준은 잘 알려져 있었

---

10) 연극 등에서 연기를 하는 배우의 동작.
11) 중국에서 발달한 한의학의 부분으로, 인체의 질병치료에 사용되고 있는 산물(주로 식물)을 원형 그대로 건조하거나 또는 이것을 간단히 가공하여 치료제로 사용하는 것에 관한 학문.

다. 때문에 통신사 일행의 의원에 대한 기대는 더욱 컸던 것이다.

후쿠오카 번의 유학자 가이바라 에키켄(貝原益軒)은 본초학자였으며, 1655년(효종 6, 메이레키 1) 통신사가 일본에 왔을 때 아이노시마(相島·藍島)에서 약용 인삼에 관하여 문답을 행했다. 당시에는 유학자가 의사를 겸한 사례가 적지 않았다. 그 이후 인삼을 비롯한 약학·목초학에 관한 문답이 자주 행해졌다. 그 중에서 기후 현의 오가키의 의사였던 기타오 슌포(北尾春圃)는 자식들을 데리고 와서 히코네(彦根)와 오가키에서 조선의 양의나 의원들과 의료 문답을 했는데, 이는 그의 후계 자식들에게 바로 조선 의학을 배우는 기회가 되기도 했다. 이들의 문답 내용은 곧 오사카의 출판사에 의해 문헌으로 간행되었다.

또한 대마도에서 번주가 조선의 의사에게 치료를 받은 일도 있었고, 그 반대로 일본의 의사가 통신사 일행의 병자를 치료한 적도 있었다. 1636년(인조 14, 간에이 13) 종사관 황호(黃㦶)가 발병하여 막부 전속 의사였던 오카모토 겐지(岡本玄治)가 치료를 했다. 또 1748년(영조 24, 엔쿄=延享 5)에는 통신사 일행이 오사카 체류 중에 병이 난 중환자나 해상에서 칠 작업을 하던 일행 중 하관 3인에게 대마번의 오사카 번저로부터 의뢰받은 의사 히구치 도요(樋口道與)가 치료를 했다.

그 밖에 일본 역학자(曆學者)들도 통신사 수행원들에게서 지식을 얻었다. 이처럼 학술교류는 대단히 넓은 범위에 걸쳐 이루어진 것을 알 수 있다.

VII. 일본이 조선에 기증한 물품

임란 후 처음 3회의 통신사의 경우, 일본측 세 사신에게는 금병풍이나 백은(白銀), 무구(武具) 등을 기증했으나 조선 국왕에 대한 기증품은 없었다. 그러나 사절단의 명칭이 '통신사'로 복원된 1636

년(인조 14, 간에이 13)부터는 도쿠가와 장군이 조선 국왕에 대해 답례 의미의 증정품을 보내게 되었다. 그 증정품의 정수(定數)는 20쌍의 병풍이었으며 금가루[撒金], 지금(地金) 또는 첩금(貼金)[12]을 칠하여 만든 것이었다. 일본의 고사(故事)[13]나 명소 풍경화 또는 『겐지모노가타리(源氏物語)』,[14] 『이세모노가타리(伊勢物語)』[15] 등의 문학작품이나 그림 두루마리(繪卷=에마키), 무사그림[武者繪] 등을 소재로 했고, 막부의 어용 화가인 가노하(獵野派) 일가에게 주로 발주하여 제작했다. 그 밖에 긴다이스(銀臺子),[16] 비단옷(錦衣), 마키에(蒔繪),[17] 쇼다나(書棚), 타치(太刀), 나기나타(長刀), 쿠라카이구(鞍皆具=裝飾馬具)[18] 등이 부가되었다. 통신사행의 최종회인 1811년(순조 11, 분카=文化 8)의 경우는 경비절약을 위해 양국 모두 증여품의 수를 거의 반으로 삭감했으나, 그럼에도 답례 증물은 계속되었다. 일본측이 답례로 기증한 품목 중 몇 점은 서울 궁중역사박물관에 현재 보관되어 있다.

조선통신사의 왕래에 따른 200년간, 일본과 한국은 이 지역의 평화와 선린관계를 지속했으며, 동시에 여태까지 보아온 바와 같이 문화교류 차원에서도 커다란 성과를 거두었다. 도쿠가와 막부와 다이묘, 번사계층뿐만 아니라 일반 민중에게도 문화적 자극을 주었

---

12) 살금(撒金), 지금(地金), 첩금(貼金)이란 모두 금병풍 제작 때 금가루를 칠하는 기술을 말한다.
13) 유서 깊은 어구(語句).
14) 헤이안(平安) 시대(A.D. 794~1192) 궁중생활을 묘사한 장편소설. 무라사키 시키부(紫 式部) 지음. 총 54권.
15) 헤이안 시대 전기에 지은 가사(歌詞)로 된 이야기책으로, 당대의 이상적인 청년 자이고(在五: 아리와라씨=在原氏의 5남 나리히라=業平)를 주인공으로 하여 와카(和歌)로 읊은 단편소설집. 위의 겐지모노가타리와 함께 그림 두루마리로 편찬되기도 했다.
16) 차 도구와 이를 넣어두는 가구.
17) 금, 은가루로 칠기 표면에 무늬를 놓는 일본 특유의 미술공예품.
18) 말안장과 그 부속 장구.

으며, 이것이 양 민족간의 상호 이해를 돕고 나아가 상호 멸시로 부터 다른 문화를 이해하는 단계로 발전해 나갔다고 할 수 있다.

〈표 7〉 통신사 빙례 연표

연대 서기	연대 조선/일본	연대 간지	정사 (正使)	부사 (副使)	종사관 (從事官)	빙례 목적(聘禮目的) [조선 측 의도]
1607	선조 40 게이초(慶長)12	정미 (丁未)	여우길(呂祐吉) [癡癢]	경섬(慶暹) [七松]	정호관(丁好寬) [一蘗]	국교회복 [왜정 탐색.피로인 쇄환]
1617	광해 9 겐나(元和) 3	정사 (丁巳)	오윤겸(吳允謙) [楸灘]	박재(朴榟) [雲溪]	이경직(李景稷) [石門]	오사카(大坂) 평정 축하 [위와 같음]
1624	인조 2 간에이(寬永) 1	갑자 (甲子)	정립(鄭岦)	강홍중(姜弘重) [道村]	신계영(辛啓榮) [仙石]	이에미츠(家光) 습직 축하 [위와 같음]
1636	인조 14 간에이 13	병자 (丙子)	임광(任絖) [白麓]	김세렴(金世濂) [東溟]	황호(黃㦿) [漫浪]	태평 축하 [왜정 탐색 · 신 통교체제 확인]
1643	인조 21 간에이 20	계미 (癸未)	윤순지(尹順之) [洴溪]	조동(趙絅) [龍洲]	신유(申濡) [竹堂]	닛코 산 (日光山) 치제(致祭) [세자 이에츠나(家綱)탄생 축하] · [왜정 탐색]
1655	효종 6 메이레키 (明曆)1	을미 (乙未)	조형(趙珩) [翠屏]	유석(俞瑒) [秋潭]	남용익(南容翼) [壺谷]	이에츠나(家綱) 습직 축하
1682	숙종 8 덴나(天和) 2	임술 (壬戌)	윤지완(尹趾完) [東山]	이언강(李彦綱) [鷺湖]	박경후(朴慶後) [竹菴]	츠나요시(綱吉) 습직 축하
1711	숙종 37 쇼토쿠(正德) 1	신묘 (辛卯)	조태억(趙泰億) [平泉]	임수간(任守幹) [靖菴]	이방언(李邦彦) [南岡]	이에요시(家宣) 습직 축하
1719	숙종 45 교호(享保) 4	기해 (己亥)	홍치중(洪致中) [北谷]	황준(黃璿) [鷺汀]	이명언(李明彦) [雲山]	요시무네(吉宗) 습직 축하
1748	영조 24 엔쿄(延享) 5	무진 (戊辰)	홍계희(洪啓禧) [淡窩]	남태기(南泰耆) [竹裏]	조명채(曺命采) [蘭谷]	이에시게(家重) 습직 축하
1764	영조 40 호레키(曆) 14	갑신 (甲申)	조엄(趙曮) [濟谷]	이인배(李仁培) [吉菴]	김상익(金相翊) [弦庵]	이에하루(家治) 습직 축하
1811	순조 11 분카(文化) 8	신미 (辛未)	김이교(金履喬) [竹里]	이면구(李勉求) [南霞]	폐지	이에나리(家齊)습직 축하 (상사:오가사와라 다다카타(小笠原忠固) · 부사:와키사카 야스타다(脇坂安董代行)

서기	부속 빙례 (附屬聘禮) 등	향연(축하연주)	조선국서	
			수취인	연호
1607	귀로에 수루가 오고쇼(駿府大御) 에서 이에야스 예방	혼다마사노부(本多正信) · 오쿠보타다치카(大 久保忠隣) · 사카이타다요(酒井忠世) 향응 거행	일본 국왕 (日本國王)	만레키 (万曆) 35
1617	—	오와리(尾) · 순푸(駿) 직계귀족 향응 동석	일본 국왕 (日本國王)	만레키 45
1624	오고쇼 히데타다(大御所秀忠) 빙례	순푸 · 미토(水卿) 직계귀족 향응 동석	일본 국왕 (日本國王)	덴케이 (天啓) 4
1636	닛코(日光) 새로 조성한 도쇼구 (東照宮) 유람	오와리(尾) · 미토 직계귀족 향응 동석	일본국 대군 (日本國大君)	즈데이 (崇禎) 9
1643	닛코 도쇼구 치제, 헌물(獻物), 세자에게 별폭(別幅) 선물	오와리 · 기이(紀伊) · 미토 직계 향응 동석	일본국 대군 (日本國大君)	즈데이 16
1655	닛코 도쇼구 · 다이유인 묘(大猷 院廟) 치제 · 헌물	오와리 · 기이 · 미토 직계 향응 동석 [演能(式三番)]	일본국 대군 (日本國大君)	을미년 (乙未年)
1682	세자에게 별폭 선물	기이 · 미토 · 고후츠나토미(甲府綱豊) 직계 향 응 동석	일본국 대군 (日本國大君)	임술년 (壬戌年)
1711	—	고케(高家) · 양장로(兩長老) · 소 대마수(宗對 馬守) 접대 향응(다른 날) [12가지 가무]	일본 국왕 (日本國王)	신묘년 (辛卯年)
1719	—	기이 · 미토 직계 귀족 향응 동석	일본국 대군 (日本國大君)	기해년 (己亥年)
1748	오고쇼 요시무네(大御所吉宗) 빙례[예고 없어 중지] 세자 이에하루(家治) 빙례	기이 · 오와리 양(兩) 직계 향응 동석	일본국 대군 (日本國大君)	무진년 (戊辰年)
1764	—	기이 · 미토 세자 향응 동석 [다야스(田安) · 히 토츠바시(一橋) 양가측은 불참]	일본국 대군 (日本國大君)	갑신년 (甲申年)
1811	—	양측 사절 향응	일본국 대군 (日本國大君)	신미년 (辛未年)

서기	일본답서 발신인	일본답서 연호	특기 사항	교토 다이부츠덴(大佛殿) 앞 초청 연회	총인원 (오사카 대기) [교토 대기]
1607	일본국 미나모토 히데타다(源秀忠)	용집(龍集) 정미(丁未)	교토(洛中) 유람 · 가마쿠라(鎌倉) 유람 · 수루가 만(駿河灣) 유람	없음	504 [100]
1617	일본국(왕) 미나모토 히데타다	용집 정사(丁巳)	후시미성(伏見城) 빙례 被虜人說諭官巡回	중 · 하관 초청연회	428 (78)
1624	일본국(왕) 미나모토 이에미츠 ((王)源家光)	용집 갑자(甲子)	피로인 설유관 (說諭官) 순회 (巡回) 조총 구입	다이부츠덴 구경 (大佛殿周覽)	460 [114]
1636	일본국 미나모토 이에미츠	간에이 (寬永) 13	조선 국왕 앞 별폭선물 처음 시작	우천으로 중지	478 (불명)
1643	일본국 미나모토 이에미츠	간에이 20	마상재 공연 관람	다이부츠덴 구경 희망 · 연회 · 산주산겐도 (三十三間堂) 앞 소씨 (宗氏)초청연회	477 (불명)
1655	일본국 미나모토 이에츠나(源家綱)	메이레키 (明曆) 1	마상재 공연 없음	위와 같음	485 (100)
1682	일본국 미나모토 츠나요시(源綱吉)	덴나 (天和) 2	마상재 야요슈 강변 [八代洲河岸] 공연	위와 같음	473 (113)
1711	일본국왕 미나모토 이에요시(王源家宣)	쇼토쿠 (正德) 1	마상재[다야스몬(田安門)] 내(內)] 도중 연회 5개소 지정, 상사 위문 시 의례 변경 · 쇼시다이(所司代) 위문	위와 같음	500 (129)
1719	일본국 미나모토 요시무네(源吉宗)	교호 (享保) 4	마상재(다야스몬 내) 활쏘기 묘기 [우에노구루마사카 밑(上野車坂下)] · 쇼시다이 위문	분쟁 이후 관례대로 실시. [종사관 불참]	475 (129)
1748	일본국 미나모토 이에시게(源家重)	엔쿄 (延享) 5	마상재(다야스몬 내) 활쏘기 묘기 [우에노카지초(上野下寺町)] · 쇼시다이 위문	중지	477 (109)
1764	일본국 미나모토 이에하루(源家治)	호레키 (寶曆) 14	마상재(다야스몬 내) 활쏘기 묘기[우에노카지초] · 최천종(崔天宗) 자살(刺殺) 사건 · 조선인 국역금 면제 제소 · 쇼시다이 위문	중지	477 (106)
1811	일본국 미나모토 이에나리(源家齊)	분카 (文化) 8	대마부중(對馬府中) 빙례 국역금 5개년 부과 마상재(馬上才) 없음	—	328

조선통신사의 노정에 반영된 한일 문화교류[1]

—바닷길 노정을 중심으로

한태문 | 부산대학교 국문학과 교수

I. 들어가기

조선통신사는 조선의 왕이 조선 왕조의 대일(對日) 기본정책인 '교린(交隣)'의 실현을 위해 일본 바쿠후[幕府]의 쇼군[將軍]에게 파견한 외교사절이다. 조선통신사는 1428년부터 1811년까지 조선시대 전반에 걸쳐 파견되었지만, 임진왜란을 경계로 전기(前期)의 조선통신사

1) 이 논문은 2003년도 재단법인 일한문화교류기금(日韓文化交流基金)의 지원에 의해 연구된 것으로 그 일부를 『한민족어문학』 45집(한민족어문학회, 2004)에 게재한 바 있다. 전문을 게재할 수 있게 배려해 주신 유종현 교수님께 이 자리를 빌려 감사를 드린다.
 이 글은 되도록 한글을 사용하되 의미를 분명히 하기 위해 한자를 부기했다. 특히 일본의 지명이나 인명 등은 한글음으로 달되 한문은 '[ ]'를 사용함으로써 일반적인 '한글(한자)' 표기법과 구별되게 했다. 그리고 '조선통신사'의 명칭에 대한 논란이 많지만 구체적인 논의는 뒤로 미루고 이 논문에서는 양국의 문화교류를 다루고 있는 까닭에 일관성을 위해 모두에게 많이 알려진 '조선통신사'란 명칭을 그대로 쓰기로 한다.

는 자료가 엉성하여 구체적인 면모를 살피기 어려운 현실적인 문제가 있다.[2] 따라서 대부분의 연구자들은 후기(後期)의 조선통신사에 주목한다. 그것은 후기의 조선통신사가 임진왜란의 상처를 딛고 행해진 외교사행인데다, 그 이면에 양국의 다양한 문화교류가 이루어져 한일 문화교류의 공식 통로 역할도 수행했기 때문이다. 게다가 『통신사등록(通信使謄錄)』・『조선통신사내빙기(朝鮮通信使來聘記)』와 같은 관찬(官撰) 기록과, 『해유록(海游錄)』・『화한창수집(和韓唱酬集)』으로 대표되는 각종 사행(使行) 체험기 및 창화집의 존재 또한 후기의 조선통신사를 주목하는 데 기여했음은 물론이다.

조선통신사가 일반인에게 알려진 것은 재일(在日) 학자 신기수(辛基秀)가 1979년 2월에 제작한 〈에도[江戶] 시대의 조선통신사〉라는 50분용 기록영화에서 비롯되었다. 이 영화는 당시 ≪아사히신문[朝日新聞]≫(3월 26일)이 사설을 통해 비중 있게 다루었을 정도로 왜곡된 한국관을 지녔던 일본사회에 엄청난 파장을 불러일으켰다. 동시에 핍박과 멸시 속에 울분을 삼키며 살아야 했던 재일 한인에게는 '상영운동'으로 불릴 정도로[3] 조국에 대한 자부심을 가지게 되는 계기가 되기도 했다.

그 후 약 10년이 지난 1990년 5월, 노태우 대통령의 방일을 계기로 조선통신사는 다시 한 번 양국민의 주목을 받기에 이른다. 곧 일본 천황이 궁중만찬회 석상에서 에도 시대의 조선통신사를 거론

---

2) 전기의 조선통신사에 관한 대표적인 연구로 村井章介, 『東アジア往還―漢詩と外交』(朝日新聞社, 1995) 32~38頁이 있다.

3) 辛基秀, 「〈江戶時代の朝鮮通信使〉の上映運動」, 『季刊 三千里』. 21号(三千里社, 1980), 174~178頁.

4) 특히 일본 고등학교 역사 검정교과서 26종(1998년)에는 조선통신사를 각각 '조선통신사' (12), '통신사' (10), '조선사절' (3), '조선신사(朝鮮信使)' (1) 등으로 명칭만 다를 뿐 모두 조선통신사에 대해 기술하고 있다. 이에 대해서는 山崎剛一, 「教科

하며 양국의 선린우호관계를 강조하고, 노 대통령 역시 조선과의 외교에서 일본측 대표적 인물인 아메노모리 호슈[雨森芳洲]를 거론한 것이다. 그 결과 오늘날 양국 역사교과서에는 조선통신사에 대한 역사적 의의가 기재되고,[4] 일본측에서는 '조선통신사연지연락협의회(朝鮮通信使緣地連絡協議會)'와 한국측에서는 '조선통신사문화사업추진위원회'가 결성되었다. 그리고 2003년에는 '조선통신사 문화교류사업공동추진협정'까지 맺어져 조선통신사와 관련한 문화교류사업을 활발히 전개하기에 이르렀다. 그야말로 조선통신사는 21세기를 살아가는 한국과 일본 국민 모두에게 문화교류의 상징이 되고 있는 것이다.

지금까지 조선통신사에 대한 연구는 많이 이루어졌고,[5] 그 가운데 조선통신사의 노정을 중심으로 한 연구도 활발히 진행되었다. 다만 지금까지의 노정 연구는 서울에서 부산, 그리고 쓰시마[對馬島] 섬으로부터 에도[江戶] 또는 닛코[日光]에 이르기까지의 전체 노정을 답사형식으로 살핀 것[6]이 대부분이었다고 할 수 있다. 따라서

書記述にみる朝鮮通信使」,『會報むろのつ』, 5号(町立室津海驛館 '嶋屋' 友の會, 1999), 38頁을 참조.

5) 연구사는 한국의 경우 손승철(「조선시대 통신사 연구의 회고와 전망」,『한일관계사연구』, 12집, 한일관계사학회, 2002)과 한태문(「통신사 사행문학 연구의 회고와 전망」,『국제어문』, 27집, 국제어문학회, 2003)에 의해, 일본은 三宅英利『近世日朝關係史の研究』(일본, 文獻出版, 1986)에 의해 이루어졌다.

6) 논문으로는 ① 임성철,「朝鮮通信使の路程記研究」,『외대론총』, 5집(부산: 부산외국어대학교, 1987)와 ② 김성우,「조선통신사의 '한양—부산' 간 파견경로 및 경과도시」, 한국건축역사학회 · 조선통신사에 관한 한일 학술심포지엄 실행위원회,『조선통신사의 길』(2004 한일 국제학술 발표 및 역사도시 심포지엄 발표집)이 있다. 그리고 단행본으로 ① 이진희,『江戶時代の朝鮮通信使』(일본: 講談社, 1992), ② 김의환,『조선통신사의 발자취』(정음문화사, 1985), ③ 朴春日,『朝鮮通信使史話』(일본: 雄山閣出版, 1992), ④ 신성순 · 이근성,『조선통신사』(서울: 중앙일보사, 1994), ⑤ 辛基秀 · 仲尾宏,『図說 朝鮮通信使の旅』(일본: 明石書店, 2000), ⑥ 辛基秀,『朝鮮通信使の旅日記』(일본: PHP研究所, 2002) 등이 대표적이다.

이제는 노정을 중심으로 양국의 문화교류를 보다 심층적으로 접근할 필요가 있다.

본고는 이와 같은 문제의식에서 출발하되 조선통신사의 노정 가운데서도 바닷길 노정지역을 중심으로 양국의 문화교류를 살피기로 한다. 연구대상을 바닷길 노정으로 국한한 것은 11,300여 리(里)에 달하는 조선통신사의 왕복 노정 가운데 배를 이용한 바닷길 노정이 5분의 3을 차지하고 있는데도,[7] 그동안의 연구에서는 바쿠후의 관할지역인 오사카[大阪]·교토[京都]·에도 등 육로 노정지역에 비해 상대적으로 소외되어 있었기 때문이다.

하지만 사행원들의 사행기록과 일본에 남아 있는 각종 창화집에는 바닷길 노정 지역에서의 문화교류가 빈번하게 등장한다. 또 이들 지역 중에는 오늘날까지도 조선통신사와 관련한 문화를 전승하고 있는 곳이 의외로 많다. 따라서 당시 바쿠후의 관할지역이 아니어서 상대적으로 소홀히 다루어졌던 바닷길 노정에서의 문화교류 양상과, 당시 문화교류의 영향이 오늘날 어떤 형태로 지속되고 있는지를 살피고자 한다. 나아가 조선통신사를 통한 문화교류의 의의를 조선통신사가 바닷길 노정 지역에 미친 영향을 중심으로 자리매김하고자 한다.

II. 바닷길 노정을 통한 문화교류의 형성 배경

1. 문화사절로서의 긍지와 재능의 과시

조선통신사는 표면적으로는 분명히 교린 외교사절이었다. 하지만

---

7) 조엄,『해사일기(海槎日記)』, 5, 갑신년 6월 22일, 往來一萬一千三百餘里 水路居五分之三.

그 이면에는 다양한 문화교류를 포함하고 있었다. 이는 다음과 같은 기록에서 확인할 수 있다.

① 장사(壯士)를 데리고 간 것은 그 용맹과 힘을 그들에게 보여주려 함이요, 제술관(製述官)과 서기(書記)를 데리고 간 것은 글을 바라는 그들의 요구에 응하기 위해서이다. 일본어 역관과 중국어 역관을 데리고 간 것은 그 언어를 서로 통하게 하기 위해서이고, 의원을 데리고 간 것은 그 병을 치료하기 위해서이다. 또한 사자관(寫字官)·화원·별파진(別破陣)·마상재(馬上才)·전악(典樂)·이마(理馬)를 데리고 간 것은 기예(技芸)가 이웃나라에 지지 않게 하기 위해서이다.[8]

② 조정에서 문신(文臣) 가운데 3품 이하를 골라 뽑아서 삼사(三使)를 갖추어 보냈다. 그들 수행원에 뽑힌 이도 모두들 대단한 문장과 함께 아는 것도 많았다. 천문, 지리, 산수(算數), 복서(卜筮), 의술, 관상(觀相), 무력(武力)으로부터 통소 부는 이, 거문고 뜯는 이, 농담 잘하는 이, 우스운 이야기 잘하는 이, 노래 잘 부르는 이, 술 잘 마시는 이, 장기나 바둑을 잘 두는 이, 말 타기와 활쏘기를 잘하는 이들까지 한 기술로 국내에서 이름 날리는 이는 모두 함께 따르게 되었다.[9]

글 ①은 직접 사행에 참여한 정사(正使) 조엄(趙曮)의 기록이고, 글 ②는 사행 체험이 전혀 없는 박지원(朴趾源)의 기록이다. 하지만 모두 조선통신사를 '일본인들과의 문화교류를 염두에 두고 당대 최고의 문장과 재능을 지닌 이들로 구성된 문화사절단'으로 파악하고 있다. 실제로 당시 조선에서는 시문창화(詩文唱和)를 비롯한 일본인과의 문화교류를 염두에 두고 구성원을 선발했다. 곧 시문창화를 임무로 했던 제술관, 3인의 서기, 양의(良医) 1인, 의원 2인, 사자관 2인, 화

---

8) 같은 책, 1, 계미년 8월 3일.
9) 박지원, 「우상전(虞裳傳)」.

원 1인, 전악(典樂)·취수(吹手)·풍악수(風樂手)로 구성된 악대, 마상재 등 문학적 재능과 기예에 뛰어난 인원들이 대거 편재되었다.[10]

또 일본으로 가기 전 조선통신사의 일본관도 사행원들의 긍지를 북돋우고 문화교류를 활발히 하는 데 기여한 것으로 보인다. 당시 조선 유학자들은 일본을 '교화를 통해 복속시킬 수 있는 야만의 나라'로 인식했다. 곧 통신사행은 "시 300편을 외우되 정사를 맡겨주어도 다스리지 못하고, 사방의 이웃나라에 사신으로 가서 왕명을 완수하지 못하면 비록 많이 외운들 무슨 소용이 있는가?"[11]라는 공자의 가르침을 실천할 수 있는 좋은 기회였다. 그 결과 1655년 사행의 종사관(從事官) 남용익(南龍翼)은 약명체(藥名體)·옥련환체(玉連環體)·첩자체(疊字體)·수명체(數名體) 등 시 제목에 작시(作詩) 방법까지 붙이는, 가히 실험적이라 할 만큼 다양한 시체(詩體)를 활용하여 문학적 재능을 과시하게 된다.[12]

또한 통신사행은 당시 능력은 뛰어나되 신분과 같은 제도적 장치 때문에 조선사회에서 소외되었던 계층이 능력을 발휘할 수 있는 기회의 무대가 되기도 했다. 조선통신사의 '꽃'이라 일컬어지는 제술관과 서기는 대부분 양반이 아닌 중인과 서얼 출신[13]이었고, 한학역관이나 자제군관(子弟軍官)으로 참여한 여항(閭巷)의 문인 및 의원·화원·악사 등도 대부분 중인 이하의 계층이었다. 이들에게 통신사행은 자신의 재능을 마음껏 펼칠 수 있는 기회였고, 답답한 가슴을 틀 수 있는 유일한 탈출구였다.

---

10) 연극 등에서 연기를 하는 배우의 동작.
11) 『論語』, 卷13, 「子路」.
12) 한태문, 「조선후기 통신사 사행문학 연구」(박사학위논문, 부산대학교 국어국문학과, 1995), 78~82쪽.
13) 장순순, 「조선후기 통신사행의 제술관에 대한 일고찰」, 『전북사학』 13집(전북대학교 사학회, 1990), 54~60쪽.

게다가 바닷길 노정은 "설산(雪山) 같은 파도가 불끈 솟고, 은(銀)으로 만든 집 같은 파도가 공중에 가설되는 듯 올라갈 적에는 하늘에 오르는 것 같고 내려갈 때는 구천(九泉)으로 들어가는 것"[14] 같은 목숨을 건 여행이었다. 따라서 숙박지에서 만끽하게 되는 바닷길 여행의 심리적 부담과 두려움[15]으로부터의 해방감도 문화교류를 활발히 하는 데 어느 정도 기여를 했을 것으로 보인다.

이처럼 각 분야에서 당대를 대표하는 최고의 재능을 가진 400~500명으로 구성된 조선통신사는 사행에 대한 긍지와 함께 이미 그 자체로 문화교류 역량을 내포하고 있었다.

2. 선진문화에 대한 동경과 이국인에 대한 호기심

조선통신사의 방일은 일본의 에도 시대에 이루어졌다. 특히 도쿠가와[德川] 정권이 장악한 초기 에도 시대는 자국인이 외국인과 접촉하는 것을 엄격히 금지한 이른바 쇄국체제[16]를 유지한 시기였다. 하지만 문호를 개방한 곳도 있었다. 바로 나가사키[長崎]의 데지마[出島]를 통해서 통상국(通商國)인 중국·네덜란드와의 무역이, 그리고 쓰시마 한[對馬藩]과 가고시마 한[鹿兒島藩]을 통해서 통신국(通信國)인 조선·류큐[琉球]와의 외교가 성립되고 있었던 것이다. 따라서 당시 조선통신

---

14) 이경직,『扶桑錄』, 정사년 7월 7일.
15) 그래서 조선통신사는 도일을 앞둔 사행원의 심리적 안정을 위해 부산의 영가대(永嘉台)에서 해신제를 지내고 도해선(渡海船)에 해신의 상징인 용을 그린 깃발을 드날리며 일본으로 향했다. 이에 대해서는 한태문,「조선후기 대일 사행과 영가대 해신제」,『통신사 한일교류의 길을 가다』(조선통신사문화사업 추진위원회, 2004) 참조.
16) 中村榮孝,「江戸時代の朝鮮通信使」,『일본은 우리가 키웠다, 조선통신사』(김용선 역, 동호서관, 1982), 37쪽.

사의 방일은 류큐의 경하사(慶賀使)와 사은사(謝恩使), 네덜란드 상관
장(商館長)의 에도 참부(參府)와 함께 일본인의 이목을 자극하는 가장
중요한 행사가 되었다.[17]

그 중에서도 조선통신사는 상관장·서기관(書記官)에 나가사키[長崎]
부교[奉行] 관계 50명 정도가 따랐던 네덜란드 사절이나, 바쿠후가
부용국(附庸國)임을 알리기 위해 일본풍의 복장을 금지시키고 이국풍
을 강요했던 100여 명의 류큐 사절[18]과 비교가 되지 않을 정도로
주목을 받았다. 그것은 순수하게 사행인원만 400~500여 명에 이르
는 데다, 다양한 분야의 최고의 인재들이 수개월에 걸쳐 일본의 서
쪽 20여 주(州) 50여 개 도시를 왕복한 일대 이벤트였기 때문이다.[19]

더구나 에도·교토·오사카 등과 달리 고급 문화를 향유하거나
직접적으로 이국 문화를 접할 기회가 적었던 바닷길 노정지역의 경
우 조선통신사의 방일은 천재일우의 기회였다. 에도 시대는 일본 근
세의 르네상스[20]라고 불릴 정도로 각 한[藩]마다 유학(儒學)이 장려되
고, 오카야마 한[岡山藩]의 이시야마카가쿠칸[石山假學館](1666)처럼 학
교가 설치되어 한문학이 번성하고 일반 서민들 사이에도 호학(好學)
의 분위기가 일어나고 있었다. 따라서 학자나 문인들이 학문·문화
의 선진국으로 인식하고 있었던[21] 조선의 통신사와 직접 만나 의견
을 교환하는 것은 자기 발전을 위해서도 절대적으로 필요한 일이었
다. 이는 사행 접대를 맡은 한의 입장도 마찬가지였다. 당시 각 한

---

17) 이원식, 『조선통신사』(민음사, 1991), 51쪽.
18) 『宿場と街道 2—垂井宿を通過した人と物』(日本, 垂井ピアセンタ·歴史民俗
　　資料館·歴史文獻センタ, 2000), 17頁.
19) 西村毬子, 『曹命采の日本見聞錄にみる朝鮮通信使』(西濃印刷株式會社, 2000),
　　10頁.
20) 渚口篤志, 『日本漢文學史』(角川書店, 1984), 231頁.
21) 賴 祺一, 「朝鮮通信使と廣島藩」, 『廣島藩·朝鮮通信使來聘記』(吳市·安芸郡蒲
　　刈町, 1990), 41頁.

은 바쿠후에 대해서는 종속관계에 있었지만 다른 한과는 경쟁관계에 있었다. 따라서 자기 지역에 조선통신사가 머물게 되면 선진학문과 기술 등 새로운 정보를 독점하기 위해 지역의 교수·문학·강관(講官)은 물론 에도에 파견되어 있던 문사(文士)들까지 불러들여 조선통신사와 교유하게 했다.

또한 학자나 문사가 아닌 일반 민중들에게도 통신사행은 일생일대의 구경거리였다. 물론 조선통신사의 숙소로 동원된 마을집의 경우 조선통신사가 오가는 동안 자기 집으로 들어가는 것이 금지되고, 일반 주민들의 조선통신사 행렬 구경을 금지하는 한[藩]의 공고도 있었다.[22] 하지만 기상 악화로 인한 대피장소, 또는 순풍을 기다리는 정박항으로서의 특수성도 띠고 있는 곳도 많아 갑자기 민가에 분숙할 경우 보다 자연스런 교류가 형성될 수 있었다. 무엇보다 수십 년 만에 한 번이라는 보기 드문 공인된 유락(遊樂)의 기회를 결코 놓치지 않으려는 민중의 열망 역시 조선통신사와의 문화교류를 활성화하는 데 기여를 했을 것으로 보인다.

III. 바닷길 노정 지역에 반영된 문화교류 양상과 현대적 계승

1. 조선통신사의 바닷길 노정

조선통신사의 바닷길 노정은 부산 영가대(永嘉臺)에서 배를 출발하면서 시작되고, 첫 방문지역인 쓰시마에 도착하면서 이국 체험은 시작된다. 이후 통신사행은 이키[壹岐]의 가츠모토우라[勝本浦]와 치쿠젠슈[筑前州]의 아이노시마[藍島] 섬을 거쳐 나가토슈[長門州]의 아카마

---

22) ① 倉地克直,「朝鮮通信使と牛窓」,『牛窓町史 通史編』(牛窓町, 2001), 561頁.
　　② 玉野市史編纂委員會,『玉野市史』(臨川書店, 1987), 263頁.

가세키[赤間關]에 이르고, 이어 스오슈[周防州]의 가미노세키[上關], 아키슈[安芸州]의 가마가리[蒲刈], 빈고슈[備後州]의 도모노우라[韜浦], 비젠슈[備前州]의 우시마도[牛窓], 하리마슈[播磨州]의 무로츠[室津], 셋츠슈[攝津州]의 효고[兵庫]로 끝나는 소위 세토 나이카이[瀨戶內海] 항로를 통행해서 오사카로 향했다. 이 가운데 쓰시마와 이키는 조선통신사와 거의 같은 규모의 가신단(家臣團)이 동행한 안내역으로서의 입장이기에, 그리고 셋츠슈의 효고는 바쿠후의 관할지역에 들어가기 때문에 논외로 하면 아이노시마로부터 아카시노우라[明石浦]까지가 대상이 된다. 그런데 이들 지역은 아이노시마와 아카마가세키 외엔 모두 세토 나이카이를 끼고 있는 데다, 8도 66주의 행정경계 중 일본 서쪽의 산요도[山陽道] 8주에 발달한 항구마을이다.

조선통신사의 주된 바닷길 노정이었던 세토 나이카이는 시코쿠[四國] 북부와 산요도[山陽道]를 연결하면서 규슈[九州] 동부 바다에까지 이르는 일본 열도 최대의 내해(內海)이다. 동서 약 450km, 남북 15~55km, 평균 수심 37.3m로 대양으로부터 봉쇄되어 있어 풍랑이 많지 않아 항행(航行)에 적당한 지리적 조건을 지니고 있다. 일찍이 율령체제 시대부터 공납물의 수송로로서의 역할을 담당했고, 1655년 산킨코타이[參勤交代]가 제도화된 이후에는 규슈·시코쿠·주고쿠[中國] 지방의 사이고쿠다이묘[西國大名]가 에도를 향해 항행했던 곳이었다. 또 조선을 비롯한 류큐·네덜란드의 사절단과 홋카이도[北海道]의 곤부[昆布]를 운반하는 기타마에부네[北前船] 및 세토나이[瀨戶內]에서 생산되는 해산물과 목면 등을 운반하는 범선이 왕래하기도 했다. 이처럼 세토 나이카이는 그야말로 일본 해운발전과 문물교류의 대동맥으로, 특히 가미노세키·미타라이[御手洗]·다케하라[竹原]·야마이[柳井]·도모노우라·시모츠이[下津井]·우시마도 등이 대표적인 항구마을[24]로 손꼽혔다.

조선통신사의 바닷길 노정은 기상악화 등의 천재지변으로 사행록마다 다르게 나타난다. 그 결과 연구자마다 특정 사행을 중심으로 노정을 정리하다 보니 조선통신사가 머문 지역이면서도 연구에서 소외된 곳이 많았다.[25] 사행록 전체를 대상으로 정박한 지역을 정리하면 262쪽의 표와 같이 나타난다.

아이노시마로부터 아카시노우라까지 정박한 지역만 약 40군데나 된다. 도표에 반영된 바닷길 노정의 특징은 첫째, 지공(支供)을 담당한 참(站)이었던 아미노시마・아카마가세키・가미노세키・가마가리・도모노우라・우시마도・무로츠에 거의 항례적으로 정박했고 둘째, 이들 지역 외에 츠와[津和]・무코우라[向浦]・다다노우미[忠海]・시모츠이[下津井]・히비[日比] 등의 지역에도 많이 머물렀다는 것 셋째, 대체로 국서전달 후 귀로에는 객관에 머물지 않고 정박하여 배 위에서 머문 경우가 많았다는 것이다. 물론 사행록의 기록만으로 객관과 선상 숙박을 구분하는 데에는 한계가 있다. 그것은 사행록 서술자의 신분이나 개인적 취향 때문에 객관에 머물지 않고 배 위에서 숙박한 경우도 많았기 때문이다. 하지만 대체로 문화교류의 시간은 에도로 향할 때가 객관숙박이 많았던 만큼 귀로 때보다 훨씬 여유롭고 다양하게 전개되었을 것으로 보인다.

2. 바닷길 노정 지역별 문화교류 양상

---

23) 작자미상,『癸未東槎日記』, 6월 6일. 兵庫或称倉入 守官皆關白管下 自此振舞 称關白支供云.

24) 谷澤 明,『瀬戸の町並み―港町形成の研究』(未來社, 1991), 29~31頁.

25) 이는 관찬기록에서도 예외가 아니다.『증정교린지』권5,「수륙노정」에도 藍島 － 南泊 － 赤間關 － 向浦 － 室隅 － 上關 － 津和 － 鹿老島 － 鎌刈 － 忠海 － 韜浦 － 下津 － 日比 － 牛窓 － 室津 － 明石만 기록하고 있다.

262쪽의 표를 참고하면 조선통신사가 오고 갈 때 대부분 들렀던 7개의 항구도시 외에 비록 정기적인 숙박지는 아니었지만 조선통신사가 머물렀던 항구도시도 꽤 많이 있음을 알 수 있다. 조선통신사 사행록에 비록 드물게 드러나는 것이긴 하지만 이들 항구도시에서도 문화교류가 이루어졌는데, 대표적인 예가 아키슈[安芸州] 다다노우미[忠海島] 지역에서의 문화교류이다.

1763년 사행의 경우 안사이[闇齋] 학문의 열렬한 신봉자였던 다케하라이소미야하치만구[竹原磯宮八幡宮]의 간누시[神主] 가라사키아와지[唐崎淡路]는 가마가리에서 조선통신사와 의논하고 싶다는 원서(《乍恐御願書申上口上覺》)를 초야쿠닌[町役人]에게 올린다. 거부당하자 바로 글씨로 이름이 있던 라이슌스이[賴春水]를 꾀어 다음 기착지인 다다노우미로 향한다. 도착한 뒤는 곧장 객관으로 가서 도훈도(都訓導) 문두흥(文斗興)과 만나 필담을 나누고 돌아오기까지 했다.[26]

하지만 이들 지역은 임시 대피소로서의 성격이 강했던 데다 사행록 등에서도 숙박사실만을 기록하는 경우가 많아 전모를 파악하기 힘든 현실적인 문제가 있다. 따라서 편의상 주요 7개 항구도시를 중심으로 문화교류 양상을 살피기로 한다.

(1) 아이노시마[藍島]

아이노시마는 달리 '相島'라고도 기록되는 치쿠젠노쿠니[筑前國] 구로다 한[黑田藩, 福岡藩] 소속의 주위 6.14km, 면적 1.25km² 의 조그만 섬이다. 하지만 조선통신사가 왕래할 때 한 번도 그냥 스쳐 지나간 적이 없는 중요 지역으로, 일본 도착 후 여러 다이묘[大名] 가운데 첫 번째 접대를 받던 곳이기도 하다. 물론 무로마치[室町] 시대에 하카타[博多]에서 맞이했던 조선통신사를 에도 시대에 들어와 이 섬에서 맞이하게 된 이유가 학자들 사이에 아직도 의문으로 남아 있지만[27] 다음 기항지인 아카마가세키로 향하는 최단거리에 있었음은 틀림없다.

　당시 52만 석의 구로다 한은 조선통신사를 맞이하기 위해 500여 명이나 되는 접대진용을 일찍이 구축하고 새로 객관을 지었다. 1682년 사행의 경우 정원의 대나무는 교토[京都]로부터 가져오고, 조선통신사의 영송을 위해 각지로부터 1,312척의 선박과 3,141명의 뱃사공을 아이노시마에 집합시켰다. 또 조선통신사가 머물 때에는 가까운 오로노시마[小呂島]・히메시마[姫島]・겐카이지마[玄界島]・시카노시마[志賀島]・노코노시[能古島]・지노시마[地島]・후쿠오카조카[福岡城下]의 아라즈마야[荒津山] 등에 봉화대를 설치하는[28] 등 만전을 기했다. 그 결과 사행원들 역시 "세 사신 일행이 하루 공급받는 것이 닭 300여 마리, 계란 2,000여 개가 되기까지 하고 온갖 것도 이에 맞추었는데 모두 백성에게 거두어들이지 않고 관청에서 차출했으니 경비가 많고 국력의 풍부함을 알 수 있다"[29]고 극구 칭찬하기에 이른다. 문화교류의 모습은 시문창화 및 필담에서 다양하게 전개된다. 1655년 사행의 종사관 남용익은 9세와 11세인 어린이들이 시와 그림을 청하자 각각 여덟 장씩을 써주었다.[30] 또 1636년 사행의 부사(副使) 김세렴(金世濂)은 승려 광린(光璘)이 보낸 율시 1수에 대해 종

26) 賴 祺一,「朝鮮通信使と廣島藩」,『廣島藩・朝鮮通信使來聘記』, 55頁.
27) 上田正昭・辛基秀・仲尾宏,『朝鮮通信使とその時代』(明石書店, 2001), 132頁.
28) 明石善之助,「福岡と朝鮮通信使」,『季刊 三千里』, 37号(三千里社, 1984), 43頁.
29) 신유한,『해유록(海游錄)』, 상, 기해년 8월 3일. 실제로 1682년 사행의 경우 후쿠오카 한(福岡藩)에서 조선통신사 접대를 위해 사용한 총경비는 오늘날 시세로 6,594만 엔이 소요된 것으로 나타난다. 이 밖에 후쿠오카 한에서는 아이노시마(藍島) 주민들에게 폐를 끼치지 않도록 총봉행(總奉行)인 蔣田源右衛門과 總元締馬杉喜兵衛 두 사람의 이름으로〈定め書〉를 내걸어 주의를 환기시키고 있다. 이에 대해서는 新宮町誌編輯委員會 編,『新宮町誌』(新宮町, 1997), 680~881頁 참조.

사관과 함께 차운했고,[31] 1711년 사행에서는 치쿠젠[筑前]의 승려 뎃소[鐵相]가 보내온 시에 서기(書記)가 화답을 했다. 그리고 시를 증여하기도 했는데, 1719년 사행의 신유한(申維翰)이 당시 왜인 4~5명과 함께 일산(日傘)을 받쳐 들고 온 13세의 기무라 가츠사부로[木村勝三郎]에게 절구 2수를 지어준[32] 것이 그 예이다.

　그러나 무엇보다 문화교류의 중심은 양국의 학자와 문사들이 서로 마주 앉아 펼치는 시문창화와 필담이었다. 1655년 사행에서 후쿠오카 한[福岡藩]의 의원으로 사행 의원에게 일본산 인삼에 대해 질문했던 가이바라 에키켄[貝原益軒]은 1682년 사행에서는 정주학자(程朱學者)로 변신하여 가이바라 치켄[貝原恥軒]·츠루하라 규사이[鶴原九皐]·다케다 슌안[竹田春庵] 등과 함께 객관을 찾아 필담창화를 벌인다. 그리고 1711년에는 다케다 슌안과 가미야 쇼도[神屋松堂]·뎃소[鐵相], 1719년에는 구시다 긴잔[櫛田琴山]·후루노 바이호우[古野梅峰]·의관 오노 도케이[小野東谿], 1748년에는 시마무라 반스이[島村晩翠]·구시다 기쿠탄[櫛田菊潭]·이노우에 로토[井上魯峒], 1763년에는 시무라 슈코[島村秋江]·가메이 로토[龜井魯峒]·요코타 기민[橫田義民] 등이 객관을 찾아 통신사행 문사들과 필담창화를 나누었다. 이들 가운데 다케다 슌안과 가미야 쇼도는 시는 그저그랬지만 "유가의 학문 및 명말(明末) 제가의 설을 서술한 한 편의 글은 볼 만했다"[33]는 평가를 받았고, 신유한과 고금의 문장에 대해 필담을 나누었던 구시다 긴잔[櫛田琴山]은 "식견이 범상치 않다"는 평가를 받았다.

　특히 그 중 21세의 가메이 난메이[龜井南冥]가 김인겸(金仁謙)과 나이

30) 남용익, 『부상록(扶桑錄)』, 을미년 8월 1일.
31) 김세렴, 『해사록(海槎錄)』, 병자년 10월 28일.
32) 신유한, 위의 책, 상, 기해년 8월 7일. 辛基秀는 '木勝村勝三郎'을 福岡藩主 구로다 노부마사(黑田宣政)의 양자 구로다 츠구다카(黑田統高)로 파악하고 있다. 이에 대해서는 『朝鮮通信使の旅日記』(PHP新書, 2002), 66頁 참조.

를 잊은 만남을 가진 것은 양국 문사 교류의 표본이 된다. 김인겸
은 그를 치쿠젠슈[筑前州] 네 명의 서기 중 가장 뛰어난 인물로 평
가하여[34] 과일을 선물로 주었고, 이에 감격한 가메이 난메이는 다
음날 편지와 함께 『동유권(東遊卷)』을 비롯한 시집 두 권을 보냈다.
김인겸은 그 가운데서 「양류사(楊柳詞)」와 「초가곡(楚歌曲)」을 걸작으로
간주하여 비점(批点)에다 서문까지 지어주고, 나아가 환갑을 맞는 아
비를 위해 수석시(壽席詩)를 부탁하는 그에게 4언 율시를 지어주기도
하는 등[35] 돈독한 우의를 다졌던 것이다.

　일반 민중의 시문에 대한 열정도 대단하여 신유한은 "써주고 나
면 다시 모여들어 섶이 쌓이는 것 같아 비록 뜰에서 일을 보는 하
인들까지도 누구나 한 자라도 얻을 것을 바라지 않는 사람이 없었
다. 문득 손을 모아 이마에 대며 진(秦)나라 소왕(昭王)의 호백구(狐
白裘)를 얻듯이 하며 그 글씨의 잘되고 못되는 것은 상관하지도 않
았다"[36]라고 묘사하고 있다. 그 결과 1636년 사행에서는 일본인들
이 사자관 전영(全榮)의 글씨를 사모하여 그가 자색 옷을 입고 있다
는 말을 믿고 자색 복장을 한 역관 윤정우(尹廷羽)에게 구름처럼 몰
려드는[37]일이 발생하기도 한다.

　문화교류는 상호수수가 기본이지만 사행원들이 견문을 통해 습득
한 새로운 지식이나 인식의 변화도 문화교류의 한 측면이라 할 수

33) 임수간, 『동사일기(東槎日記)』, 신묘년 8월 23일.
34) 이후 龜井魯가 후쿠오카에서 본격적인 네덜란드학(蘭學)을 개척하고 福岡藩
　　校 서학(西學)의 총책임자가 되는 등 근세 후기 후쿠오카를 대표하는 학자로
　　성장했으니 김인겸의 평가가 적확하다고 하겠다. 龜井魯에 대해서는 秀村選三
　　外,『福岡縣史』, 通事編・福岡藩文化(上)(西日本文化協會, 1993), 103頁 참조.
35) 김인겸, 「일동장유가(日東壯遊歌)」, 계미년 12월 8일~9일.
36) 신유한, 『해유록(海游錄)』, 상, 기해년 8월 7일.
37) 김세렴, 『해사록(海槎錄)』, 정축년 2월 11일, 「藍島」.

있다. 그 대표적인 예가 풍습을 비롯한 생활문화이다. 사행원들은 일본의 대관(代官)들이 무릎으로 기어 들어오는 것을 높은 자를 뵙는 예절로, 잠자리에 유자껍질처럼 펴 말린 전복 두세 다발을 나무 받침의 새 쟁반에 담아 두는 것을 기축(祈祝)하는 물건으로 파악한다. 나아가 도금한 그릇들과 화려한 금은빛 꽃가루로 장식된 연회상을 대해서는 "기이하고 교묘해서 볼 만하다"는 긍정적 평가도 있는 반면에 "도금한 식탁 대하기 싫고 / 비단으로 오려서 만든 꽃보기가 힘드네"[38]라고 부정적인 평가를 내리기도 한다.

또한 1763년에는 우리나라 역학서(譯學書)에 대한 비판이 아이노시마에서 이루어지기도 한다. 정사 조엄은 수행하는 역관들이 일본어에 능통하지 못한 것에 놀라워하며 현계근(玄啓根) · 유도홍(劉道弘)을 교정관(校正官)으로 정하고 수역(首譯) 최학령(崔鶴齡)의 감독하에 새로운 일본어학서를 만들게 한다. 그 결과 『중간첩해신어(重刊捷解新語)』(1781)가 발간된다.[39] 이 밖에 1636년 사행의 경우 치쿠젠[筑前] 태수가 몰래 구경 나와 큰 취타(吹打)의 소리를 듣고 싶어했지만 허락받지 못하자 유감으로 생각했다[40]는 기록이 있다. 이는 그 이전 사행에서는 관행처럼 행해져 왔기에 발생할 수 있는 일로, 음악을 통한 문화교류도 있었음을 짐작하게 하는 대목이다.

---

38) 남용익, 『부상록(扶桑錄)』, 을미년, 7월 26일, 「藍島」.
39) 임란 이후 조선의 일본어 학습서는 강우성(康遇聖)이 편찬한 『첩해신어(捷解新語)』였다. 이후 1748년 조선통신사 정사 홍계희(洪啓禧)가 사행 과정에서 수정을 하여 『개수 첩해신어(改修 捷解新語)』(1748)를 발간했고, 1763년 사행 중 아이노시마(藍島)에서의 이 기획은 이후 최학령(崔鶴齡) · 최수인(崔壽仁) 등이 자법(字法)에 맞지 않는 점획편방(点劃偏傍)을 바로잡아 『중간 첩해신어(重刊 捷解新語)』로 발간하게 된다. 이에 대해서는 정승혜, 「중간 첩해신어 서문」, 『문헌과 해석』 2호(태학사, 1998 봄)를 참조.

(2) 아카마가세키[赤間關]

아카마가세키는 시모노세키의 옛날 이름으로 혼슈[本州] 최서단에 위치한 해륙교통의 요충이다. 한반도가 동아시아 선진문명을 일본 열도에 전달하는 거대한 다리였다면,[41] 간몬[關門] 해협을 낀 아카마가세키는 야요이[弥生] 시대부터 한반도의 선진문화를 받아들인 해상의 길목이었다. 조선시대에는 제추사(諸酋使)로 불려진 중소 해상영주들의 조선에 대한 무역 거점이자 동아시아 해항도시[42]로서 번성을 누렸지만, 바쿠후의 해금(海禁) 정책으로 국제성은 상실하되 서일본 최대의 상업도시로 발전하게 된다. 따라서 조선통신사의 방일은 그동안 단절된 조선과의 교류관계를 유지할 수 있게 된 의미 있는 행사였다. 그 결과 초슈 한[長州藩]은 조선인들을 위해 접대용 소를 기르고,[43] 통신사선(通信使船)의 영호선단(迎護船団) 구축 및 접대를 위해 총 5,000여 명을 동원하는 등 만전을 기했던 것이다.

아카마가세키에서의 문화교류는 대부분 1711년 사행까지 조선통신사의 숙소였던 아미타지[阿弥陀寺]에서 이루어졌다. 그것은 아미타지의 사관 뒤에 겐페이[源平] 쟁패의 시기에 미나모토 노요리토모[源賴朝]에 쫓겨 8살의 나이로 단노우라[壇ノ浦]에 빠져야 했던 안토쿠[安德] 천황의 사당이 있었기 때문이다. 이 사당을 구경한 사행원들은 대개 주지로부터 1604년 탐적사(探賊使)로 와서 안토쿠 천황을 조위(弔慰)한 송운대사의 시에 차운할 것을 종용받는데,[44] 이는 아카마가세키에 머문 사행원에게는 관례가 되었기 때문이다. 또 일본 문사들 역시 안

---

40) 임광, 『병자일본일기(丙子日本日記)』, 병자년 10월 28일.

41) 下關市市史編修委員會, 『下關市史·民俗編』(下關市, 1992), 17頁.

42) 町田一仁, 「朝鮮通信使と下關」, 『図説·朝鮮通信使の旅』(辛基秀·仲尾宏 編, 明石書店, 2000), 30頁.

43) 강홍중, 『동사록(東槎錄)』, 을축년 2월 5일. 실제 사행원들이 남긴 『견문잡록(見聞雜錄)』류의 글에는 대체로 검정소를 長門州의 특산으로 치고 있다.

토쿠 천황을 소재로 지은 시를 바치면서 화답을 구하는 일이 많았기 때문에 자연히 문사간 시문창화가 이루어졌다. 그 결과 김세렴(金世濂)의 「미타사 수승정 송운 조안덕천황 시차운(彌陀寺守僧呈松雲弔安德天皇詩次韻)」(1636)·조경(趙絅)의 「상간관차송운안덕사삼절(赤間關次松雲安德祠三絕)」(1643) 등과 같은 작품이 창작될 수 있었다.

1682년 사행에는 치쿠젠슈[筑前州] 서승(書僧) 가이히사 헤이이로우[貝久兵爲郎]가 시를 사신에게 바쳐 칭찬을 받았고, 성완(成琬)·이담령(李聃齡)·홍세태(洪世泰) 등이 아카마가세키의 문사들과 창화를 나누었다. 1711년에는 제술관 이현(李礥), 서기 홍순연(洪舜衍)·엄한중(嚴漢重)·남성중(南聖重)이 야마가타 슈난[山縣周南]·기온 요이치[祇園与一]·오구라 쇼사이[小倉尙齋] 등과, 1719년에는 제술관 신유한, 서기 강백(姜栢)·성몽량(成夢良)·장응두(張應斗) 등이 오구라 쇼사이·구사바 교케이[草場居敬]·야마네기요시[山根淸]와, 1748년에는 72세의 모쿠지츠몬[木實聞]을 비롯한 22인이, 그리고 1763년에는 초슈 한[長州藩] 유의(儒医) 로카구 다이[瀧鶴台]가 사행원들과 필담창화를 나누었다.[45] 이들 중 특히 오구라 쇼사이와 로카구 다이가 주목된다.

하야시 호코[林鳳岡]의 문하였던 오구라 쇼사이는 1719년 한코[藩校]인 메이린칸[明倫館]이 설립되면서 학두제주(學頭祭酒)가 되어 통신사행을 응접하게 된다. 신유한은 절름발이였던 그에 대해 "용모가 단정하며 행실이 순후하고 경서와 역사를 널리 보아서 언론이 사랑

---

44) 김세렴, 『해사록(海槎錄)』, 정축년 2월 10일. 如寺僧 呈小匣 乃松雲奉使時 弔安德天皇三絕 上題朝鮮國勅使詩 遂步其韻以贈. 1682년 사행의 경우에도 주지가 1655년 사행에서 사신 일행이 지은 시를 보이면서 화답을 요구했다.

45) 아카마가세키에서 행해진 일본 문사와 조선통신사의 창화필담은 『정덕창화집(正德唱和集)』·『문사기상(問槎畸賞)』(1711)·『양관창화록(兩關唱和錄)』·『한객수창록(韓客酬唱錄)』(1719), 『장문무진문사(長門戊辰問槎)』·『화한창화록(和韓唱和錄)』(1748), 『장문계갑문사(長門癸甲問槎)』(1763) 등으로 출간되었다.

스러웠고 시문을 지은 것도 더러 눈에 드는 것이 있었다"고 평한다. 나아가 오구라 쇼사이가 태수의 부탁을 받고 자로(子路)의 화상에 대한 찬(贊)을 요구하자 소기(小記)를 지어주기도 한다. 이는 "아카마가세키에 머문 5일 동안에 모든 문인들과 함께 주고받은 것이 또한 많으나 족히 말할 것이 못 된다"거나, 자신이 지은 시문의 비평을 구한 구사바 추쇼[草場中章]에 대해 "측간귀신이 사람을 미혹하는" 것으로[46] 폄하하던 태도와는 대조를 이룬다.

또 야마구치 한[山口藩] 유의(儒医)였던 로카구 다이[瀧鶴台]는 정사 조엄에게서 "자못 노성(老成)하다"는 평가를, 서기 성대중(成大中)에게서는 "아카마가세키에서 만난 문사들 가운데 문헌에 박학한 유일한 사람"으로 칭찬을 받았다. 특히 그는 서기 원중거(元重擧)와의 필담을 통해 당시 중국 중심의 세계관에 대해 강한 회의를 드러내고, 현실과 유리된 사상을 일본 문사들에게도 강요하는 조선 사행원의 태도를 은근히 비난했다. 나아가 그는 원중거가 일본에서도 정주학이 중심이 되고 있는지를 묻자 근래에는 오규 소라이[荻生徂徠]가 복고(復古)의 학문을 크게 창도하여 대부분 그에게 쏠렸다고 답변한다.[47] 곧 로카구 다이[瀧鶴台]는 오규 소라이로 대표되는 일본의 새로운 학풍에 대한 논의를 본격적으로 드러내어 사행원들에게 문화적 충격을 안겨주었던 것이다.

아카마가세키[赤間關]에서도 서화와 의술교류는 활발하게 이루어졌다. 1682년 사행의 경우 안신휘(安信徽)가 필체로 이름을 날렸고, 1655년 사행에서는 쓰시마 슈[對馬島主]가 밤을 새워가며 사자관과 화원을 요청하다가 허락을 받지 못하자 부사의 배에 올라 억지로 데려

---

46) 신유한, 『해유록(海游錄)』, 상, 8월 18일.
47) 『長門癸甲問槎』, 卷一, 鶴台, 〈稟〉.

가기도 했다.[48] 그리고 1748년 사행에서는 시의(市醫) 다치바나 세이레이[橘正麗]가 조선 양의(良醫) 조숭수(趙崇壽)와 필담창화를 했고, 함께 병으로 자리에 참석할 수 없던 서기 유후(柳逅)를 문안하여 창화를 나누었다.[49] 상식적으로 이때 아픈 사람을 두고 시문창화만 하지는 않았을 것이고, 유후의 병세에 대한 의견교환 및 다치바나 세이레이의 진단과 조치가 있었을 것이므로 양국 의술의 교류도 미루어 짐작할 수 있다.

또한 일본의 역사적 사실에 빗대어 조선을 비판하기도 했다. 1617년 사행의 이경직(李景稷)은 안토쿠(安德) 천황과 함께 죽은 신하들을 두고 "오랑캐 중에도 섬기던 자에게 충성하기를 이와 같이 했으니 전쟁으로 인해 임금을 방치한 자는 어찌 부끄럽지 않으랴"[50]라고 하여 그들을 통해 임진왜란 때 생명보존을 위해 왕을 버렸던 조선 신하들에 대한 비판의식도 드러낸다.

이 밖에 향대(香袋)·연초(煙草)·사탕엿[食飴糖]·벼루·인동주(忍冬酒)·역서(曆書) 등의 교류도 이루어졌다. 1643년 사행의 신유(申濡)는 사탕엿을 귀로에 주머니에 넣어 가져가면 어머니께 드리기 위해 육랑(陸郎)이 품었던 귤보다 더 나을 것이라고 평한다. 그리고 벼루에 대해서는 1711년의 임수간(任守幹)은 품질이 매우 좋은 것으로 보았지만, 1763년 사행의 조엄은 오히려 우리나라 남포(藍浦)에서 생산되는 것보다 못한데 사람들이 희귀하게 여기는 것을 두고 "가까운 것을 버리고 먼 것을 취하는" 꼴로 폄하해 버린다. 그리고 인동주는 사행원들에게 천하의 좋은 술로 칭찬을 받았고, 쓰시마 슈[對馬島主]가 조선 소주를 간절히 요구해 마셨다[51]는 기록도 있는 것으로 보

---

48) 남용익, 『부상록(扶桑錄)』, 상, 을미년 8월 10일.

49) 村上秀範·源攀髥 共編, 『和韓唱和錄』(浪華書林, 1748).

50) 이경직, 『부상록(扶桑錄)』, 정사년 8월 4일.

아 당시 접대에는 양국간의 술의 교류도 활발했음을 짐작할 수 있다. 또한 역서의 교류도 이루어졌는데, 이는 청(淸)의 역서와 다른 점을 확인하는 계기가 되었다.

(3) 가미노세키[上關]

가미노세키는 옛날에는 '가마토세키[竈戸關]'·'가마몬제키[[竈門關]'로 불리기도 한 곳으로, 하기모토 한[萩本藩]의 직할지이자 나카노세키[中關: 佐波郡(사와 군)의 田島(다지마) 섬]·시모노세키[下關, 아카마가세키=赤間關]와 함께 소위 스오나다[周防灘]의 삼관(三關) 가운데 하나이다. 1763년 사행의 조엄도 "포구 속에 배를 간직하고 포구의 언덕 위에 군사를 매복한다면 아무리 만 척의 배가 온다고 해도 형세가 뚫고 나가지 못하게 되었으니 정말 하늘이 만든 관방"[52]이라고 칭찬했던 해상교통의 요충지였다.

가미노세키에서의 조선통신사 접대는 모리[毛利] 가문의 시 한[支藩]과 이와쿠니[岩國]의 깃카와[吉川]씨, 그리고 하기[萩]의 혼 한[本藩]이 출향하여 준비를 지휘했다. 하지만 1636년 사행부터 갑자기 풍성하고 사치스러운 바람에 전에 왕래하던 원역들이 이상하게 여길 정도[53]로 1624년까지의 접대는 볼품이 없었다. 이후 1711년 사행에는 배 655척, 동원인수는 총 9,700명에 이를 정도였고, 1763년 사행에는 혼진[本陣]·차야[茶屋]·객관의 수리 등 모든 준비를 3개월 전에 마칠 정도로 접대에 만전을 기했다.

---

51) 남용익, 『부상록(扶桑錄)』, 하, 병신년 1월 3일.
52) 조엄, 『해사일기(海槎日記)』, 갑신년 1월 3일.
53) 임광, 『병자일본일기(丙子日本日記)』, 병자년 11월 2일. 물론 그 이유는 회답겸쇄환사(回答兼刷還使)였던 이전 사행과는 달리 사행 명칭도 '통신사'로 정상적인 외교관계를 회복했던 데다, 당시 관백(關白)이 특별히 잘 대접할 것을 각 지역에 명령했기 때문이다. 이에 대한 것은 김세렴, 『해사록(海槎錄)』, 병자년 11월 2일 참조.

가미노세키에서는 1719년 이토 진사이[伊藤仁齋]의 제자로 이와쿠니 한슈[岩國藩主] 깃카와 코[吉川侯]에게 종사한 우츠노미야 산테키[宇都宮三的]가 제술관 신유한, 서기 장응두·강백·성몽량과, 그리고 이와쿠니[岩國] 의사 이이다 겐키[飯田玄機]가 신유한·장응두·양의 권도(權道)와 필담창화를 나누었다. 그리고 「일동장유가(日東壯遊歌)」에 "이 땅의 십여 선비 / 수십 수 글을 보내어 / 화답하여 달라 하네"라고 읊은 것으로 보아 1763년 사행에도 문사교류가 활발했음을 짐작할 수 있다. 특히 그 중 1719년 사행에서의 이와쿠니 의사 이이다 겐키와 양의(良醫) 권도와의 필담이 주목된다.

이이다 겐키는 철종 때 고려에 도착한 『황제침경(黃帝鍼經)』 9권이 존재하는지, 임산부가 5개월째 하는 복대(腹帶) 풍속이 조선에도 있는지, 인삼 가운데 조선 제품이 왜 최고인지, 백부자(白附子)가 신라에서 나는 것이 맞는지 등을 질문했다. 이에 대해 권도는 판본이 적어 희귀하고, 복대는 오히려 태기(胎氣)를 방해하므로 사대부가에선 금지하고 있으며, 기운이 상쾌한 북쪽지방은 인삼이 빼어난 품질을 지니되 습기 많은 전라도는 천품(賤品)이고, 경상도에서 백부자가 나는 것이 맞다[54]고 대답을 하고 있다. 또 1763년의 사행에서는 가미노세키 한[藩]의 고이즈미 겐세키[小泉玄碩]가 조선 사행원인 환자를 위해 투약하고, 침술 등의 치료를 행함으로써[55] 양국 의원간 교류도 빈번하게 이루어졌음을 알 수 있다.

다른 노정지역과 마찬가지로 가미노세키에서도 서화(書畵) 교류가 이루어졌다. 먼저 글씨의 교류는 1719년 사행의 신유한이 아와야[粟屋]의 11살짜리 딸아이가 쓴 홍법체(弘法體)의 글씨에 대해 "글씨가 연

---

54) 『桑韓塤篪集』(京華書坊奎文館) 卷8, 長門州上關, 筆語.
55) 西山弘志,「瀨戶內の要衝上關と朝鮮通信使」,『図說·朝鮮通信使の旅』(辛基秀·仲尾宏 編, 明石書店, 2000), 35頁.

약하기가 죽은 뱀과 같아서 비록 모양을 이루지는 못했으나 일개 어린 딸아이가 그만큼 쓴 것도 역시 기특한 일"로 칭찬하며 소서 (小序)까지 지어 돌려보낸 데서 나타난다. 신유한이 이때 받은 어린 인재에 대한 인상이 얼마나 깊었는지는 1748년 사행에 부사로 참여하는 남태기(南泰耆)에게 보낸 「일동죽지사(日東竹枝詞)」 34수 가운데 "粟屋少娘年十一 歸雲二字筆太奇"라는 구절[56]이 존재하는 데서 엿볼 수 있다. 이 밖에도 글씨를 구하는 일본인들이 더욱 많아져 격군(格軍)들의 한글 글씨마저 얻어가는데, 이를 두고 1748년 사행의 조명채(曺命采)는 "왜인의 풍속으로는 우리나라 사람의 글씨를 얻어두면 일마다 반드시 성취한다고 하는데 그 말이 미더운 것인지 모르겠으나 그것을 보배처럼 구하는 데에는 또한 반드시 까닭이 있을 것"[57]이라 짐작하기도 한다.

회화는 최근 아와야[粟屋] 댁에서 조선의 사행원이 그린 〈맹호도(猛虎圖)〉와 〈조선통신사 유산도(朝鮮通信使遊山圖)〉가 발견된 것으로 미루어 교류가 활발했던 것으로 보인다. 게다가 1821년 분고슈[豊後州]의 화가 다노무라치쿠덴[田能村竹田]이 1748년 이와쿠니 한시[岩國藩士]가 조선통신사의 입항을 묘사한 〈적간관부근도(赤間關付近圖)〉를 참고하여 그린 〈조선통신사 상관영접도(朝鮮通信使上關迎接圖)〉도 현재 조센지[超專寺]에 소장되어 있다. 엄청난 시간이 경과했음에도 조선통신사가 당시 화가들의 중요 소재로 활용되고 있어 당시 지역 화가들과 조선통신사와의 교류를 짐작하게 하는 대목이다.

또한 가미노세키는 음식접대를 위해 1차 조선통신사 방일 시 쓰시마가 준비한 음식 메뉴를 입수하여 소 · 멧돼지 · 돼지 · 사슴 · 닭 · 꿩 · 도미 · 전복 · 대구 등을 준비하고 돼지는 나가사키에서 가져올

---

56) 朴春日, 『朝鮮通信使史話』(雄山閣出版, 1992), 72頁.
57) 조명채, 『봉사일본시문견록(奉使日本時聞見錄)』, 무진년 4월 9일.

정도로 음식 접대에 심혈을 기울였다. 특히 〈신시 도리스지가쿠쇼 조센진 스키모노츠케노 우츠시(信使通筋覺書朝鮮人好物附の寫)〉(1711)에는 조선통신사 일행이 가장 좋아하는 쇠고기 내장의 조리방법까지 상세히 기록되어 있다.[58] 따라서 사행에서 가장 중요했던 것이 매일 매일의 식사였음을 고려할 때 부엌에서는 양국 요리사간의 음식 문화교류가 자연스럽게 형성될 수 있었던 것으로 보인다.

이 밖에 1711년 사행에서는 가미노세키에서 네덜란드[阿難陀]의 상객(商客)들을 만나게 된다. 그들의 키·얼굴·머리·모자·옷을 비롯하여 배·풍속 등을 상세히 기록하고 있는데,[59] 이는 가미노세키 사람들의 개입 없이는 이루어지기 힘든 기록이다. 이처럼 가미노세키는 사행원들에게 일본 외의 이국 문화를 접하는 계기가 되기도 했다.

(4) 가마가리[蒲刈]

가마가리는 사행록에 달리 겸예(鎌刈)·와현(鍋懸)·와현(蝸懸)·포기(蒲崎) 등으로 기록되어 있는 작은 항구도시이다. 일찍이 1389년에 아시카가 요시미츠[足利義滿]가 이와지마[巖島]를 참배할 때 배를 대었고, 에도 시대에는 혼진[本陣]·반쇼[番所]·차야[茶屋] 등이 구비된 세토나이카이 중요 해역(海驛)으로서 번영을 누렸던 지역이다.

1711년 사행의 경우 조선통신사는 9월 7일에 도착했다. 하지만 정월에 쓰시마, 3월과 6월에 아이노시마·아카마가세키·가미노세키 등 다른 지역의 접대 준비상황을 정탐하기 위해 사자(使者)를 보내어 정사(正使)의 음식기호 등을 살필 정도로[60] 가마가리 역시 사행 접대에 만전을 기했다. 이는 조선으로부터 바쿠후에 헌상되는 매[鷹]와 말의 사료를 위해 물 공급선 100척을 징발하여 물을 긷고, 다른

---

58) 辛基秀, 『朝鮮通信使の旅日記』(PHP硏究所, 2002), 76~78頁.
59) 임수간, 『동사일기(東槎日記)』, 곤, 해외기문.

지역에서 사행접대가 상대적으로 소홀했던 1624년의 경우에도 차야(茶屋)의 재정비·12개소의 경비소 마련·도모노우라로 호행할 139척의 선박 징발·759명의 일행 접대원을 배치했던 데서도 잘 나타난다. 실제 1636년 사행의 정사 임광(任絖)은 "잔치를 베풀 때 막(幕)을 치거나, 음식의 풍성함과 사치스러움은 그새 지나온 곳보다 배나 더했다"⁶¹⁾고 기록하고 있다.

가마가리에서의 문사교류는 1719년 사행에서 70세의 히로시마 한[廣島藩] 유관(儒官) 미모쿠 고[味木虎]와 신유한의 교류가 대표적으로 그 이외의 사행에 대해서는 전혀 흔적을 찾을 수 없다. 라이 기이치[賴祺一]는 그 이유를 첫째 가마가리가 접대장소이긴 하지만 통과지에 있었고, 둘째 히로시마한으로서는 문화교류의 장이라는 인식을 가지고 있지 않았기 때문으로 해석하고 있다. 하지만 전자(前者)는 같은 조건을 가진 아이노시마·아카마가세키·가미노세키 등에서도 문사교류가 활발했다는 점에서, 후자는 히로시마 한이 1748년 사행의 경우 독자적으로 조선어가 가능한 통역 10명까지 파견했다는 점에서⁶²⁾ 무리가 따르는 해석이다. 문화교류를 염두에 두지 않았다면 독자적인 통역관의 양성이 그리 필요하지 않았을 것이고, 또 다른 지역과 달리 몇 십년 만의 좋은 기회를 놓칠 까닭이 없었기 때문이다.

미모쿠 고는 나와 모쿠안[那波木庵]·야마가 소코[山鹿素行]에게 배워 1682년 사행에서는 에도의 혼세이지[本誓寺]에서 성완(成琬)·이담령(李聃齡)과 창화를 했고, 1711년에는 에도에서 이현(李礥)을 만나 사마광(司馬光)의 『자치통감(資治通鑑)』의 출처를 물었던 사람이다. 신유

---

60) 柴村敬次郎, 「安芸蒲刈御馳走一番」, 『図説·朝鮮通信使の旅』(辛基秀·仲尾宏 編, 明石書店, 2000), 38頁.

61) 임광, 『병자일본일기(丙子日本日記)』, 병자년 11월 4일.

62) 賴 祺一, 「朝鮮通信使と廣島藩」, 『廣島藩·朝鮮通信使來聘記』, 29~40頁.

한은 그를 왕로(往路)의 사관(舍館)에서 처음 만나 "심신이 편안하고 고요하여 옛 기운이 있었고, 시(詩)도 평이하여 의사를 제대로 표현할 줄 아는" 인물로 묘사하고 있다. 특히 미모쿠 고는 시문창화 도중에 신유한이 벼루에 먹을 갈자 신유한과 이름이 같은 중국 오대(五代) 때의 상유한(桑維韓)의 고사를 들어 쇠벼루[鐵硯]를 써야겠다고 농담을 던졌고, 이에 신유한은 "당신이 철(鐵)을 겁내는 줄 알기에 내놓지 않았다"고 재치 있게 답변하여 한바탕 웃음을 터뜨리기도 한다. 이후 미모쿠 고와의 만남은 귀로에서도 이어져 미모쿠 고는 신유한을 여러 서기와 함께 자신의 숙소에 초대하여 이별시를 주고받았다. 그리고 신유한은 태수의 부탁으로 병풍에 쓸 큰 글자를 요청하는 미모쿠 고에게, 성여필(成汝弼)이 대신 쓴 권농(勸農)·숭학(崇學)·성형(省刑)·박렴(薄斂) 등을 건네기도 했다.[63]

음식문화의 교류는 접대 준비에 만전을 기한 데에서 잘 드러난다. 곧 가마가리[蒲刈]는 조선통신사의 방일이 정해지면 히로시마 한으로부터 주과자봉행(酒菓子奉行)·납촉봉행(蠟燭奉行)·활축봉행(活畜奉行) 등이 파견되어 도미를 키우고, 경작용의 소를 육식용으로 길렀으며, 돼지사옥과 개사옥이 설치되어 돼지와 개를 길렀던 것이다.[64] 그런데 옛날부터 육식부정(肉食不淨)이 지켜져 육식요리에 익숙하지 않았던 일본 요리사들의 경우 어떤 경로로든 조선의 요리사들과 접촉하여 조리방법을 전수받았음이 틀림없다. 또한 가마가리 특산인 닌도슈(忍冬酒)는 인동(忍冬)과 인삼을 합쳐 빚은 것으로 미하라슈[三原酒]와 함께 조선통신사 접대에 가장 많이 놓였고, 가장 호평을 받았다. 1643년 사행 때 조경(趙絅)은 「겸예인동주(鎌刈忍冬酒)」란 시에

---

63) 신유한, 갈 때는 『해유록』, 상, 기해년 8월 27일, 돌아올 때는 『해유록』, 하, 기해년 11월 22일.
64) 辛基秀, 『朝鮮通信使の旅日記』(PHP研究所, 2002), 82~83頁.

서 "가마가리에서 나는 맛있는 인동주 / 옥잔에 따르니 호박처럼
짙구나 / 입 안에 넣자마자 큰 길에 통하니 / 어찌 많이 마셔야
만 마음이 넓어지랴?" 하고 극찬했다.

　서적과 의약의 교류도 이루어졌다. 1748년 사행의 조명채(曹命采)
의 기록에 의하면 가마가리에는 『징비록(懲毖錄)』·『고사촬요(攷事撮
要)』·『여지승람(輿地勝覽)』 등 이미 들어와 있는 책자 외에, 뇌물을
받은 훈별(訓別)들에 의해 『병학지남(兵學指南)』·『통문관지(通文館志)』
가 새로이 가마가리에 들어 와 있는 것[65]으로 나타난다. 또 1763
년 사행에서는 수행하여 가마가리에 온 쓰시마슈[對馬島主]가 후통
(喉痛)이 심하다 하며 조선의 박하전(薄荷煎)을 구하자, 그 외 용뇌
연(龍腦膏)·안신환(安神丸) 등 약을 보내고 세 가지 약방문(藥方文)을
베껴 보내기도 한다.

　특히 가마가리에서는 다른 사행에선 보기 힘들었던 선박에 대한
상호비교가 이루어진다. 1636년 사행의 김세렴(金世濂)은 가마가리 바
닷가에 놓인 일본 전선(戰船)을 살핀 뒤 우리나라 전선에 비하면 못
하다는 평가를 내린다. 나아가 육지에서의 싸움만 생각하고 바다에
서 역습할 것을 생각하지 않는[66] 당시 조선 조정의 수군(水軍) 정책
에 대해 강한 비판의식도 함께 드러낸다.

　이 밖에 붉은 칠을 한 두꺼운 종이를 비늘처럼 차례로 겹쳐서
두루 덮고 큰 밧줄로 그물처럼 얽어누르는 일본 배의 우구(雨具)를
편리하게 여기고, 칸막이 문에 드리워진 빨강·파랑·노랑의 삼색
으로 짠 아란타 산 신식 비단과 같은 이국 문화를 접하기도 한다.

　(5) 도모노우라[鞆浦]

---

65) 조명채, 『봉사일본시문견록(奉使日本時聞見錄)』, 건, 무진년 4월 13일.
66) 김세렴, 『해사록(海槎錄)』, 병자년 11월 4일.

달리 '鞆浦'라고 기록되는 도모노우라는 빈고슈[備後州]에 소속되어 세토 나이카이[瀨戶內海] 중앙에 위치하고 있는 원형의 항구도시로, 무로마치바쿠후[室町幕府] 최후의 쇼군 아시카가 요시아키[足利義昭]가 오다 노부나가[織田信長]에게 쫓겨 피난정권을 수립했던 곳이기도 하다. 일찍부터 조수(潮水)를 기다리는 훌륭한 항구로 번성하여 1719년 사행 때 신유한도 "지붕은 총총 들어서서 한 치의 틈도 없었고 비단옷을 입고 구경하는 남녀가 동서를 메웠으며, 그 가운데는 장사꾼, 창녀, 부자의 찻집이 많으므로 각 주(州)의 관원(官員)들이 왕래하며 머물러 대단히 번화했다"[67]고 기록하고 있다.

문사 교류는 1719년 사행 이후에 집중된다. 1719년에는 서기 성여필(成汝弼)이 후쿠야마 한[福山藩] 유관(儒官) 이토 바이우[伊藤梅宇]와 필담창화를 했다. 바이우는 바쿠후의 관학(官學)이던 주자학을 비판하고 원시 공맹(孔孟) 유학으로의 복귀를 주창한 고학파(古學派)의 비조(鼻祖) 이토 진사이[伊藤仁齋]의 차남이다. 당시 바이우는 성여필의 큰아버지이자 1682년 제술관이었던 성완(成琬)과 도모노우라 학자들과의 시문창화집인 『임술사화집(壬戌使華集)』을 성여필에게 보여주었다. 그리고 『용재총화(慵齋叢話)』·『동인시화(東人詩話)』·『징비록(懲毖錄)』의 저자와, 1711년 사행시 4문사의 안부에 대해서 물었다. 이에 성여필은 『용재총화』의 저자 성현(成俔)이 자신의 집안 조상임을 알리고, 이토 진사이의 책을 가지고 가서 일본의 유학이 융성한 것을 알리겠다[68]고 말하여 책을 기증받는다.

1748년 사행에서는 이토 바이우의 장남이자 비슈 후쿠야마후[備州福山府] 강관(講官)이었던 이토 가다이[伊藤霞台]와 우와지마[宇和島] 유신(儒臣) 쇼치토[勝知冬]가 제술관 박경행(朴敬行)과 서기 이봉환(李鳳

67) 신유한,『해유록』, 상, 기해년 8월 28일.
68)『桑韓塤篪集』(京華書坊奎文館), 卷8, 備後州鞆津.

煥)·이명계(李命啓)·유후(柳逅)와 필담창화를 나누었다. 이때 이봉환
은 이토 진사이의 『동자문(童子問)』을 조선 학자들이 칭송했음을 밝
히고 아울러 다른 저술이 있는지를 물었다. 이에 이토 가다이는 『논
어고의(論語古義)』·『맹자고의(孟子古義)』·『중용발휘(中庸發揮)』·『대학정본
(大學定本)』·『어맹자의(語孟字義)』가 있음을 밝히고 이를 기증한다.[69] 또
1763년 사행에서는 제술관 남옥(南玉), 서기 성대중(成大中)과 원중거(元
重擧)가 도모노우라의 학자로 오규 소라이를 추종하던 시바야마 시치
로[柴山七郎]과 조센지[淨泉寺]에서 시문창화를 했다.[70]

　서화(書畵)의 교류는 1748년 사행때 나가토슈[長門州]에 사는 소인분
[草允文]이 글씨를 잘써 필담을 나누었다는 기록과, 1711년 도모노우
라에 입항하는 사행선단을 그린 가노 탄신[狩野探信]의 병풍화 외엔
잘 보이지 않는다. 다만 도모노우라에서는 사행원들이 유달리 편액
(扁額)에 사용되는 휘호를 많이 한 것으로 나타난다. 곧 1711년 사행
에는 사자관(寫字官) 이이방(李爾芳)이 엔푸쿠지[圓福寺] 본당 정면에 '남
림산(南林山)'이란 편액을, 종사관 이방언(李邦彦)이 '일동제일형승(日東
第一形勝)'이란 편액을 썼다. 또 1748년 사행에서는 별배행(別陪行) 김
계승(金啓升)이 아미타지[阿弥陀寺]의 산액(山額) '심광산(心光山)'을, 자제
군관 홍경해(洪景海)는 후쿠젠지[福禪寺]의 '다이초루[對潮樓]' 편액을 썼
다. 당시 삼사신은 후쿠젠지에, 상관(上官)은 지조인[地藏院]·조센지
[淨泉寺]·엔푸쿠지[圓福寺]에, 하관(下官)은 묘엔지[明圓寺]에, 어마(御馬)
는 아미타지에 머물렀음을 고려하면[71] 대개 숙사를 중심으로 일본

---

69) ①『萍交唱和錄』, 卷上.『朝鮮通信使と福山藩·鞆の津その二』(福山市鞆の浦
　　歷史民俗資料館友の會, 2003), 106~111頁에서 재인용, ② 姜在彦,「朝鮮通信使
　　と鞆の浦, 朝鮮に紹介された伊藤仁齋」,『江戸時代の朝鮮通信使』(每日新聞社,
　　1979), 102~106頁.
70)『備後叢書』, 3, 備陽六郡志, 後得錄, 分郡鞆津, 中川修理大夫儒臣紫山七郎と朝
　　鮮之三士詩文之贈答.

인들의 요청에 의해 쓴 글씨라 볼 수 있다.

특히 후쿠젠지는 잔잔한 바닷길이 열린 가운데 센스이지마[仙醉島]・벤텐지마[弁天島]・츠츠지지마[躑躅島] 등이 그림처럼 펼쳐져 사행원들의 시흥(詩興)을 불러일으켰다. 1655년 사행 때 남용익(南龍翼)은 바닷길의 경치로 동정호(洞庭湖)와 견줄 만하고, 악양루(岳陽樓)와 비교가 될 수 있다고 극찬한다. 또 1748년 사행의 사행원들은 후쿠젠지의 다이초로[對潮樓]에 비단족자로 걸린 1719년 사행시(使行詩)에 대해 두보(杜甫)의 「악양루」를 차운하여 주지승인 다테[伊達]에게 써 주기도 했다. 실제 후쿠젠지 소장의 지본묵서(紙本墨書) 두루마리인 『한객사화(韓客詞花)』에는 정사 홍계희(洪啓禧)를 비롯한 삼사신과 제술관 및 서기 등 총 9명의 시가 수록되어 있어 당시 후쿠젠지를 중심으로 다양한 시문창화가 이루어졌음을 알 수 있다. 이후 후쿠젠지는 조선통신사의 한시문이나 유묵(遺墨)을 감상하기 위해 시인과 서화가, 심지어 후쿠야마 한코[福山藩校]의 학생들도 찾는 명소가 되었다.

후쿠젠지가 빼어난 경치를 배경으로 한 양국 문사간 시문창화의 공간이었다면, 가이초잔 반다이지[海潮山 盤台寺]는 독특한 생활방식으로 사행원들의 이목을 집중시켰다. 그것은 해변에서 높은 곳에 위치한 지리적 조건 때문에 생필품을 모두 절 앞을 통과하는 배에서 얻는 것으로, 조선의 통신사도 예외가 될 수 없었다. 대체로 그 형식은 사행이 도착과 함께 반다이지[盤台寺]의 주지승이 흰 소반 위에 순항을 기원하는 '원통도량귀범무난지부(圓通道場歸帆無難之符)'라는 부적과 같은 덕담(德談)을 바치면, 사행원들이 나무통에 약과(藥果)・종이・부채・쌀・돈・소금・양초・붓・먹・과일 등을 담아주는 것이다. 1763년 사행의 경우 반다이지 주지승이 〈무진신행시첩자기(戊辰

---

71) 池田一彦,「對潮樓と朝鮮通信使」,『図説・朝鮮通信使の旅』(辛基秀・仲尾 宏編, 明石書店, 2000), 43頁.

信行時帖字記)〉를 보여주면서까지 공양을 구한 것[72]을 보면 반다이지에 대한 조선통신사의 공양은 거의 정례화된 것으로 보인다. 특히 1682년의 역관 홍우재(洪禹載)는 손자 홍대치(洪大治)를 축원하는 공양을 올리기도 한다.

민중과의 교류는 그다지 활발하지 않았던 것으로 보인다. 물론 골목마다 사람이 가득 차고 배에 양식과 솥을 실은 구경꾼들이 많긴 했지만, 다른 지역과는 달리 시문창화를 요구하는 사람들이 드물었기 때문이다. 1748년 사행의 조명채(曺命采)는 "시나 글씨를 구걸하는 사람이 하나도 없으나 사람들의 행동은 변변했다"고 기술하고 있는데, 일단 그 이유를 "풍속이 조금 거친" 데서 찾고 있다. 하지만 도모노우라에서 민중교류가 활발하지 않았던 것은 조명채 자신이 "발[簾]로 가려서 드러나게 서서 구경하는 사람이 하나도 없었다"고 기술하고 있듯 도모노우라 지역의 엄한 기강에서 그 이유를 찾는 것이 옳겠다. 이 밖에 풍속에 관해서는 울타리 옆에 무덤이 있는 것을 보고 기거와 음식이 무덤 속의 사람과 서로 접해 있는 것이어서 매우 해괴한 습속으로 살피고 있는 것[73]이 특징이다.

(6) 우시마도[牛窓]

우시마도는 사행록에 달리 '우시나기사(牛渚)'·'우시고로(牛轉)' 등으로 기록되기도 하는 오카야마겐[岡山縣] 동북부에 위치한 작은 항구도시이다. 에도 시대에는 도카이도[東海道] 오키츠[興津]의 세이켄지[淸見寺]와 함께 바쿠후 지정의 해역(海驛)이 되어 '우시마도센겐[牛窓千軒]'이

---

72) 조엄, 『海槎日記』, 갑신년 1월 11일.
73) 신유한은 "동쪽 집 울타리 밑에 옛 무덤이요 / 서쪽 집 문 앞에 글자 없는 비석이 있네 / 백골(白骨)이 골목에 널려 있는데 / 청년이 난간을 대해 앉았네"(『해유록』, 상, 기해년 8월 28일, 「鞱浦寫景六言絶句八」)라고 읊고 있다.

라 불릴 정도로 비젠 한[備前藩]의 바다현관 노릇을 하며 번창했다. 하지만 1617년 사행에서는 지공할 참(站)이 아니라 하여 바로 무로 츠[室津]로 향한 것으로 보아 혼렌지[本蓮寺]에 숙박을 시작한 1624년 사행부터 어느 정도 접대장소로서의 규모를 갖춘 것 같다. 그리고 태수의 차야[茶屋]가 새로운 객관이 된 1682년 사행에 이르면 사행 원들이 접대시설에 대해 "천 칸 쯤 되는 건물로 모기장과 병풍 족 자며 잠옷과 목욕 때 입는 옷 등 혹 기록할 만한 것도 있고, 목욕 실의 여러 기구와 측간의 시설은 그 형상을 말할 수 없을 지경"[74] 이라고 감탄하기에 이른다.

우시마도에서의 접대는 이케다[池田] 가문에 전하는 『조선인어용유 장(朝鮮人御用留帳)』에 잘 나타나 있다. 1719년 사행의 경우 조선통신 사가 서울을 출발하기 전에 이케다 가문의 중요 인물이 우시마도에 도착하여 객관준비에 만전을 기했다. 그리고 에도로 향하는 조선통신 사 일행과 쓰시마 한[對馬藩] 역인(役人)의 숙소를 위해 44헌(軒)의 마을 집을 빌리고, 어선(御船)과 포선(浦船)을 합쳐 943척의 배를 준비했으 며, 3,855명의 선두(船頭)와 가자(加子), 756명의 접대역인을 징발했다.[75]

문사와의 교류는 1624년 사행에서 부사 강홍중(姜弘重)이 오카야 마 한[岡山藩] 유의(儒医)인 젊은 중이 자못 문자를 알아 문답을 나눈 것에서 비롯된다. 이후 1682년에는 객관에서 오카야마 한의 유관(儒 官) 오바라 젠스케[小原善助]와 도미타 겐신[富田元眞] 등이 제술관 성 완(成琬) · 부사 비장(裨將) 홍세태(洪世泰) · 상상관(上上官) 안신휘(安愼 徽) 등과 필담창화를 했다. 도미타겐신[富田元眞]은 먼저 「임술맹추(壬

---

74) 홍우재, 『동사록(東槎錄)』, 임술년 7월 21일.
75) 倉地克直, 「朝鮮通信使と牛窓」, 『牛窓町史 通史編』(牛窓町, 2001), 556~577頁.
   倉地克直의 연구는 조선통신사 바닷길 노정 지역 가운데 접대관계를 1607년
   부터 1811년까지 가장 상세하게 분석, 정리하고 있다.

戌孟秋」라는 시를 지어 사행원들로부터 차운화답시(次韻和答詩)를 받은 뒤 「의문조록(疑問條錄)」이란 이름으로 길배(吉拜)와 흉배(凶拜)에서의 손의 사용, 퇴계(退溪)의 『자성록(自省錄)』에 보이는 '鶻圇呑棗'와 '日無' 晝虫'이란 구절의 의미, 김일손(金馹孫)이 말한 '선비가 병법을 모르면 참 선비가 아니다(儒不知兵非眞儒也)'란 구절을 둘러싼 여러 가지 질문 등을 했다.[76] 오바라 젠스케 역시 퇴계의 『자성록』을 읽고 그 학문의 바름과 덕의 높음을 알아 지금에 이르렀다고 밝힌 뒤 성완에게 퇴계의 자손이 있는지, 그리고 학문을 좋아하는지, 그 학문을 이어받은 자가 있는지[77]를 물었다. 또 비젠슈[備前州] 태수의 아우 단바[丹波]가 글을 청하고, 그를 따라온 왜인들도 글을 청하여 역관 김지남(金指南)이 써주기도 한다.

1711년에는 오카야마 한의 유신(儒臣) 마츠이 가라쿠[松井河樂] · 오바라 젠스케[小原善助] · 야마다 도사이[山田剛齋]와 제술관 이현, 서기 홍순연(洪舜衍) · 엄한중(嚴漢重) · 남성중(南聖重) 등이 창화를 나누었다. 이때 마츠이카라쿠[松井河樂]은 자신이 이전에 에도 성(城)을 거쳐 도카이도[東海道] 명승지를 유람한 감상을 적은 『동행일기(東行日記)』가 있음을 밝히고 이현에게 서문을 요청했는데, 이현은 귀로에 다시 만날 때 서문을 지어주겠다[78]고 약속하고 있다. 1719년에는 마츠이 가라쿠 · 야마다 도사이 · 와다세이사이[和田省齋]와 제술관 신유한, 서기 장응두(張應斗) · 성여필(成汝弼) · 강백(姜栢) 등이 필담창화를 벌였다. 신유한에게서 "나이 80여 세에 능히 시를 지을 줄 알았고 묻기를 좋아하여 오래 수작해도 권태롭지 않았다"는 평가를 받은 마츠이 가

---

76) 富田元眞,「牛窓詩」,『吉備文庫』, 2集(松枝達文 編, 山陽新聞社, 1980), 1~10頁.

77) 小原善助,『和韓唱酬集』, 三浦 叶,「朝鮮通信使と備前漢文學界」(『東洋文化』, 148號, 1936 · 1937)에서 재인용.

78) 松井河樂,『牛轉唱和詩』(岡山図書館 特設文庫, 山田文庫).

라쿠는 이때도 자신의 시 원고에 서문을 요청한다. 또한 "박식하고 학문을 부지런히 하는" 문사로 평가받은 와다 세이사이는 귀로에 관사에 들르지 않았음에도 불구하고 바닷가를 배회하다 결국 신유한과 다시 만나 필담을 하고 마츠이 가라쿠가 부탁한 서문도 전달받게 된다. 이 밖에 비젠[備前] 오타키야마[大瀧山] 후쿠쇼미츠지[福生密寺]의 승려 엔제이[圓贄]는 마츠이 가라쿠를 통해 최치원과 김지장(金地藏, 마의태자)의 사적을 물었다. 이에 대해 장응두는 최치원의 일생과 그가 공자묘에 배향되고 있는 사실과 함께 김지장은 신라 경순왕 김부(金傅)의 아들로 승려가 되었음을 밝히고 있다.[79]

1748년 사행에는 이노우에 가센[井上嘉膳]·사와하라 세이호[澤原靑峯]·에덴 게이세키[窪甸荊石]·곤도 아츠시[近藤篤] 등이 제술관 박경행(朴敬行), 서기 이봉환(李鳳煥)·이명계(李命啓), 사자관 김천수(金天壽) 등과 필담창화를 나눈다. 특히 당시 24세인 곤도 아츠시는 문학으로 가장 이름이 있어 조명채에게서 "말의 조리가 제일 낫다"는 평가를 받았다. 그는 "군자를 만나보지 못한지라 근심하는 마음 두근거리노라. 또한 이미 그를 보며 또한 이미 만나면 내 마음 가라앉으리로다(未見君子憂心忡忡亦旣見止亦觀止我心則降)"라는 『시경(詩)』의 구절로 사행을 만난 감동을 전한 뒤, 이어 『대학(大學)』의 "천자(天子)로부터 서인(庶人)에 이르기까지 일체 모두 수신(修身)을 근본으로 삼는다(自天子至庶人 壹是以修身爲本)"는 대목을 들어 어떻게 하면 몸을 닦을 수 있겠는가를 물었다.

1763년 사행에는 이치우라 나오하루[市浦直春]·와다 쇼사이[和田省齋]·이노우에 센[井上潛]·곤도 아츠시·가메야마 도쿠모토[龜山德基] 등이 제술관 남옥(南玉), 서기 성대중(成大中)·원중거(元重擧)·김인겸

---

79) 이에 대해서는 ①『桑韓唱酬集』, 卷一, ② 신유한, 『海游錄』, 己亥年 9月 1日과 11月 7日 기록 참조.

(金仁謙)과 필담창화를 나누었다. 이때 원중거는 오규 쇼라이[荻生徂徠] 학문의 불순함과 나가토슈 한(長門州藩) 유신(儒臣) 로카구 다이[瀧鶴台]의 박학을 거론했다. 그런데 고학(古學)이 성행하던 시기에 혼자 송학(宋學)을 주창했다[80]는 평가를 받는 곤도 아츠시는 원중거의 평가를 긍정하는 한편, 로카쿠 다이에 대해서는 멀어서 아는 바가 없다고 대답한다. 특히 김인겸은 이 모임에 대해 우선 이노우에 가센 부자(父子)가 모두 사행을 접대한 것을 칭찬한다. 나아가 이날 지은 시가 백운배율(百韻排律) 1수, 72운 1수, 오칠률(五七律) 고시(古詩)와 절구(絶句) 등 총 40수에 달하는 것을 자랑하고 있다.[81]

이처럼 우시마도에서는 바닷길 노정 중 문사교류가 가장 활발하게 전개되는데, 이는 1666년에 오카야마 한코[岡山藩校]와 시즈타니[閑谷] 학교를 열 정도였던 이케다 미츠마사[池田光政]를 비롯한 위정자의 학문에 대한 열정과 이를 통한 오카야마 한[岡山藩]의 유신(儒臣)들의 학문적 역량의 성숙과 무관하지 않다. 이는 한의 학문을 담당했던 미야케 가조[三宅可三]·도미타 겐신[富田元眞]·오바라 젠스케[小原善助]·이치우라 나오하루[市浦直春]·마츠이 가라쿠, 구보타 도와[窪田道話: 릿켄立軒], 야마다 고사이[山田剛齋], 와다 쇼사이[和田省齋], 오사와 쇼도[大澤松堂], 사와하라 세이호[澤原靑峰], 와다 잇코[和田一江], 곤도 아츠시 등[82] 한의 유신 가운데 대부분이 조선통신사와 필담창화을 나누었던 데에서 확인할 수 있다.

이 밖에 사행록에는 교토와 오사카의 성을 쌓기 위해 돌을 운반하는 선박의 모습에서 물력의 풍부함과 공사의 거창함을 미루어 짐작하기도 하고, 삽살개가 쭈그린 것 같은 이누야마[犬山]과 석물(石

---

80) 近藤春雄, 『日本漢文學大事典』(明治書院, 1985), 252頁.
81) 1748년과 1763년 사행의 창화필담에 대해서는 『戊辰槎錄』(1748)과 『槎客萍水集』(1763), 김인겸의 「일동장유가(日東壯遊歌)」, 1월 14일의 기록 참조.
82) ひろたまさき·倉地克直 外, 『岡山縣の敎育史』(思文閣出版, 1988), 111頁.

物) 공사와 관련된 전설, 비젠[備前] 태수의 아비 마츠다이라 신타이 (松平新太)의 학문 숭상 태도 등을 자세히 묘사하고 있다.

　(7) 무로츠[室津]

　무로츠는『히라마코쿠 후토키(播磨國風土記)』에 '바람을 막아주는 방과 같다' 하여 붙여진 지명으로, 나라[奈良] 시대 고승 교키[行基]에 의해 섭파오박(攝播五泊)의 하나로 정해지기도 했던[83] 이름난 항구도시이다. 세토 나이카이[瀬戸内海]의 동부에 위치하여 이미 중세에 '室의 선두(船頭)'로서 상품수송이 번창했고, 이후 에도 시대에 들어 연간 90회 정도의 산킨코타이[參勤交代] 선단(船団)이 기항하여 '무로츠센겐 [室津千軒]'이라 불리며 번영을 구가했던 지역이다.

　무로츠의 접대에 대해서는 가모진자[賀茂神社]에 소장된 길이 10m에 달하는『한객과실진록(韓客過室津錄)』에 자세하게 기록되어 있다. 곧 부족한 물의 확보,[84] 요리에 사용될 고기의 조달, 불조심을 위한 밤 순회, 응접준비의 모양, 왕복로의 조선통신사 본대의 입항과 히메지 한[姫路藩]의 접대내역, 사행원의 역할과 관위(官位) 등이 그 내용이다. 특히 가모진자의 수세석(手洗石)에는 당시 무로츠의 접대인들이 조선통신사 접대의 무사를 기원하기 위해 가모진자에 집단 참예한 명문(銘文)이 새겨져 있어 당시 무로츠가 조선통신사 응접을 위해 얼마나 마음을 쏟았는가를 짐작할 수 있게 한다. 실제 사행록에도 "관사의 헌걸스러운 것과 베푸는 물건의 화려한 것, 반찬의

---

83) 辛基秀,『朝鮮通信使の旅日記』(PHP硏究所, 2002), 104頁.
84) 무로츠는 평지가 좁은데다 우물이 적고, 수질도 좋지 않아 다른 곳으로부터 배로 물을 운반해서 확보했다. 1763년의 조선통신사 일행을 기록한 병풍에는 오우라(大浦)의 입강(入江)뿐인데도 66척의 물 운반선을 대기시키고 있다. 이에 대해서는 柏山泰訓,「朝鮮通信使と室津」,『會報むろのつ』, 5号(町立室津海驛館 '嶋屋' 友の會, 1999), 35쪽 참조.

정결한 것과 그릇의 선명한 것이며, 접대의 성실하고 부지런한 것과, 안부를 묻는 공손한 것이 지나온 다른 곳에 비해 월등했다"[85]고 기록할 정도였다.

무로츠에서의 문사교류는 우시마도에 비해 활성화되지는 않았던 것 같다. 1655년 사행에는 한슈가 다이운지[大雲寺]에 머물면서 제술관 이명빈(李明彬)과 화원 한시각(韓時覺)을 초청하여 서화를 얻고 시문을 창수했다. 그리고 1719년 사행에서는 셋슈[攝州]의 문사들이 쓰시마 기시츠[記室] 아메노모리 호슈를 통해 긴 편지와 짧은 율시를 신유한에게 전달했다. 『상한창수집(桑韓唱酬集)』권2에는 셋슈니조[攝州尼城] 소리(小吏)인 가와스미 세이지츠[河澄正實], 셋슈니조와 선비인 다나카 모쿠요[田中默容], 그리고 한요무로츠[播陽室津] 소리였던 이조(衣尙)가 제술관 신유한과 서기 장응두·성여필·강백 등과 필담창화를 나눈 것으로 나타난다. 이때 이조(衣尙)는 신유한에게 「진사제술관신공사고화(奉謝製述官申公賜高和)」·「근정신학사예안하(謹呈申學士芸案下)」와 같은 시와 편지글을 전했다. 그리고 1763년 사행에서는 승려들이 김인겸에게 7언 율시와 7언 절구를 지어와서 화답을 구하고, 많은 문사들이 글을 가지고 와서 보이기도 했다. 또 정사 조엄은 곁에 있던 금병풍에 조생(趙生)을 시켜 글씨를 쓰게 한 뒤 출참봉행(出站奉行)에게 선물을 하기도 했다.

이 밖에 1643년 사행에서는 삼선(三船) 사공과 포수(砲手)가 전염병에 걸렸을 때 왜통사(倭通事)에게 시켜 병을 고쳐주도록 했고, 1655년 사행에는 역풍으로 일정이 지체되자 선장과 사공에게 기풍제(祈風祭)를 신당(神堂)에 지내도록 하여 의술과 민속신앙의 교류도 이루어졌음을 알 수 있다.

---

85) 강홍중, 『동사록(東槎錄)』, 갑자년 11월 9일.

3. 조선통신사 관련 문화의 현대적 계승

조선통신사를 통한 문화교류는 단지 에도 시대에만 국한된 과거의 역사적 사실이 아니다. 그것은 오늘날에도 조선통신사의 바닷길 노정 지역에서는 그 지역 주민들이 조선통신사가 머물렀던 흔적을 소중히 여기고 이를 가꾸어 가는 작업을 꾸준히 이어가고 있기 때문이다.

아이노시마[藍島]의 경우 1994년 후쿠오카 현 신구초[新宮町]의 초시[町誌] 편찬 작업 도중 이와쿠니 시[岩國市]의 초코칸[徵古館]에서 아이노시마의 옛 지도를 발견했다. 이를 바탕으로 그동안 구로다[黑田] 문서의 기재내용과 일치되지 않았던 '유타이테이[有待亭] 자취'에 대한 의문을 제기하고, 조선통신사 유적지인 진구지[神宮寺] 근처 지역에 대한 발굴조사를 최초로 행했다. 그 결과 회랑(回廊)과 같은 홋타테바시라[掘立柱] 건물의 자취와 거기에 딸린 배수구·우물 등이, 주변에서는 등롱대(灯籠台)·파지장(波止場) 및 18세기의 비젠 도자기·칠기 다완(茶椀)·음식 재료(참치, 방어, 홍합) 등의 자취를 발견했다. 또 아이노시마 적성총군(積石塚群)에서는 조선통신사 영접 준비를 위해 섬을 건너오다 난파되어 죽은 구로다 한의 무사들과 포수부(浦水夫)의 묘를 21기나 발견하기도 했다.[86] 특히 선착장에 내리면 '조선통신사객관적(朝鮮通信使客館跡)'·'파지장의 역사(波止場の歷史)'라고 적힌 안내판이 서 있어 조선통신사 관련 유적지로서의 성격을 뚜렷이 드러내고 있다.

또 하카다[博多]에서 열리는 '기온마츠리[祇園祭]'에는 '기온야마카사[祇園山笠]'라는 수레가 유명한데, 축제의 중심행사인 '오이야마[追

---

86) ① 西田大輔「遺構·遺物が語る朝鮮通信使」,『図說·朝鮮通信使の旅』(辛基秀·仲尾宏 編, 明石書店, 2000), 26~27頁. ② 新宮町教育委員會 編,『新宮町埋蔵文化財發掘調査報告 第十七集, 朝鮮通信使客館跡』 참조.

い山'가 진행될 때 구시다진자[櫛田神社] 경내에는 '청도(淸道)'라는 깃발이 세워진다고 한다. 이 깃발은 후쿠오카 한의 무사(武士)가 아이노시마와 쓰시마에서 조선통신사 행렬을 보고 도입했다는 설[87]이 유력한데, 필자가 답사한 2004년의 기온마츠리에는 깃발은 날리지 않고 대신 구시다진자[櫛田神社] 바로 옆 하카다 역사관의 입구 양쪽에 붉은 바탕에 흰 글씨로 '청도'가 새겨져 있었다. 헤이안 시대 말기에 세워져 하카타 지방을 수호하는 신사의 총본사가 된 구시다진자에 청도기(淸道旗)가 세워져 있다는 것은 이 지역 주민들의 조선통신사에 대한 관심과, 조선통신사를 응접하여 다른 지역보다 빨리 선진문화를 습득한 것에 대한 강한 자부심을 짐작하게 해준다. 이밖에 후쿠오카에는 '후쿠오카 지방사 연구회 고문서를 읽는 모임(福岡地方史研究會古文書を讀む會)'이 결성되어, 그동안 『조선인 내빙기(朝鮮人來聘記)』·『조선인 귀국기록(朝鮮人歸國記錄)』 등이 현대어로 번역되어 13권이 간행되기도 했다.

아카마가세키(지금의 야마구치 현 시모노세키)는 조선통신사의 숙소였던 아미타지[阿弥陀寺]가 메이지[明治] 정부의 신불분리령(神佛分離令)에 의해 천황사(天皇社)가 되어 이름도 '아카마진구[赤間神宮]'로 바뀌었고, 조선통신사와 관련된 문헌자료도 임수간(任守幹)의 시문 외엔 남아 있는 것이 없다. 하지만 재일 한인(在日韓人)을 비롯한 시민들은 신사(神社) 앞에 2001년 한국에서 가져온 돌로 〈조선통신사 상륙엄유지지(朝鮮通信使上陸淹留之地)〉라는 조선통신사 기념비를 건립했다. 또 시모노세키시 야스오카[安岡]의 『풍포군안강촌향토지(豊浦郡安岡村鄕土誌)』에는 시내의 스미요시진자[住吉神社]와 이미노미야진자[忌宮神社]

---

87) 嶋村初吉, 「日本における朝鮮通信使の足跡九州と交流を中心に」, 『2003 조선통신사 한일국제학술심포지엄발표집』(조선통신사문화사업추진위원회, 2003), 74쪽.

의 행사 가운데 고진오도리[唐人踊]가 바쿠후 말기까지 연기(演技)되었다고 기록되어 있다. 지금은 가사밖에 전하고 있지 않지만 '대대로 내려온 두 개의 기둥, 무더위의 강풍, 빨리 쫓아내고 가라코오도모[唐子供]를 즐기세'라는 대사가 있어 이를 조선통신사 일행 중의 소동(小童) 대무(對舞)를 지칭하는 것으로 보기도 한다.[88]

가미노세키[上關]는 이와구니시립초코칸[岩國市立徵古館]에 조선통신사 접대 관련 문헌이 다수 소장되어 있는 것 외에 야마구치[山口]현을 소개하는 안내서에도 조선통신사 지역으로 표현되어 있을[89] 정도로 조선통신사의 자취가 고스란히 묻어 있는 지역이다. 이미 '가미노세키초 교육위원회'와 '가미노세키 고문서 독해의 모임'이 중심이 되어 『교호 · 쇼토쿠 조선통신사상관기록[享保 · 正德 朝鮮通信使上關記錄]』등 12권이 현대어로 번역되어 출간되었다. 특히 조선통신사의 숙사였던 오차야시(茶屋址)가 1977년 교육위원회에 의해 사적(事跡)으로 지정되면서 조선통신사와 관계가 있는 옛 가미노세키의 반쇼[番所] · 오차야[御茶屋]의 자취를 재정비하고, 반쇼 앞에는 오구라 쇼사이와 신유한의 창화시를 기념비에 새겨두고 있다. 게다가 2003년에는 지역의 통신수단이었던 봉화(烽火)터를 발견하고, 지금도 사계루(四階樓)에 딸린 가미노세키초 향토학습관(上關町鄕土學習館)에서 '향토사학습닌자대(鄕土史學習忍者隊)'를 중심으로 조선통신사 자료 발굴 및 조선통신사 학습을 활발하게 펼치고 있다.

가마가리에서는 주위 16km 정도의 작은 섬인 시모가마가리[下蒲刈] 전체를 정원으로 만드는 사업에 따라 소토엔[松濤園]을 조성했는데, 그 속에 '조선통신사 자료관 고치소이치반칸(朝鮮通信使資料館 御馳走一番館)'을 두고 있다. 자료관의 명칭은 1711년 사행에 동행한 쓰시마의

88) 上田正昭 · 辛基秀 · 仲尾宏,『朝鮮通信使とその時代』, 139頁.
89) 山口縣,『山口海紀行』(山口縣商業觀光課, 2001), 25~27頁.

도주가 관백(關白)에게 '1682년 통신사행에서 아키슈 가마가리의 대접이 제일 나았다(天和度安芸蒲刈御馳走一番)'라고 보고했던 데서 따온 것이다. 자료관은 메이지 시대 때 건립된 건물로 동해를 통해 일본문화의 영향을 가장 크게 받았던 도야마(富山) 도나미(礪波) 지방의 대표적 상인 아리카와케(有川家)의 저택을 옮겨 지은 것[90]으로, 전시관엔 일본 최초로 음식문화 연구의 정수를 모아 '시치고산노젠(七五三の膳)'과 '산주주고사이(三汁十五菜)' 등 조선통신사 향응요리를 복원한 모형이 전시되어 있다. 그 외에도 혼진(本陣) 복원모형·행렬인형·등신대(等身大) 인형·의장(衣裝)·조선통신사 접대용 도기다완(陶器茶椀)류 복원모형·조선통신사 선박 복원모형·조선통신사 인형·한국의 산신도 등이 전시되고, 정원에는 18~20세기의 한국의 석인상(石人像) 10기와 19~20세기의 석양(石羊) 4기가 배치되어 있다. 2003년에는 인근에 조선통신사 기념 정원인 '간쇼엔(觀松園)'까지 만들어 조선통신사가 한양에서 에도까지 머물렀던 지역을 표시하고, 주변 곳곳에 무궁화를 심어두고 있다. 또 최근에는 혼진(本陣)의 자취·반쇼(番所)의 자취·조선신사 숙소(朝鮮信使宿館)의 자취·상야등(常夜灯) 등을 새롭게 조성하고, 가마가리와 관련된 조선통신사 기록을 집대성하여 『히로시마 번·조선통신사 내빙기(廣島藩·朝鮮通信使來聘記)』를 발간하기도 하는 등 조선통신사 관련사업을 의욕적으로 펼치고 있다.

도모노우라는 1940년에 다이초로(對潮樓)가 히로시마 현의 사적에 지정되고, 1994년에는 후쿠젠지(福禪寺) 경내가 국가사적에 지정됨으로써 조선통신사와 관련된 대표적인 문화교류의 장소로 각광받았다. 특히 도모노우라에서는 역사민속자료관을 중심으로 조선통신사 관련 사업이 활발하게 전개되었다. 곧 1990년 '조선통신사 후쿠야마

---

90) 柴村敬次郎, 『朝鮮通信使資料館 御馳走一番館─收藏品圖錄 No.1』(下蒲刈町, 1994), 1頁.

번 도모노우라 특별전(朝鮮通信使福山藩港輔建特別展)'을 시작으로, '후쿠젠지 대조루비보전(福禪寺對潮樓秘宝展)'(1991), '바다로부터의 친선우호사절 조선통신사(海からの善隣友好使節朝鮮通信使)'(2002), '일한 어린이 교류회화전(日韓子ども交流繪畵展)'(2002)이 개최되었다. 또 1997년에는 조선통신사 행렬이 재현되었고, 2002년에는 도모 소학교 학생들이 조선통신사 선단모형을 제작하기도 했다. 특히 지방 특산으로 조선통신사의 사랑을 받았던 호메이슈[保命酒]는 나카무라[中村] 가문의 술병에 조선통신사 사행원이 쓴 칠언절구가 씌어 있을 정도로 조선통신사 관련지역으로서의 자부심이 강한 편이다.

우시마도는 일찍부터 조선통신사와 관련된 문화행사를 벌여왔다. 1654년 6월에 조선통신사에게 맛있는 차를 대접하기 위해 팠던 우물을, 1877년에 다시 재보수를 해서 역사적 사실을 기록할 만큼 조선통신사에 대한 우시마도 주민들의 애정은 남다른 편이다.[91] 옛 조선통신사의 숙소였던 혼렌지[本蓮寺]에는 조선통신사가 선물한 청자기와, 1643년 사행 때 신유(申濡)의 〈과객위묘상인제(過客爲妙上人題)〉를 비롯한 조선통신사의 시문 족자 9개가 벽에 걸려 있다. 그리고 1985년에는 조선통신사가 우시마도에 도착한 350주년을 맞이하여 한국의 조선통신사 후손을 초대하여 '조선통신사 우시마도 기항 350주년' 기념식을 거행했다. 그뿐 아니라 1992년에는 기존의 '우시마도 초 조선통신사 자료관'을 확충하여 단지리(山車) 전시실과 조선통신사 자료실을 갖춘 '가이유분카칸[海遊文化館]'을 개관했다. 그리고 11월 세 번째 일요일에는 '유(遊)·SEA·우시마도 페스티벌'을 개최하여 그 속에 주민들이 중심이 된 조선통신사 행렬을 벌이고 있다.

---

91) 해방 후 일본 지방현사에서 조선통신사에 대한 접대 기록을 처음 게재한 것도 우시마도가 속해 있는 오카야마 현이다. 이에 대해서는 김의환, 『조선통신사의 발자취』(정음문화사, 1985), 209~210쪽 참조.

특히 우시마도는 매년 10월 네째주 일요일이 되면 곤노우라[紺浦] 부락의 야쿠진자[疫神社] 가을축제 때 신에게 바치는 '가라코오도리[唐子踊り]'가 행해진다. '가라코오도리'는 조선통신사가 우시마도에 숙박했을 때 조선의 소동(小童)들이 추던 춤을 그대로 모방해서 오늘날까지 이어온 춤이다. 그 유래에 대해서는 삼한기원설(三韓起源說)·통신사기원설(通信使起源說)·중국기원설(中國起源說)·자체창작설(自體創作說)[92] 등이 있지만, 조선통신사와 관련된 춤으로 보는 경향이 일반적이다.

무로츠[室津]는 조선통신사의 숙소였던 오차야[茶屋]마저 초민[町民] 센터로 바뀌었지만, 1998년에 표지석을 건립하여 옛 자취들을 알기 쉽게 정비하고 있는 것이 특색이다. 1997년 부유한 상인의 시마야[嶋屋]를 개수하여 개관한 '무로츠카이에키칸[室津海驛館]'은 조선통신사를 비롯한 가이센[廻船]·산킨코타이[參勤交代]·에도산푸[江戶參府] 등 네 개의 전시실을 운영하고 있고, 조선통신사 관련물로는 향응요리·행렬인형·과자 등을 전시하고 있다. 특히 3일 전까지 예약하면 조선통신사 향응요리를 3,000엔에 제공할 수 있다고 안내장에 적어두고 있다. 최근에는 회보 ≪무로츠(むろのつ)≫와 소식지 ≪友の會だより≫를 발간하고, 도모노우라와 오노미치(尾道) 등을 중심으로 '미나토마치[港町] 네트워크·세토나이[瀬戶內]'를 결성하는 등 왕성한 활동을 전개하고 있다.

이처럼 조선통신사의 바닷길 노정지역의 주민들은 그들 조상이

---

92) 牛窓町, 『唐子踊り』(岡山縣邑久郡牛窓町牛窓町役場, 1991), 20~24頁, '가라코오도리(唐子踊り)'의 유래에 대한 연구는 ① 西川宏, 「唐子踊りの謎を解く」, 『歷史地理敎育』, 115(歷史敎育者協議會 編, 1965), ② 柳澤新治, 「唐子踊りの謎を解く」, 『易史と人物』, 12月号(中央公論, 1978), ③ 李進熙, 「唐子踊りと神功皇后」, 『李朝の通信使』(講談社, 1976), ④ 임동권, 「민속의 한일교류」, 『한일문화교류사』(민문고, 1991), ⑤ 倉地克直, 『近世日本人は朝鮮をどうみていたか』(角川選書, 2001) 등이 있다.

그러했듯이 조선통신사의 방문을 진심으로 기리고, 선진문화 사절단을 맞이했던 그 자부심을 지역민의 화합을 위한 축제의 장으로 승화시키고 있음을 알 수 있다. 그야말로 조선통신사는 에도 시대뿐만 아니라 현재에도 한일 문화교류의 상징물이자 두 나라 국민을 이어주는 매개체가 되고 있는 것이다.

IV. 조선통신사를 통한 문화교류가 바닷길 노정 지역에 미친 영향

조선통신사의 바닷길 노정 지역에서는 육로 노정에 비해 펼쳐졌던 마상재(馬上才)·축국(蹴鞠)이나 원숭이 놀음[猴戱], 닌교초루리[人形淨瑠璃], 가부키[歌舞伎] 등의 연희(演戱)·의식주나 민속과 같은 생활문화 등과 같은 문화교류가 잘 드러나지 않는다. 이는 접대를 맡은 일본이나 조선통신사 모두 본격적인 문화교류는 오사카·교토·에도 등 3대 도시를 중심으로 이루어진다는 것을 기정 사실화한[93] 데서 비롯된 결과로 보인다. 실제로 이들 지역은 육로 노정의 중심으로 체류기간이 길어 일본 최고의 이름난 문사와 학자들이 객관을 찾아 필담창화를 나눈 데다, 공식·비공식의 연회가 많아 교류의 기회가 바닷길 노정에 비교할 수 없을 만큼 많았다. 게다가 국서 전달의 임무를 완수했다는 사행원들의 안도감 역시 교류를 원활히 하는 데 지대한 기여를 했을 것이다.

그러나 비록 육로 노정에는 못 미치지만 조선통신사를 통한 문화교류가 바닷길 노정지역에 미친 영향은 다음의 네 가지 측면에서 그 의의를 자리매김할 수 있다.

---

93) 1636년 사행부터 참여하여 이후 양국 선린외교의 상징물이 된 마상재의 경우, 일본에서는 쓰시마와 에도에서 쓰시마슈(對馬島主)와 관백(關白)을 위한 공연 외에는 일체 응하지 않았다.

첫째, 조선통신사는 바닷길 노정지역 문사들의 학문적 성장을 가져오고, 지역의 학문역량을 드러내는 계기가 되었다. 조선통신사와 필담창화를 나눈 바닷길 노정지역 대부분의 문사들은 각 슈(州) 또는 각 한(藩)에서 유학·시문·문서를 관장하는 기시츠[記室]이거나 교수·문학·강관(講官)들이었다. 따라서 외국과의 교류가 제한된 가운데 당시 학문문화의 선진국으로 여겨지던 조선 선비와의 만남은 자신의 학문적 성과를 검증받고 새로운 학문을 받아들일 수 있는 절호의 기회였다. 또 각 한(藩)은 조선통신사의 영접을 위해 한시문과 의례에 밝은 자를 등용하고,[94] 한코[藩校]를 세워 호학(好學)의 분위기를 조성함으로써 지역문화 전체를 한 단계 성장시키는 결과를 가져왔다. 실례로 후쿠오카 한의 유신(儒臣) 다케다 슌안[竹田春庵]이 아이노시마[藍島]에 가기 전에 스승 가이바라 에키겐[貝原益軒]에게 조선통신사와 만나 사용할 필담의 내용과 칠언절구 4수에 대해 미리 가르침을 받은 사실[95]은 조선통신사와의 교류가 당시 지역문사에게 얼마나 큰 영향을 미치고 있었는지를 미루어 짐작할 수 있게 한다.

또한 바닷길 노정 지역문사들의 경우 대부분 사승(師承) 관계나 혈연관계에 있었다. 곧 아이노시마는 대부분이 가이바라 에키겐과 관련된 문사(文士)들이었다. 가이바라 치켄[貝原耻軒]은 조카이자 양자, 다케다 슌안[竹田春庵]·츠루하라 규사이[鶴原九皐]·후루노 바이호[古野梅峰]는 제자, 구시다 긴잔[櫛田琴山]은 츠루하라 규사이의 제자였다. 또 구시다 긴잔과 구시다 기츠단[櫛田菊潭], 도리시마 반스이[島村晩翠]와 도리시마 슈코[島村秋江]는 부자관계였다. 아카마가세키 역시 로카쿠다이[瀧鶴台]·사사키 교쿠코[佐佐木曲江]·구사바 교케이[草

---

94) 上垣外憲一,『日本文化交流小史』(日本, 中公新書, 2000), 199~201頁.

95) 大庭卓也,「福岡藩儒竹田春庵と朝鮮通信使」,『語文研究』, 93号(2002), 15~16頁.

場居敬)·야마네 기요시[山根淸] 등이 모두 야마가타 슈난[山縣周南]의 제자들이었고, 도모노우라의 이토 바이우[伊藤梅宇]와 이토 가다이[伊藤霞台]는 부자간이었다. 이들은 대부분 같이 동석하거나 대를 이어 필담창화에 참여했고, 또 그 결과를 『남도왜한필어창화(藍島倭韓筆語唱和)』(藍島)·『양관창화록(兩關唱和錄)』(赤間關·上關)·『우전창화시(牛轉唱和詩)』(牛窓) 등의 필담창화집으로 발간함으로써 자기가 속해 있는 지역, 집단의 학문적 역량을 과시하기도 했던 것이다.

둘째, 조선통신사는 지역 문사의 자기 지역에 대한 인식을 새롭게 하고 창작의욕을 북돋워 지역 문단을 활성화시키는 계기가 되었다. 조선통신사 사행록이나 필담창화집에는 그 지역의 명소에 대한 필담창화의 기록이 많이 남아 있다. 일본 문사들에게 조선문사와의 필담창화는 그동안 잊고 지냈던 지역의 역사적 사실이나 경치에 대해 새삼스럽게 되돌아보는 계기를 가져왔다. 그리고 새로운 인식을 바탕으로 자신의 감회를 읊조림으로써 결과적으로 지역문단에 생기를 불어넣었다. 1711년 사행의 경우 조선통신사를 맞기 위해 우시마도 항구에 모인 오카야마의 유신 마츠이 가라쿠[松井河樂]·오바라 젠스케[小原善助]·야마다 도시로[山田藤四郞] 등은 사행을 기다리는 무료함을 달래기 위해 자신들의 감흥을 시로 읊었다. 그 결과 탄생한 것이 『우창시조(牛牕詩藻)』인데, 그 가운데 창화 상대자인 우시마도의 문사 및 우시마도와 관련된 경물을 많이 채용하고 있다.

셋째, 조선통신사는 지역 문사를 새롭게 발굴하고 이를 조선과 일본 전역에 알림으로써 상호교류를 가능케 했다. 조선통신사와 필담창화를 한 사람들 가운데는 일본 한문학사를 비롯해서 한문학 관련 연구서적[96]에서 전혀 발견되지 않는 문사들이 많이 등장한다. 곧 아이노시마의 가쿠하라바이안[學原梅庵]·가미야 쇼도[神屋松堂]·샤쿠 뎃소[釋鐵相]·시마무라 반스이[島村晩翠]·구시다 고츠타쿠[櫛田笏澤], 아카마가세키의 오다 무라시칸[小田村芝磵]·다치바나 세이레이[橘正麗], 가미노세키의 사사키 교쿠코[佐佐木曲江]·이이 다겐키[飯田玄機], 가마가리의 가라사키 아와지[唐崎淡路: 히타치노스케(常陸介)], 도모노우라[鞆浦]의 안도 만조[安藤万藏] 등이다. 당시 조선통신사의 사행록은 뒤를 잇는 통신사행이 참고로 읽는 필수서적이었기 때문에 그를 통해 인지된 각 지역 문사들과의 교류가 더 활발해질 수 있었다. 또 조선통신사는 일본 문사간 내적 교류를 가능하게 했다. 곧 1763년 사행의 경우 아카마가세키에서 로카쿠 다이[瀧鶴台]를 만난 원중거(元重擧)는 자신이 에도에서 오카야마 유신 이노우에 센[井上潛]의 편지를 받고 부친 글 내용 가운데 로카쿠 다이의 소식을 전했다고 말한다. 이에 로카쿠다이가 이노우에센을 모른다고 하자 이노우에 센을 자세히 설명했고, 아울러 곤도 아츠시도 소개하고 있다.[97] 이처럼 조선통신사는 지역 문사들을 상호 연결해 주는 매개체로서의 역할도 수행했다.

넷째, 조선통신사는 지역주민의 선진문화 향유에 대한 욕구해소 및 새로운 지역문화 창달에 기여했다. 일반 민중들은 조선통신사와의 문화교류가 원칙적으로는 관금(官禁)에 의해 차단되어 지역 문사에 비해 원활하게 전개될 수 없었다. 하지만 실제 바닷길 노정지역에서는 선진문화에 대한 동경과 열망 때문에 그다지 규제가 심하지 않아 자연스런 교류가 이루어질 수 있었다. 그 결과 민중들은 그들 지역의 축제와 민간전승 가운데 우시마도의 '가라코오도리'나 '가라코오도리 인형'처럼 새로운 지역문화의 하나로서 선진문화 전파의 상징인 조선통신사의 모습을 반영하게 되었던 것이다.

---

96) ① 松下忠, 『江戸時代の詩風詩論』(明治書院, 1969), ② 猪口篤志, 『日本漢文學史』, ③ 山岸德平, 『近世漢文學史』(汲古書院, 1987), ④ 長澤孝三, 『漢文學者總攬』(汲古書院, 1979), ⑤ 近藤春雄, 『日本漢文學大事典』(明治書院, 1985).
97) 山根 淸, 『長門癸甲問槎』, 卷二.

그 전통은 오늘날 바닷길 노정 지역을 중심으로 발달한 '가이유분카칸[海遊文化館]'이나 '고치소이치반칸[御馳走一蕃館]' 등의 조선통신사 관련 자료관의 존재 및 각종 조선통신사 관련사업의 전개를 통해 다시 이어지고 있다.

Ⅴ. 마무리

이상으로 조선통신사의 바닷길 노정에 반영된 한일 문화교류에 대해서 살펴보았다. 그 결과를 간략히 요약하면 다음과 같다.

첫째, 바닷길 노정에서의 문화교류는 당대 최고의 문장과 예술적 재능을 지닌 문화사절로서의 긍지와 그 재능을 과시하려는 조선의 사행원과, 육로의 대도시에 비해 상대적으로 선진문화를 접하기 힘들었던 항구도시 지역 문사와 민중들의 열망으로 자연스럽게 이루어졌다.

둘째, 조선통신사가 머문 바닷길 노정은 안내역인 쓰시마 섬·이키[壹岐]나 바쿠후 관할지인 효고[兵庫]를 제외하면 약 40개 지역으로, 대개 일본 해운발전과 문화교류의 대동맥이었던 세토 나이카이[瀨戶內海]와 산요도[山陽道] 지역에 분포되어 있었다.

셋째, 조선통신사가 오가면서 대부분 들렀던 바닷길 노정 지역은 아이노시마·아카마가세키·가미노세키·가마가리·도모노우라·우시마도·무로츠 등 일곱 개 항구도시로, 이들 지역에서는 조선통신사와 지역의 문사 및 민중들과의 교류가 활발하게 전개되었다. 오늘날에도 지역주민들은 조선통신사를 맞이했던 자부심을 지역민의 화합을 위한 축제의 장으로 승화시킴으로써, 조선통신사가 에도 시대뿐만 아니라 오늘날에도 한일 문화교류의 매개체가 되고 있음을 확인할 수 있었다.

넷째, 조선통신사를 통한 문화교류가 바닷길 노정 지역에 미친 영

향은 ① 지역 문사들의 학문적 성장 및 지역의 학문역량 과시, ②
자기 지역에 대한 새로운 인식과 창작의욕으로 인한 지역문단의 활
성화, ③ 무명 문사의 발굴 및 일본 문사간 상호교류 진작, ④ 지
역주민의 선진문화 향유에 대한 욕구해소 및 새로운 지역문화 창달
을 의의로 자리매김할 수 있었다.

본 연구는 그동안 특정 통신사행을 중심으로 한 바닷길 노정 지
역선정에서 벗어나, 쓰시마에서 역지 빙례가 행해진 1811년을 제외
한 전체 사행을 대상으로 바닷길 노정을 도표화하고, 그 중 정박
빈도가 높았던 7개 항구도시를 중심으로 문화교류를 처음으로 살
폈다는 데 의의가 있다. 특히 도표화된 바닷길 노정 중 7개 항구
도시 외 지역은 그동안의 연구에서 잘 알려지지 않은 지역으로 그
지역민조차 조선통신사와의 관련 사실을 잘 모르는 지역이다. 따라
서 본 연구를 계기로 이들 지역에서 조선통신사에 대한 관심을 가
지고 자료조사 및 발굴이 이루어질 경우[98] 어쩌면 육로 노정에 못
지않은 문화교류의 양상을 기대할 수도 있을 것이다.

---

98) 실제로 논문을 작성하는 과정에서 필자는 가미노세키[上關]에서 〈朝鮮通信
使 山遊圖〉(自稱)를, 다다노우미(忠海)의 세넨지(誓念寺)에서는 '겐코우산(願
海山)'이라는 산호(山号)를, 그리고 히비(日比)에서는 조선통신사와는 무관하
지만 조선통신사가 머문 곳으로 추측되는 민가에서 한국의 정치가이자 독립
운동가, 언론인인 서재필의 친필을 발견할 수 있었다.

年度	1607		1617		1624		1636		1643		1655		1682		1711		1719		1748		1763	
區分	往	還	往	還	往	還	往	還	往	還	往	還	往	還	往	還	往	還	往	還	往	還
藍島	●	●	●	○	●	●	●	●	●	●	●	○	●	○	●	▲	●	●	●	●	●	○
勝島					※																	
地島															●		●					
南泊																					○	○
赤間關	●	○			◆		●	●	●	●	◆	◆	◆	○	●	●	●	●	●	●	●	○
文字城				○		※																
元山										※					▲		○					
新站															▲							
三田尻															▲	○						
西口村																			◆			○
向浦							○		○		○		○					○	○			
笠戸村																		○				
深浦															▲							
山崎						○																
糠浦		○																				
仙水浦									○													
宮渚浦	※	○									○				○							
室隅											○											
上關	●	▲	○	●	●	※	●	●	●	◆	●	●	●	●			●	◆	●	●	●	
賀室										※			※	○								
油宇島					○																	
津和						○		○			○	○	○					○	●		○	※
可老島				○															●			
鎌刈	○		※	○	※	●	●		●	※	●	○	○				●	○	◆		●	
竹原																						
高島									※		※											
忠海				○							○		※				◆	○				
田島	○									○			※									
鞆浦	●	▲	※	○	○		●	●	●	※	●		●	●	●		●	●	●	○	●	
白石浦										○												
木路島				○																		
鹽俵													○									
六口島													○									
下津				※		○						○		○	▲	▲						
日比										○								○	▲	※	●	
京長老	○																					
牛窓	※		※		◆	●	●	○	●	○	●		●		●	▲	●	○	●	▲	●	
室津	●	▲	●	○	●		●	○	●	◆	●		●	○	●		●	●	▲	●	●	
明石浦					○							○	※	※								

* 객관(客館) 숙박(●), 선상(船上) 숙박(○), 객관+선상숙박(◆), 불분명한 숙박(▲), 중도정박(※)

참고문헌

한국자료

신유한. 『海游錄』 외 사행록(使行錄) 다수.

『증정교린지』

김의환. 1985. 『朝鮮通信使의 발자취』. 정음문화사.

신성순 · 이근성. 1994. 『조선통신사』. 중앙일보사.

이원식. 1991. 『조선통신사』. 민음사.

임동권. 1991. 「민속의 한일교류」, 『한일문화교류사』. 민문고.

中村榮孝外 著. 김용선 역. 1982. 『일본은 우리가 키웠다, 조선통신사』. 동호서관. 1982.

손승철. 2002. 「조선시대 통신사연구의 회고와 전망」, 『한일관계사연구』. 12집. 한일관계사학회.

임성철. 1987. 「조선통신사의 노정기연구」, 『외대론총』, 5집. 부산외국어대학교.

장순순. 1990. 「조선후기 통신사행의 제술관에 대한 일고찰」, 『전북사학』, 13집. 전북대학교 사학회.

정승혜. 1998. 「중간 첩해신어 서문」, 『문헌과 해석』, 2호. 태학사.

한태문. 1995. 「조선후기 통신사 사행문학 연구」. 부산대학교 대학원 박사학위논문.

한태문. 2004. 「조선후기 대일사행과 영가대해신제」, 『조선통신사연구』. 조선통신사문화사업추
　　　　진위원회.

한태문. 2003. 「통신사 사행문학 연구의 회고와 전망」, 『국제어문』, 27집. 국제어문학회.

일본자료

『和韓唱和錄』 외 필담창화집 다수.

玉野市史編纂委員會. 1987. 『玉野市史』. 臨川書店.

秀村選三 外. 1993. 『福岡縣史』. 通事編 · 福岡藩文化(上). 西日本文化協會.

新宮町誌編輯委員會 編. 1997. 『新宮町誌』. 新宮町.

下關市市史編修委員會. 1992. 『下關市史 · 民俗編』. 下關市.

谷澤 明. 1991. 『瀬戸内の町並み一港町形成の研究』. 未來社.

近藤春雄. 1985. 『日本漢文學大事典』. 明治書院.

朴春日. 1992. 『朝鮮通信使史話』. 雄山閣出版.

山岸德平. 1987. 『近世漢文學史』. 汲古書院.

三宅英利. 1986. 『近世日朝關係史の研究』. 文獻出版.

上垣外憲一. 2000. 『日本文化交流小史』. 日本, 中公新書.

上田正昭 · 辛基秀 · 仲尾宏. 2001. 『朝鮮通信使とその時代』. 明石書店.

西村毬子. 2000. 『曹命采の日本見聞錄にみる朝鮮通信使』. 西濃印刷株式會社.

小坂淳夫 編. 1985. 『瀬戸内海の環境』. 恒星社厚生閣.

松下忠. 1969. 『江戸時代の詩風詩論』. 明治書院.

柴村敬次郎. 1994. 『朝鮮通信使資料館 御馳走一番館―收藏品図錄 No. 1』. 下蒲刈町.

辛基秀. 2002. 『朝鮮通信使の旅日記』. PHP研究所.

辛基秀・仲尾宏. 2000.『図説 朝鮮通信使の旅』. 明石書店.

李進熙. 1992.『江戸時代の朝鮮通信使』. 講談社.

長澤孝三. 1979.『漢文學者總覽』. 汲古書院.

倉地克直. 2001.『近世日本人は朝鮮をどうみていたか』. 角川選書.

村井章介. 1995.『東アジア往還―漢詩と外交』. 朝日新聞社.

姜在彦. 1979.「朝鮮通信使と鞆の浦, 朝鮮に紹介された伊藤仁齋」.『江戸時代の朝鮮通信使』. 毎
　　　　日新聞社.

大庭卓也. 2002.「福岡藩儒竹田春庵と朝鮮通信使」.『語文研究』, 93号.

嶋村初吉. 2003.「日本における朝鮮通信使の足跡 ― 九州と交流を中心に」.『2003 조선통신사
　　　　한일국제학술심포지엄 발표집』. 조선통신사 문화사업추진위원회.

賴祺一. 1990.「朝鮮通信使と廣島藩」.『廣島藩・朝鮮通信使來聘記』. 吳市・安芸郡蒲刈町.

明石善之助. 1984.「福岡と朝鮮通信使」.『季刊 三千里』, 37号. 三千里社.

柏山泰訓. 1999.「朝鮮通信使と室津」.『會報むろのつ』, 5号. 町立室津海驛館 ‘嶋屋’ 友の會.

山崎剛一. 1999.「教科書記述にみる朝鮮通信使」.『會報むろのつ』, 5号. 町立室津海驛館 ‘嶋屋’
　　　　友の會.

西川宏. 1965.「唐子踊りの謎を解く」.『歴史地理教育』, 115, 歴史教育者協議會 編.

辛基秀. 1980.「〈江戸時代の朝鮮通信使〉の上映運動」.『季刊 三千里』, 21号. 三千里社.

柳澤新治. 1978.「唐子踊りの謎を解く」.『歴史と人物』, 12月号. 中央公論.

李進熙. 1976.「唐子踊りと神功皇后」.『李朝の通信使』. 講談社.

倉地克直. 2001.「朝鮮通信使と牛窓」.『牛窓町史 通史編』. 牛窓町.

나와 조선통신사

서현섭 | 부경대학교 초빙교수, 전 외교부 대사

1. 영어선생님이 심어준 일본에의 관심

지리산 정기를 이어 받았다고들 하는 구례중학교에 다닐 때의 일이다. 중학 3년생의 영어를 가르친 그 선생님은 한쪽 눈을 실명하여 늘 짙은 색 안경을 끼고 지독한 술 냄새를 풍기고 다녔다. 영어 수업시간엔 영어보다는 자신이 청춘시대를 보냈던 일본 메이지 대학과 간다(神田)부근의 헌책방 거리 이야기에 시간 가는 줄 몰랐다.

우연하게 외무부에 들어와 1975년 말 해외 첫 근무지로 발령받은 곳이 주일대사관이었다. 일본에 가게 되었다는 말을 들은 순간 그 동안 거짓말처럼 잊고 지냈던 그 괴짜 영어선생님이 그리고 메이지 대학이란 미지의 배움터 이야기가 불현듯 되살아났다. 자석에 이끌리듯 메이지 대학원에 적을 두고 학교에 오가는 틈에는 그 유명한 간다 헌책방 거리를 누비며 평생 읽어도 못 다 읽을 분량의 책을 그야말로 닥치는 대로 사 모았다. 일본 외교사, 일본인론, 한일 근

2004.11.28. 대마도 통신사
행렬 재현 때 정사로 분장
한 서현섭 교수와 옮긴이.

대 관계사, 국제법 책이 주류를 이루었지만 제목이 그럴듯한 책은
가격에 상관없이 사들였다. 초라한 학력의 콤플렉스에서 비롯된 허
장성세의 과시벽이 한껏 발동한 시기였다.

2. 신숙주와 아메노모리 호슈

책을 사 모으는 한편 꾸준히 읽어나가기 시작했다. 독서의 흐름
은 두 가지의 의문을 따라 이어져갔다. 첫 번째는 문화적 선진국으
로 자부했던 조선이 왜 그 제자격이라고 할 수 있는 일본의 식민
지로 전락했는가? 라는 의문을 설정하고 그에 대한 해답을 나름대
로 규명하려고 했다. 두 번째는 2000년에 달하는 한일관계를 크게
보면 예나 지금이나 지리적 인접성으로 인해 한일관계의 기상도가
흐렸다 맑았다 했다. 그렇지만 임진왜란 7년, 일제 강점기 35년, 즉
40여 년의 기간을 제외한다면 대체로 원만한 관계를 유지해 온 것
이 아닌가 하는 생각을 하고 양국간의 선린관계 유지를 위해 고민
하고 노력했던 인물을 찾아보려고 했던 것이다. 여담이지만 1994년

266

에 출간한 『일본은 있다』에서 스스로가 설정한 첫 번째 물음에 대한 해답을 시도해 보았다.

1976년 여름, 운 좋게도 신화시대로부터 근세에 이르기까지의 한 일관계를 평이하게 다룬 『일본과 조선의 2천 년』을 읽게 되었다. 그 책을 통해 처음으로 18세기 전반에 대마도의 외교관으로서 활약했던 아메노모리 호슈(雨森芳洲)라는 이름을 알았다. 그가 저술한 『교린제성』에서 언급한 '성신의 교제'는 나를 감동시키기에 충분했다.

그 후 조선통신사와 호슈에 대한 논문을 집중적으로 파고들었다. 도요토미 히데요시가 도발한 임진왜란을 대의명분이 없는 살상극으로 단죄한 호슈의 기개는 양심적인 일본인의 원형을 마주대한 느낌이었다. 한편 호슈와 같이 한일관계의 중요성을 충분히 인식하고 선린관계 유지에 마음을 쓴 조선의 인물은 신숙주라는 데 생각이 미쳤다.

신숙주는 경사와 시문에 능하고 정치적 식견이 출중한 조선 최고의 지식인이자 정치가이며 외교관이었다. 다 아는 바와 같이 세종대왕을 도와 한글 창제에 공헌이 큰 학자였다. 그러나 그는 단종을 폐위시키고 세조가 즉위하는 세조찬탈에 가담함으로써 후세 사가들에 의해 변절을 한 기회주의자로 부각되었다. 정치적 평가는 차치하고 신숙주가 자신의 일본 방문 체험과 각종 문헌을 종합하여 1471년에 편찬한 『해동제국기』는 중세 일본에 관한 명저로 평가받고 있다. 그가 내린 결론은 일본은 만만한 상대가 아니며 양국의 교제에 있어서는 예(禮)를 기본으로 하고 성의를 다 해야 한다는 것이었다. 시대를 초월한 예지이다. 신숙주는 1475년 6월 임종 시 국왕 성종에게 일본과의 화평을 유지할 것을 유언으로 남겼다. 대일 외교의 중요성을 강조한 것이라 하겠다.

그 후 나는 기회가 있을 때마다 한일 관계에서의 조선통신사가 가지는 특별한 의미와 신숙주와 호슈의 정신을 살려야 한다고 이야기해 왔지만 주위에서는 책 몇 줄 읽고 아는 체한다는 식으로 대했다.

3. 한류의 원조 조선통신사의 명암

임진왜란과 정유재란을 겪은 조선의 위정자들은 일본을 불구대
천의 원수로 여기고 아예 상종하지 않는 것이 상책이라고 여겼다.
그러나 결국 일본측의 강한 요청에 못이기는 척하고 전란이 끝난
지 채 10년도 못된 1607년에 회답사겸쇄환사 명목의 사절파견을 시
작으로 1811년까지 200여 년 동안 12차례의 외교사절, 역사에서 흔
히 말하는 조선통신사를 보내게 된다. 한일관계는 이럴 수밖에 없
는 숙명적인 이웃이다.

2천여 년에 이르는 한반도와 일본과의 교류 속에서 도쿠가와 정
권기의 260년만큼 평화가 유지되고 우호가 계속된 시기는 없다. 당
시에 평화와 우호의 상징으로서 각광을 받은 것이 바로 조선통신
사였다. 이는 단순한 외교사절에 그치지 않고 대규모 문화사절로서
가는 곳마다 시쳇말로 '욘사마' 못지않은 인기를 누렸다. 일본에서는
조선통신사 접대에 자그마치 1년분의 예산을 사용했다는 기록이 있
는 것만 보아도 그 환영의 열기를 짐작할 수 있다. 지난해 드라마
〈겨울연가〉가 몰고 온 일본에서의 한국 붐은 조선통신사 이래 두
번째로 한민족의 문화와 예능이 눈부시게 피어난 현상이라 하겠다.

옥에 티라고 할까, 조선통신사는 위세가 넘치다 못해 안하무인격이
었고 중화사상이라는 색안경만을 통해서 일본을 보고 판단하려 들었
다. 소중화(小中華)를 자부하고 있던 그들의 눈에는 일본은 한낱 야만
스러운 '왜국'에 불과했을 뿐이었다. 일본에는 정녕 배울 만한 점이
없었을까. 네덜란드어로 쓰인 해부학 원서가 『해체신서(解體新書)』라
는 제목으로 출판되고 조잡하긴 하나 일영 영어사전이 간행된 당시

일본의 다양한 지적 풍토를 관찰할 수 있는 능력도 의지도 없었던 조선통신사의 오만은 오늘을 사는 우리의 모습이 아니기를 바란다.

한편 조선과의 수교를 원하여 사절파견을 요망했던 도쿠가와 이에야스를 비롯한 일본의 지도자들과 일부 학자들은 조선통신사를 조공사절로 폄하하고 본래의 의미를 왜곡시킨 이중적 태도를 보였다. 역사를 구미에 맞게 왜곡시킨 고약한 일본인의 버릇은 어제 오늘의 일이 아닌 모양이다.

4. 아메노모리 호슈의 화려한 재등장

아메노모리 호슈는 61세 되던 1728년에 부산 왜관 근무를 포함한 30여 년에 이르는 조선 외교 경험을 집대성한 『교린제성』을 펴내 대마도 번주에게 헌상했다. 호슈는 이 책의 결론에서 한국과 일본과의 교제의 원칙으로서 서로 속이지 않고 다투지 않으며 진실한 마음으로 임해야 된다는 성신의 사귐을 강조했다. 그러나 이와 같은 호슈의 정신은 메이지 정부의 침략적인 한반도 정책으로 오랫동안 역사 속에 매몰되어 버렸고 일본의 지식인 중에도 '雨森芳洲'를 아메노모리 호슈라고 제대로 읽을 수 있는 사람조차 드물 정도였다.

뜻하지 않게 행운이라는 대머리가 내 앞을 스쳐가려 했다. 1990년 봄 노태우 대통령의 일본 공식 방문에 앞서 주일 대사관에서는 대통령의 연설문 초안 작성 작업을 했다. 그 작업의 마무리 단계에 내 책상에 온 초안의 결론 부분을 보고 놀라지 않을 수 없었다. '새로운 한일관계를 모색함에서 에도 시대의 아라이 하쿠세키(新井白石) 정신을…'이라는 구절이 있지 않은가. 아라이가 누구인가. 『일본서기(日本書紀)』의 오랑캐 사관에 기초하여 조선을 옛날 일본의 속국이었다고 경시하면서 임진왜란을 합법화시킨 대표적인 일본의 유학자가 아닌가. 나는 회심의 미소를 지으면서 아라이를 모조리 지우고 당연히 호슈의 성신 외교론으로 대체했다.

1990년 5월 노태우 대통령은 천황 주최 만찬에서 품격 있고 온화한 어조로 '270년 전 조선의 외교를 담당했던 아메노모리 호슈는 성의와 신의의 외교를 신조로 삼았다'라고 평가함으로써 현대의 일본인에게 역사에 대한 반성을 우회적으로 촉구했다. 노 대통령의 연설은 일본인의 마음에 깊은 감동을 주었고 식자들로부터 많은 공감을 불러일으켰다. 연설 직후엔 각 신문사에 아메노모리 호슈에 대한 문의 전화가 줄을 이었다고 한다. 노 대통령의 일본 방문이 있은 지 얼마 되지 않아 일본에서는 호슈에 대한 평전이 발간되었다. 일본 외무성의 한 친구가 도쿄 대사관에서 모스크바로 전임되어 있던 나에게 '한국 대통령이 언급한 아메노모리 호슈'라는 신문 광고문과 함께 그 평전을 보내왔다.

한일 선린관계와 연관시켜 호슈를 새로운 한일관계의 지평선으로 부각시킨 데 작은 역할을 할 수 있었던 것은 한일관계 연구를 필생의 작업으로 여기고 독서를 계속하고 있는 나에겐 커다란 보람이었다. 그 인연으로 호슈의 향리와 대마도에 초청받아 칙사 대접을 받은 즐거운 추억은 아마도 오래 기억되리라 본다.

호슈와 관련하여 한 가지 늘 마음을 짓누르고 있었던 것은 호슈 평전을 쓸 작정으로 20년 전부터 그에 관한 자료 등을 모아왔지만 아직 시작도 못 한 주제에 그에 대해 제법 아는 체하면서 세월만 보내고 있는 점이었다. 이러던 차에 평소 존경하는 선배 유종현 대사로부터 조선통신사에 관한 번역 원고를 받아보고는 놀랍고 부끄러운 마음이었다. 선수를 빼앗겼다 하는 아쉬움보다는 조선통신사에 관한 깊은 지식을 바탕으로 어느 틈에 어려운 작업을 훌륭하게 끝낸 그 열정에 저절로 머리가 숙여지지 않을 수 없었다. 이에 그치지 않고 지난해 초겨울 대마도에서 열린 통신사 행사에 함께 참석하여 정사로 분장했던 나의 모습을 직접 촬영한 사진을 표제지에 싣고, 어줍잖은 통신사에 대한 개인적 소회를 후기에 남기도록 배려해 주어 황송스러운 기분이 든다. 아마도 이 번역본은 나에게 보물로 남을 것이 분명하다.

한편 1998년 일본을 방문한 김대중 대통령이 역시 천황 주최 만찬에서 신숙주를 언급했을 때도 남다른 감회를 느꼈다. 호슈와 함께 신숙주를 소개한 졸저 『일본은 있다』를 독서가로 널리 알려진 김대중 야당 총재에게 우송한 적이 있었기 때문이었다.

5. 한일 관계와 조선통신사

1965년 한일 국교정상화 이래 아직도 최대 현안으로 남은 것은 역사인식의 문제이다. 2002년 양국정부는 '한일 역사 공동위원회'를 발족시켰지만 이렇다 할 성과를 거두지 못하고 있는 실정이다. 이같이 정부 주도의 역사 공동위원회가 지지부진한 상태를 면치 못하고 있는 가운데 전교조 대구지부와 히로시마 교직원 조합이 3년에 걸친 '한일 역사 부교재 작성 프로젝트'를 위한 공동작업 끝에 하나의 성과를 이룩한 것은 평가할 만하다. 금년 4월에 한국과 일본에서 동시에 출판된 한일 공동 역사 교재, 『조선통신사―히데요시의 조선 침략으로부터 우호에로』가 바로 그것이다. 복잡다단한 한일 관계이나 그래도 가장 마찰의 소지가 적고 공감할 수 있는 분야가 조선통신사이기 때문에 공동역사 테마로 선택될 수 있었다고 한다.

조선통신사에 대한 굴절된 시각도 없지 않았으나 부정적 면보다는 긍정적인 평가가 단연 우세하다. 임진왜란의 아픔을 넘어서 파견된 조선통신사가 외교사절로서만이 아니라 문화사절로서 민중들과의 직접적인 접촉을 통해 조선문화의 선진성을 과시하고 상호이해를 깊게 한 계기를 마련해 주었다.

조선통신사는 단순히 박제된 역사의 기억으로만 머물지 않고 있다. 지금 조선통신사가 묵었던 일본의 지방자치단체에서는 전국연합회를 결성하여 해마다 통신사 행렬을 재현하는 축제를 열고 한일 양국의 젊은이들이 함께 참석하는 심포지엄을 개최하여 통신사의 교류를 새로운 한일관계에 접목시키고 있다. 한편 조선통신사의 출발지이자 도착지였던 부산에서도 수년 전부터 '조선통신사 문화사업추진위원회'(2005년부터 명칭을 '조선통신사문화사업회'로 개칭함)를 설립하여 통신사와 관련된 다양한 문화행사를 개최하고 있다. 조선통신사가 그랬던 것처럼 문화교류를 통해 21세기의 한일 양국이 마음에서 마음으로 이어지는 '통신(通信)'의 교류를 활성화하여 동아시아의 공동체 형성으로 이어지기를 기대한다.

번역판을 내면서

    조선통신사에 관한 한일 양국의 중요저서는 무려 20여 권에 달한다. 그 중에서 왜 나카오 히로시(仲尾 宏) 교수가 쓴 『(에도 일본에의 선린사절) 조선통신사』를 택하게 되었을까? 그 많은 저서들 가운데 이 책을 골라 번역하게 된 동기는 무엇보다 나카오 교수의 양심적이고 공정한 역사관에 기인한다고 말하고 싶다. 흔히 일본 역사학자들은 어용적 민족주의 사관에 입각하여 그들 나름의 신국(神國) 사상 내지는 근대의 제국주의적 황국(皇國) 사상에 함몰된 이론을 내세우는 데 반해 나카오 교수는 한일 양국의 역사관계를 어느 한쪽으로 치우치지 않고 매우 공정한 입장에서 다루고 있기 때문이다.

    나카오 교수는 『조선통신사』 저서에서 예를 들면 '임진왜란', 즉 도요토미 히데요시의 조선침략에 대해 예리한 시각으로 비판하고 있다. 또한 통신사를 일부 학자들이 조선 국왕의 소위 '사대사행(事大使行)' 또는 '조공사행(朝貢使行)'이라고 하는 주장, 즉 일본이 국가 통일을 완수한 이후 추진한 대군(大君) 외교체제에 의한 일본형 화이질서(華夷秩

序)에 편제된 입공사절(入貢使節)이라는 터무니없는 내용은 이 저서에
서 한 마디에서도 찾아볼 수 없다. 따라서 나카오 교수는 이 책에
서 역사적 사실을 있는 그대로 충실하게 서술하면서도 당시 선진된
우리 문화가 통신사를 통해 일본에 전수된 점을 부각시키고 있다.

   일본의 수많은 극우파 역사학자들이 히데요시의 조선침략을 정당
화하려는데 반해 나카오 교수의 비판적 견해는 옮긴이에게 크게 돋
보이는 대목이었다. 물론 이와 유사한 견해는 제2차 세계대전 이후
일본의 전통적 역사관을 과감히 벗어난 일본 학계, 예를 들면 역
대 지배계층이 북방대륙과 한반도를 거쳐서 도래했다는 '기마민족
도래설(騎馬民族渡來說)'을 도입한 에가미 나미오(江上波夫) 교수를 비
롯하여 '히데요시 정권의 대외인식과 조선침략'(校倉書房, 1990)을 펴
낸 기타지마 만지(北島万次) 교수에 이르기까지 과거 19세기 후반 일
본의 근대국가형성기에 억지로 꾸며낸 역사상(歷史像)을 바로잡으려
는 여러 학자들의 용기 있는 봉기를 높이 평가하지 않을 수 없다.

   해방 이후 과반세기 동안 한일 양국 위정자들 사이에는 '미래지향
적 파트너십'을 강조하면서도 서로 다른 시각의 과거 역사문제 때문

에 걸핏하면 불협화음을 일으키곤 했다. 한일 양국은 불행했던 과거사를 청산하고 앞으로 선린우호관계를 유지하면서 서로 긴밀한 협조 아래 동아시아 그리고 나아가 세계의 평화와 인류의 번영을 위하여 공동으로 이바지할 중차대한 역사적 임무를 인식하고 있다. 때문에 이러한 시대적 요청에 부응하기 위해서라도 특히 일본측의 양심적인 전후파 학자들의 새로운 역사관과 진취적 이론이 절실하다 하겠다.

이와 같은 배경에서 나는 나카오 교수의 역사관에 동조하면서, 이것이 그의 저서를 번역하게 된 동기가 되었다고 말할 수 있다. 그런데 나카오 교수의 조선통신사에 관한 저서는 무려 7회에 걸쳐 발간되었으며 그 중에는 전 8권의 장서도 있다. 그런데 왜 하필 가장 분량이 적은 일본방송(NHK) 출판협회 발간 『조선통신사』(2001년)를 택했는가? 여기에는 두 가지 이유를 들 수 있다. 하나는 그의 가장 최근 저서라는 점이며 다른 하나는 이 책이 2001년 4월 NHK 교육 방송 〈인간강좌〉 9부작으로 방영한 내용을 엮었기 때문에 그의 저서 중 가장 간결하게 통신사의 모든 것을 압축, 정리했다는 점이 마음에 들었기 때문이다.

한일간에 외교 교섭이 있었던 역사는 더 먼 고대로 거슬러 올라가지만 정식 외교사절을 파견한 것은 고려시대부터였다. 그리고 오늘날 통신사로 알려진 외교사절은 조선 초기에도 있었지만, 좁은 의미에서는 임진왜란 이후 일본 에도 시대의 260년간 12회에 걸쳐 파견된 사절을 지칭하기도 한다. 통신사는 임진왜란 이후 양국 간의 전쟁 예방과 선린 우호 관계의 유지, 나아가 동아시아의 평화체제 구축에 이바지하는 한편, 우리의 우수한 문화를 일본에 전파하는 역할 등 훌륭한 업적을 남겼다.

이러한 통신사의 역할과 업적이 400~200년 후인 오늘날에 재조명되고 특히 일본에서는 통신사가 지나간 연고지에서 그 행렬을 재현하는 축제를 벌이는 지자체(총 23)와 관련단체(총 25)가 대마도로부터 도쿄에 이르는 각 지역에 많이 생겨났다. 이들 지자체와 유관단체들은 지금부터 10년 전인 1995년에 '조선통신사연지연락협의회'(회장: 마쓰바라 가즈유키=松原 一征)를 결성하고 매년 연고지에서 번갈아 가며 총회를 개최하여 효율적인 통신사 행사를 협의 결정한다. 그 중에서도 가장 먼저 그리고 매년 통신사 축제를 열고 있는 곳이 곧 대마도이다. 대마도는 1978년부터 매년 8월 첫주 토요일에 이즈하라에서 '쓰시마아리랑마쓰리'를 개최하고 통신사 행렬을 재현하는 퍼레이드를 비롯하여 다양한 행사를 선보인다. 그 중에서도 고증을 통한 조선시대의 전통 한복차림으로 약 500여 명이 참가하는 대마도의 통신사 행렬은 옛 모습 그대로를 오늘날에 다시 살려내는 뜻 깊은 행사로 자리매김하고 있다.

이 행사에는 우리의 전통무용단과 궁중악대도 함께 참가하여 멋진 춤과 가락으로 구경꾼들을 열광의 도가니로 만든다. 일본은 대마도를 시작으로 후쿠오카(福岡), 히로시마(廣島), 오카야마-우시마도(岡山牛窓), 오사카(大坂), 오미하치만(近江八幡), 오가키(大垣), 시즈오카(靜岡), 그리고 2005년 한일 우호의 해를 맞이하여 옛날 에도였던 도쿄에 이르기까지 널리 통신사 행렬 재현 행사를 벌이고 있다. 때문에 통신사 축제는 또 하나의 한류라고 감히 말하고 싶다. 아니 어떤 맥락에서 보면 지금 일본에서 급속히 파급되고 있는 한류의 근원이 옛날 통신사에 의해 일본 각 지역으로 전파된 우리 문화가 아니었을까 하는 생각도 든다.

약 10년 전부터 일본 전역으로 확산되는 통신사 축제에 발맞추어 우리나라에서도 부산광역시 주도로 '조선통신사문화사업회'가 조직되었고, 학자들로 구성된 '조선통신사학회'도 발족했다. 지난 2002년 월드컵 한일 공동주최를 계기로 통신사 행렬이 서울 창경궁에서 국서(國書)를 전교받고 대학로로 행진하며, 충주, 문경, 예천, 의성, 안동, 영천, 경주, 경상, 밀양 등 통신사가 지나간 길목과 대마도로 향하기 전 선단을 구성했던 부산에서도 옛 정경을 재현하는 행사가 매년 벌어지고 있다.

이와 같은 통신사 재현의 붐을 타고 이에 관한 역사적 사실의 재조명을 위한 국제 심포지엄 등 연구 활동도 활발히 전개되고 있다. 이 시점에서 나카오 교수가 지은 『조선통신사』의 한국어판이 발간되는 것은 매우 시의 적절하다고 생각된다. 따라서 옮긴이로서는 이 책이 그 옛날 한일 문화외교의 주축이었던 통신사의 임무와 역할, 그리고 그 업적에 관하여 보다 정확하게 보다 상세하게 홍보하여 국민들의 이해를 돕는 데 한 몫을 할 것이라 믿는다. 이 책에는 특히 통신사의 행적을 따라 일본에서 활발히 교류되었던 다양한 문화와 여러 가지 업적을 간략하지만 왜곡됨이 없이 사실 그대로 기록되어 있음으로 관련 학계는 물론 관련 행사요원은 물론 관심 있는 일반에게 더 없이 좋은 지침 내지는 참고서가 될 것으로 기대한다.

이 책을 번역하면서 처음에는 약 2개월이면 끝낼 작업이라고 가볍게 여겼다. 그러나 자신의 능력을 과신한 잘못과 일본어 특히 인명, 지명, 관직명 등 고유명사의 표기가 너무나도 어려웠다. 전북대학교의 하우봉(河宇鳳) 교수, 강원대학교 손승철 교수를 비롯하여 우리나라 한일 관계사 학계의 여러 석학들에게 도움을 청하여 간신히 2년 여의 긴 시간을 거쳐 번역이 완료되었다. 특히 하우봉 교수는 본문의 오역을 지적하고 각주를 다는 데도 일일이 도와주셨다. 그리고 일본 교토 거주 재일동포 3세인 진미자(陣美子) 씨는 고유명사의 원음을 표기하는 데 시종일관 협조해 주셔서 이 분들에게 '남기고 싶은 말'을 통해 심심한 감사의 뜻을 표한다.

이번 번역판 발행에서 또 하나의 애로사항은 게재할 사진자료였다. 원서의 사진을 인용하지 않게 되어 모든 사진은 옮긴이가 직접 촬영한 것과 또한 지은이와 친지 인사들이 제공해 주신 사진을 게재한 것이다. 이런 와중에서 마침 부산대학교의 한태문(韓泰文) 교수가 일본의 통신사 연고지를 답사하면서 촬영한 20여 점의 사진을 제공해 주셨으며, 일본 시즈오카(靜岡)의 도코하카쿠엔 대학(常葉學園大學) 김양기(金兩基) 교수가 또한 시즈오카(靜岡) 주변의 관계사진을 여러 장 보내주셨다. 그리고 전 이즈하라시(嚴原市)의 조역 다치바나 아츠시(橘 厚志) 씨와 부산 대마도사무소의 협조로 쓰시마역사민속자료관의 '통신사행렬도' 등 귀한 사진을 활용할 수 있게 되었다. 그 결과 예상 이외로 번역판의 내용이 한층 더 높게 평가될 것으로 전망되며 사진을 제공해 주신 분들에게도 심심한 사의를 전하고자 한다.

한편 바쁘신 가운데 추천의 글을 써주신 강남주(姜南周) 위원장(조선통신사문화사업회 집행위원장 겸 조선통신사학회장)과 후기를 써주신 서현섭 전 대사(현 부경대학 초빙교수, 전 후쿠오카 주재 총영사), 그리고 부록으로 연구 논문을 게재해 주신 한태문 교수(부산대학교)의 협조와 격려에도 깊은 사의를 표하는 바이다.

마지막으로 여러 가지 우여곡절 끝에 이 책의 출판을 맡아주신 도서출판 한울의 이재연 이사를 비롯한 임원 여러분과 행정 및 편집을 맡아 수고하신 윤순현 대리와 김경아 씨에게 아울러 감사를 드린다.

2005년 7월 15일

유 종 현

지은이 | **나카오 히로시**(仲尾 宏)

일본 교토 조형예술대학(京都造形藝術大學) 객원교수
1936년 교토 출생, 1960년 도지샤 대학(同志社大學) 법학부 정치학과 졸업
한일 관계사(주로 전근대사) 및 외국인의 인권문제 전공
주요 경력 및 수상　한국 경상대학교 부설 국제지역연구원, 일본문화센터 명예고문 | 교
　토 시 국제교류상 수상(2000), 교토 시 국제교류 공헌상 수상(2004) | 교토 시 기본구
　상 등 심의회 위원(1998~1999) | 교토 시 국제화추진 대망(大網)심의회 위원(1999~2000)
　교토 시 외국적시민시책 간담회 좌장(座長)(1999~2004) | (재) 세계인권센터 이사 겸 연
　구제3부장(1994~현재) | (재) 교토 시 국제교류협회 평의원(1999~현재) | (재) 고려미술
　관(교토 소재) 평의원(1998~현재) | (사) 오사카 국제이해교육센터 이사(1999~현재) | 송
　운(사명)대사 사적연구회 대표(2003~현재) | 조선통신사연지연락협의회 연구부회 회장
　(2004~현재)
주요저서　『전근대의 일본과 조선 - 조선통신사의 궤도』(1989. 明石書店), 『교토의 도래문
　화』(1990. 淡交社), 『조선통신사와 에도 시대의 3도』(1993. 明石書店), 『선린과 우호의 사
　절 - 대계(大系) 조선통신사』(1996. 明石書店), 『질의응답 재일 한국·조선인 문제의 기초
　지식』(1997. 明石書店), 『조선통신사와 도쿠카와 막부』(1997. 明石書店), 『조선통신사와 임진
　왜란』(2000. 明石書店), 『조선통신사 - 에도 일본에의 선린사절』(2001. NHK出版協會), 『일
　본과 연관하여 본 아시아한국·북조선편』(2003. 岩崎書店).

옮긴이 | **유종현**(柳鍾玄)

- 1934년 경남 밀양 출생 | 서울대학교 문리과 대학 11회 졸업(불문학 전공. 1957) | 프랑
　스 브장송 대학 유학(1966~1967) | 일본 요코하마 국립대학 대학원 수료(문화인류학 전
　공) | 외교부 입부(1958), 36년간 직업외교관 근무[아프리카 니제르 공화국, 세네갈 공화
　국 대사(1985~1991), 일본 요코하마 주재 총영사(1992~1994)].
- 외교안보연구원 명예교수 및 외교사료편찬위원(1995~2005) | 덕성여자대학교, 한국외국어
　대학교, 한양대학교 강사(1995~1999) | 한양대학교 초빙 겸임교수(문화인류학)(2000~2005).
- 사단법인 아태정책연구원 이사(1995~현재) | 밀양시민신문 논설위원(1999~현재) | 사단
　법인 사명당기념사업회 부회장(2002~현재) | 한일협력위원회 위원(2005~현재) | 조선통
　신사학회 평생회원(2005~현재) | 자유기고가(문화일보, 일간스포츠, 월간 신동아 등), 칼
　럼니스트(부산 국제신문, 밀양시민신문 등)
- 한국 근정 포장(1975) | 니제르 공화국 훈장 영주장(1987) | 세네갈 공화국 훈장 대공신
　장(1990) | 한국 홍조근정 훈장(1994)
저서『끝없는 사하라』(문화기행)(1992), 『유적 따라 성지 찾아 세계 일주』(문화기행)(1996),
　『별난 인종 별난 에로스』(답사기)(1996), 『아프리카의 부족과 문화』(답사기)(2000), 『세계화
　와 글로벌 에티켓』(교재)(2004)
역서『적도, 그 영원한 사랑』(소노아 야코 지음, 장편소설), 『아프리카-500만 년의 역사와
　문화』(역사)

조선통신사 이야기

한일 문화교류의 역사

지은이 _ 나카오 히로시
옮긴이 _ 유종현
펴낸이 _ 김종수
펴낸곳 _ 한울엠플러스(주)
초판1쇄 발행 _ 2005년 8월 16일
초판2쇄 발행 _ 2017년 3월 20일
주소 _ 10881 경기도 파주시 광인사길 153 한울시소빌딩 3층
전화 _ 031-955-0655
팩스 _ 031-955-0656
홈페이지 _ www.hanulmplus.kr
등록번호 _ 제406-2015-000143호
Printed in Korea.
ISBN 978-89-460-6236-8 03910